Andreas Beck

Der Untergang der Templer

HERDER / SPEKTRUM
Band 4575

Das Buch

Das beginnende 14. Jahrhundert erlebte eine der großen Tragödien der Kirchengeschichte: den Untergang der Templer, eines der mächtigsten und einflußreichsten Militärorden der Christenheit. Um diesen Untergang ranken sich bis heute zahlreiche Legenden.
Warum mußten die Templer – Bankiers Gottes, satanische Sekte, Scharlatane oder Ketzer? – sterben? Auf der Basis eines sorgfältigen Quellenstudiums und neuester wissenschaftlicher Erkenntnisse rekonstruiert Andreas Beck Schritt für Schritt die genaue Abfolge der Ereignisse. Er deckt die Handlungen aller Beteiligten auf, ihre Motive und Absichten, Korruption und machtpolitisches Kalkül.
Ein Buch, so spannend zu lesen wie ein Kriminalroman. Es zeigt, worum es beim Prozeß der Templer wirklich ging. Es erhellt die mysteriösen Umstände ihres Untergangs und fordert eine längst überfällige Revision der Verurteilung. Nicht Gerüchte erklären den Untergang der Templer, sondern allein sorgfältige Recherchen der kirchen- und staatspolitischen Intrigen. Hier legt ein ausgewiesener Wissenschaftler die ungeschminkte Wahrheit über den geheimnisumwitterten Untergang des Templerordens dar.

Der Autor

Andreas Beck, geb. 1948, Professor, Dr. med., Dr. theol., Studium der Theologie und Philosophie in Freiburg, Rom, Madrid, Lissabon und London, der Medizin in Freiburg; derzeit Chefarzt in Konstanz. Die Geschichte der Templer ist seit 20 Jahren sein historisches Forschungsgebiet.

Andreas Beck

Der Untergang der Templer

Größter Justizmord des Mittelalters?

Herder
Freiburg · Basel · Wien

gedruckt auf umweltfreundlichem,
chlorfrei gebleichtem Papier

2. Auflage

Neuausgabe
des in 2., überarbeiteter Auflage 1993 erschienenen HC-Bandes

Herstellung: Freiburger Graphische Betriebe 1998
Umschlaggestaltung: Joseph Pölzelbauer
ISBN 3-451-04575-3

Inhalt

Anhang

Vorwort

Das beginnende 14. Jahrhundert erlebte eine der größten Tragödien der Kirchengeschichte, den Prozeß gegen die Templer. Ihr Orden, bisher hochangesehen und reich, wurde von dem französischen König Philipp IV. dem Schönen und seinen Ministern einer Reihe von Verbrechen angeklagt. Der König ließ durch eine staatlich gelenkte Inquisition über tausend Ritter Verhaften, viele foltern und verbrennen. Papst Clemens V. wehrte sich zunächst gegen diese jedem Recht hohnsprechende Gewalttat. Aber schließlich gab er nach und hob den Orden auf dem Verwaltungswege auf.

Die Anklagen gegen die Templer waren falsch, ihre Geständnisse durch die Folter erpreßt und daher wertlos. Die Ritter waren nicht besser, aber auch nicht schlechter als andere Ordensleute ihrer Zeit. Nur brauchte Philipp IV. ihr Geld, ihre Ländereien und Burgen; daher erfanden seine Minister das Märchen von der Schuld des Ordens, um diesen vernichten zu können. Die Verantwortung für diesen vielleicht größten Justizmord des Mittelalters trifft vor allem den König von Frankreich. Aber auch der Papst fehlte: Er ließ sich erpressen und wurde so ebenfalls zum Verfolger des Ordens, den er eigentlich hätte verteidigen müssen.

Die Stimmen der Anklagen richten sich heute vor allem gegen das Papsttum. Historiker, Literaten und Journalisten klagen die Kirche an, Clemens V. und die Inquisition werden beschuldigt, einen ruhmreichen und unschuldigen Orden der Habsucht eines Königs geopfert zu haben. Soll die Kirche die Verteidigung des Ordens ihren Kritikern überlassen? Wäre es nicht besser, das begangene Unrecht – soweit das überhaupt möglich ist – selbst wiedergutzumachen? Der Prozeß gegen die Templer kann revidiert, das Fehlurteil Papst Clemens' aufgehoben, der Orden von Schuld freigesprochen werden.

Der Prozeß gegen Jeanne d'Arc wurde schon vierzig Jahre nach ihrem gewaltsamen Tod wiederaufgenommen, das Urteil annulliert. Die Inquisition hatte im Dienst der Engländer eine Unschuldige als Hexe verbrannt; es war nur recht und billig, daß die Kirche die Fehler ihrer vormaligen Amtsträger korrigierte: Johanna wurde in den Kanon der Heiligen aufgenommen. Muß man nicht aus denselben Gründen eine Revision des Templerprozesses fordern? Sicherlich mag es schmerzlich sein, das Urteil eines Papstes anzufechten. Aber Clemens V. war in seinen Entscheidungen noch weniger frei als Bischof Cauchon, der Feind der Jungfrau von Orléans. Das Verfahren gegen die Templer verstieß noch mehr gegen alle Regeln der kanonischen Gesetze als die Gerichtskomödie von Rouen.

Die Templer waren unschuldig; sie blieben selbst einer Kirche treu, die sie verfolgte. Als Märtyrer für die Wahrheit verteidigten sie trotz Folter und Feuer ihren Orden. Mit Lügen und Meineid hätten sie sich Leben, Freiheit und ein bequemes Auskommen erkaufen können. Sie waren die besseren Christen, heiliger als Papst und Kardinäle, die sich feige einer ungerechten Staatgewalt beugten.

Man kann Jacques de Molay, den Großmeister der Templer, und seine Gefährten nicht kanonisieren. Aber sie haben ein Recht auf die formelle Anerkennung, daß ihr Orden im Sinne der Anklage schuldlos war. Die Inquisition, die soviel Unrecht tat, darf nicht das letzte Wort behalten. Die Geschichtswissenschaft spricht die Templer seit Jahrzehnten von Schuld frei. Darf die Kirche noch heute an dem alten Fehlurteil festhalten?

Paul VI. bat die nichtkatholischen Christen wiederholt um Verzeihung, weil die Kirche ihnen Unrecht antat. Aber Albigenser, Hugenotten und nicht zuletzt Calvin verfolgten selbst blutig Andersdenkende. Sie griffen Zum Schwert und führten Kriege gegen Rom. Die Templer blieben auch unter dem Rad der Folter, am Feuerpfahl treue Söhne der Kirche, kein einziger starb für ein falsches Credo. Verdienen sie deshalb nicht viel mehr ein »mea culpa« der Kirche? Haben sie nicht ein heiliges Recht auf Anerkennung ihrer Unschuld?

Im 18. Jahrhundert hob Papst Clemens XIV. die Gesellschaft Jesu auf. Auch er stand – wie sein namensgleicher Vorgänger im 14. Jahrhundert – unter dem Druck des Königs von Frankreich sowie der Bourbonen von Spanien und Italien. Daher scheute sich sein Nachfolger, Pius VII., schon nach wenigen Jahren nicht, das Urteil zu revidieren. Könnte man nicht auch heute noch das Verbot aufheben, den Templerorden neuzugründen? Auch wenn es schwer vorstellbar scheint, für Jacques de Molay und seine Ritter Nachfolger zu finden, so sollte doch zumindest grundsätzlich das Recht bestehen, das Kreuz der Templer wieder tragen zu dürfen.

Kardinal König von Wien verlangt die Revision des Prozesses gegen Galilei. Man darf mit gleicher Berechtigung eine Wiederaufnahme des Verfahrens gegen die Templer fordern. Die Kirche sollte das Fehlurteil Clemens' V. aufheben, den Fluch, der über der Templeraffäre lastet, endlich in Segen verwandeln.

Die vorliegende Arbeit enthält eine Reihe schwerster Vorwürfe gegen kirchliche Würdenträger des 14. Jahrhunderts. Clemens V., der erste Papst in Avignon, sowie französische Kardinäle, Hofbischöfe und Inquisitoren werden einer strengen Kritik Unterzogen. Die Männer mißbrauchten ihr Amt; sie dienten dem König von Frankreich, anstatt – wie es ihre Pflicht gewesen wäre – dem Templerorden zu seinem Recht zu verhelfen.

Wenn ich ihre Amtsträger von damals verurteile, stelle ich mich nicht gegen die Kirche. Nichts liegt mir ferner, als den Katholizismus mit ungerechtfertigten Vorwürfen zu belasten. Im Gegenteil, ich möchte mithelfen, eine unbewältigte Vergangenheit aufzuarbeiten und zu entgiften. Die Hauptschuldigen der Templertragödie waren zweifelsohne Philipp der Schöne und seine Minister, vor allem Nogaret. »Wenn es auf die Kirche angekommen wäre, dann gäbe es keine Templeraffäre«*. Dennoch trifft auch Clemens V. und seine Mitarbeiter ein nicht geringes Maß an Schuld.

Ziel dieses Buches ist es, die Ungerechtigkeit des Prozesses, die Haltlosigkeit der Anklagen, die Fragwürdigkeit des päpstlichen Richterspruches darzulegen. So ergibt sich als Schlußfolgerung die Forderung nach einer Revision des Prozesse. »Quod faceret Deus!«

Das vorliegende Werk wurde während eines längeren Studienaufenthaltes an der Universität Lissabon durch meinen damaligen Lehrer, Dr. Erwin Helmle, der sich mit der Geschichte des Templerordens bereits länger befaßt hatte, entscheidend initiiert.

In Spanien und Portugal bestanden die in Nordeuropa durch kirchlich gebilligte Justizwillkür hingerichteten Templer als Christusritter weiter und leisteten Großes in Literatur, Architektur und Kunst. Bedingt durch die bis heute unübersehbaren und gegenwärtigen Zeugnisse dieser einstmals großen geistigen Tradition ist eine Beschäftigung mit diesem Thema für einen Historiker nahezu Pflicht, insbesondere dann, wenn diese kulturellen Zeugnisse bis heute für die offizielle katholische Kirche noch »kein Thema« sind, obwohl sie es sein müßten.

Herr Dr. Helmle stellte mir neben vielerlei bereits bekannten und bearbeiteten Fakten neueres Quellenmaterial zur Verfügung, das ich in der Folge weiter ausarbeitete und durch zusätzliches eigenes Quellenstudium in Portugal und Spanien ergänzte. Leider hat er die Fertigstellung dieser Arbeit, die auf seinen Rat hin und mit seiner Hilfe begonnen wurde, nicht mehr erleben können. Ich verdanke ihm vieles.

Freiburg i. Br., im Januar 1992 Andreas Beck

Vorwort zur 3. Auflage

Seit der Erstellung der ersten Publikation über die Templer sind zwei Auflagen sowie eine italienische und eine spanische Übersetzung bereits vergriffen. Es ist für mich als Autor ein großer Ansporn gewesen, das ursprüngliche Thema meiner theologischen Dissertation weiterzuführen und mit zusätzlichen Studien dieses nahezu unerschöpfliche Thema der Templer auszuweiten. Es war für mich eine wichtige Erfahrung, daß sich eine derart große Anzahl von Menschen an mich gewandt hat, die vom Untergang der Templer scheinbar deutlich mehr berührt waren als nur durch ein kirchenhistorisches Faktum. Eine Aufarbeitung dieses Themas auch von seiten der kirchlichen Hierarchie ist notwendig, um den Frieden mit der Geschichte wieder zu erlangen.

Konstanz am Bodensee, im Mai 1997

* *Georges Lizerand*, Le dossier de l'affaire des Templiers. Paris 1923, S. XII.

Einleitung

Um 1120 sammelte Hugue de Payens eine Gruppe von neun Rittern aus Burgund und der Champagne, um die Pilger auf den gefahrvollen Wegen zu den Heiligen Stätten zu schützen. König Balduin II. (1118–1131) schenkte den »Armen Rittern Christi«, wie sie genannt wurden, einen Teil seines Palastes, der auf den Fundamenten des Tempels von Salomon stand. Hier baute die Gemeinschaft neben dem Felsendom, der heutigen Al-Aksa-Moschee, ihr Mutterkloster und erhielt so ihren Namen.[1]

Der Ruf des neuen Institutes drang bald nach Frankreich. 1128 wurde der Orden auf dem Konzil von Troyes kirchlich anerkannt. Der Zisterzienserabt Bernhard von Clairvaux wurde zum eifrigen Förderer der Templer und inspirierte ihre Regel. Seine Schrift »De laude novae militiae« veranlaßte zahlreiche junge Adlige in ganz Europa, den weißen Mantel mit dem roten Kreuz zu tragen.

Eine zweite Elite des Jahrhunderts, die Augustiner-Chorherren, die eine Kirche neben dem Felsendom besaßen, wurden den Templern zum Vorbild für ihr gemeinsames Leben. Von Cîteaux, dem Stammkloster des Zisterzienserordens, kam die Strenge ihrer Askese, von den Augustinern die Freude am feierlichen Gottesdienst. Beide Ideale blieben bis zum tragischen Ende des Ordens lebendig. Der hl. Bernhard von Clairvaux schenkte seinen ritterlichen Söhnen die Marienminne und die hohe Achtung vor der Frau. Wie heißt es in der Regel: »Maria stand am Beginn unseres Ordens, sie stehe auch, wenn es Gott so gefallen sollte, am Ende.«[2] Noch auf dem Scheiterhaufen forderte der letzte Templergroßmeister, Jacques de Molay, seine Henker auf, ihn mit dem Gesicht gegen Notre-Dame zu binden.

Die Regeln wurden genau beachtet, Übertretungen streng bestraft, die dem Orden später vorgeworfene Unzucht z. B. mit lebenslänglichem Kerker. Die Gefängnisse der Templer waren berüchtigt; fehlbare Ritter mußten auf dem Boden sitzend essen; die Jagd, Leidenschaft adeliger Herren, war den Templern verboten. Das Ideal der freiwilligen Armut wurde – wenigstens anfangs – hochgehalten. Das erste Ordenssiegel zeigte zwei Ritter, die gemeinsam auf einem Pferd saßen. Der Gehorsam galt absolut; noch in Ketten forderten die Ritter, mit Molay in Kontakt treten zu dürfen, denn ohne den Großmeister konnten sie nichts entscheiden.

Ausdruck dieser mönchischen Strenge war die sakrale Architektur. Die wenigen noch erhaltenen Templerkirchen gehören in ihrer schmucklosen, nüchternen Bauweise in die herbe Welt des hl. Bernhard. In der Regel benutzten die Templer das Rechteck als Grundriß, spärliche Zier an Fenstern und Kapitellen diente als einziger Schmuck. Der Felsendom wurde in den Hauptklöstern zum Vorbild genommen, in Segovia, Tomar und London. Prachtvolle Kirchen des Ordens gab es nur in Paris und London.

Die hohen Ideale der Templer wurden auch von Minnesängern gefeiert. Wolfram von Eschenbach und französische Troubadoure machten die Ritter zu Hütern des Heiligen Grals.

Auserlesen waren die Templer nicht nur als Orden,

sondern auch als Ritter: Sie bildeten die Elitetruppe der Kreuzzugsheere und nahmen für sich die Ehre in Anspruch, als erste die Schlacht zu eröffnen. Nicht selten mußten sie diese Sonderstellung mit hohen Blutopfern erkaufen: Es kam vor, daß ein Großteil der im Heiligen Land kämpfenden Ordensritter fiel. Doch durch ihren Ruhm als tapferste Verteidiger des Kreuzes hatten sie keine Mühen, die gelichteten Reihen wieder aufzufüllen.[3] Auch außerhalb Palästinas zeichneten sie sich aus. Als mongolische Horden Europa bedrohten, trugen die Templer nicht wenig zu seiner Verteidigung bei, was erst in der Schlacht von Liegnitz im Jahr 1241 sein vorläufiges Ende fand. Auf der Iberischen Halbinsel standen sie ebenfalls in vorderster Linie. Die spanischen und portugiesischen Könige hätten ihre Siege schwerlich ohne die Templer errungen. Nicht umsonst übertrugen sie ihnen ihre stärksten Festungen und bedachten sie mit reichen Schenkungen.

Die Templer wurden zum Vorbild für alle anderen Ritterorden. Wohl war die Gründung des Hospitals älter, aber die Johanniter kümmerten sich anfänglich nur um die Kranken. Erst das Beispiel des Tempels gab ihnen die Anregung, als kämpfende Truppe ihren Einsatz zu wagen. Die viel später gegründeten Deutschherren übernahmen von den Templern Regel und Organisation. Dasselbe gilt für andere Ritterorden, vor allem für jene auf der Iberischen Halbinsel.

Doch dann gerieten die Ideale und die religiöse Welt der Templer durch den wachsenden Reichtum erstmals ins Wanken: Die »Armen Ritter Christi« waren in sehr kurzer Zeit zu wohlhabenden Herren geworden. Da sie die sichersten Boten zwischen West und Ost waren, übergab man ihnen im Abendland das Gold, das für die Kreuzritter im Orient bestimmt war. Die Templer besaßen eine mächtige Flotte. Kein Pirat hätte es gewagt, ein Schiff des Ordens zu kapern. Und welcher Räuber wäre verwegen genug gewesen, einen Trupp Templer zu überfallen? Bald genügte es, den Betrag in Europa einzuzahlen, um mit einer Quittung die entsprechende Summe in Palästina zu erhalten. So entstand der erste bargeldlose Bankverkehr. Schließlich vertrauten die Reichen den festen Burgen des Ordens ihre Schätze an.[4] Da Großgrundbesitzer bisweilen in Geldnöten steckten, Könige Kriege finanzieren mußten, lieh man sich bei den reichen Templern das Geld, das man brauchte. Zwar durften Christen keine Zinsen nehmen, aber die Ritter wußten sich durch Leihgebühren schadlos zu halten. Die Tüchtigkeit der Bankiers im Ordenskleid bewog Fürsten und Päpste, ihnen ihre Finanzen anzuvertrauen. Auch Philipp der Schöne machte Templer jahrelang zu seinen Steuerbeamten und übergab dem Tempel in Paris seinen Staatsschatz.[5]

Dennoch trugen diese Geldgeschäfte nicht dazu bei, den Orden beliebter zu machen. Die Templer waren dafür bekannt, daß sie gerne kauften, aber nie verkauften. Nicht wenige große Herren waren dankbar, wenn der Orden ihnen mit einer Anleihe aus der Not half, aber sie zeigten sich dann erbost, wenn das Darlehen fristgemäß zurückgefordert wurde.

Auf der anderen Seite war der Tempel gerade für seine Almosen berühmt.[6] In seinen Häusern wurde gerne und reichlich den Armen gespendet. Allerdings muß betont werden, daß auch die Bettler keine dankbaren Gäste waren. Sie sahen mit Neid die Herren tafeln und wußten nicht selten von Gelagen zu berichten, die kaum erbaulich genannt werden konnten.

Eine andere Ursache des Niederganges des Tempels war die laxe Handhabung, mit der die Aufnahme der

Mitglieder durchgeführt wurde; es gab keinerlei Form eines Noviziates. Aus dem Prozeß wissen wir, daß Familienbeziehungen eine Rolle spielten und Verwandte sich Würden und Ämter zuschoben. So war z.B der letzte Großpräzeptor von Frankreich, Hugue de Pairaud, der Neffe eines hohen Beamten des Ordens. Ein päpstlicher Kämmerer, der vor Clemens V. die verhängnisvollsten Geständnisse machte, war mit elf Jahren in Zypern aufgenommen worden. Offenbar achtete man bei der Zulassung kaum auf den Grad der religiösen Berufung, Adelsprobe und Beziehungen waren wohl ausschlaggebend. Männer, die nach solchen Kriterien das Ordenskleid erhielten, dürften es später mit den Idealen des geistlichen Standes nicht allzu genau genommen haben. Doch ist dieser Mißstand nicht allein den Templern anzulasten: Bis ins 18. Jahrhundert hinein wurden die nachgeborenen Söhne des Adels für die geistliche Karriere bestimmt.

Die Templer waren nicht besser, aber auch nicht schlechter als andere Orden ihrer Zeit. Jacques de Molay weigerte sich, sein Institut mit den Johannitern zu verbinden, weil diese in der Beachtung ihrer Regel zu nachlässig seien. Der Großmeister hätte dieses Argument nie dem Papst vorzulegen gewagt, wenn er nicht von der Stichhaltigkeit seiner Begründung überzeugt gewesen wäre.[7]

Reichtum, Standesdünkel und Kriegsruhm verführten die Templer leider zu einem Hochmut, der wohl einmalig war.[8] Sie wagten Päpsten wie Königen zu trotzen. Ihre Rivalen, die Deutschherren, warfen sie praktisch aus Palästina hinaus, und gegen die Johanniter führten sie, oft wegen nichtiger Prestigefragen, regelrecht Krieg. Ohne Zweifel ist diesem Hochmut auch zum guten Teil ihr Untergang zu verdanken. So dürfte Philipp der Schöne unter anderem auch deshalb zum gnadenlosen Gegner des Ordens geworden sein, weil die Ritter seinen Stolz verletzt hatten.

Militärisch zeigten sich die Templer bis zum Untergang des christlich beherrschten Nahen Ostens auf der gewohnten Höhe; bei der Belagerung von Akkon hielten sie bis zuletzt aus. Die Verteidigung der Feste war längst aussichtslos geworden, man hätte sich ohne Gefahr mit dem Schiff retten können. Aber die Ritter kämpften und starben bis zum letzten Mann. Da sie die Schlachtreihen nicht anführen konnten, bildeten sie die Nachhut und opferten so ihr Leben als letzte Kreuzritter im Heiligen Land. Es entbehrt nicht der Tragik, daß viele Ritter, die damals dem Schwert der Sarazenen entkamen, später den Henkern des Königs von Frankreich und der Schwäche des Papstes zum Opfer fielen. Auch ihr Großmeister Jacques de Molay gehörte dazu.

Nach dem Verlust des Heiligen Landes blieben die Templer ohne eigentliche Aufgabe[9], nur in Spanien und Portugal brauchte man noch ihr Schwert.[10] Die Deutschherren hatten ihren eigenen Staat im Osten, die Johanniter bauten Rhodos zum Stützpunkt der Christenheit gegen die osmanische Expansion aus. Dem Tempel wäre auf Zypern eine ähnliche Rolle zugefallen, wenn man den Rittern Zeit gelassen hätte. Leider hat Molay dieses prestigeträchtige Ziel recht nachlässig verfolgt. Zwar blieb das Hauptquartier des Ordens auf der Insel bestehen, aber den Ordensschatz führte der Großmeister mit sich nach Paris; eine Maßnahme, die mit zum Verhängnis werden sollte.

Die Templer waren nun also nicht viel mehr als ein stehendes Heer mit dem kommandierenden General in Paris. Diese bestausgerüstete Streitmacht ohne wirkliche

Aufgabe konnte vielleicht einmal gefährlich werden. Aber Philipp IV. hatte vorerst keinen Grund zur Klage. Im Gegenteil: Beim Kampf der Krone Frankreichs gegen Papst Bonifaz VIII. stellten sich die Templer offen auf die Seite des Königs. Hugue de Pairaud, der Stellvertreter des Großmeisters in Europa, prahlte in diesem Zusammenhang ganz offen, der Orden würde Frankreich auch gegen den Papst verteidigen. Ein solcher Bundesgenosse war Philipp nur zu willkommen. Er lobte die Templer in einem Rundschreiben und bat selbst um Aufnahme in den Orden. So standen die Dinge beim Tod Bonifaz' VIII. im Jahr 1303.[11]

Unter Clemens V. änderte sich die Lage gründlich. Da der Papst in Frankreich residierte, hätte Philipp im Notfall nur wenig militärische Macht einsetzen müssen, um ihn gefangenzunehmen. Für die Politik Frankreichs war der allmächtige Orden nun also überflüssig, aber immer noch keineswegs gefährlich geworden.[12] Denn die Templer zeigten keinerlei Absichten, in der Politik eigene Wege zu gehen, geschweige denn gegen Frankreich finstere Pläne zu schmieden. Der Großmeister und seine Regierung bewiesen vielmehr eine geradezu verblendete Liebe zu ihrer Heimat, sonst hätten sie nicht ihren Schatz vom Orient nach Paris überführt und dort ihre Residenz aufgeschlagen.

Französische Autoren[13] betonen gern die Staatsraison, die Philipp gezwungen habe, ein nicht völlig auszuschließendes Gefahrenpotential zu bannen, indem er den militärisch so starken Orden vernichtete. Aber für eine feindliche Gesinnung der Templer fehlt selbst der Schein eines Beweises. Der einzige Grund, gegen den Orden vorzugehen, war der Raub seines Vermögens. So war bezeichnenderweise die Taktik, nach der die Verhaftung der Templer durchgeführt wurde, dieselbe, mit welcher der König auch schon die Juden ausgeplündert hatte. Auch die Ursache dürfte dieselbe gewesen sein: Geld.

Philipp war dann allerdings doch nicht gewissenlos genug, einen ganzen Orden zu vernichten, ohne wenigstens der Öffentlichkeit schwerwiegende Gründe vorzulegen. Er hätte es nach außen hin nie gewagt, gegen die Templer vorzugehen, nur um seine Kassen zu füllen. Sein Ratgeber Nogaret, der bereits Papst Bonifaz VIII. beim Attentat von Anagni gefangengesetzt und damit auf seine Weise zu dessen baldigem Tod beigetragen hatte, besaß weniger Hemmungen. Auch Marigny, der Finanzminister Philipps, kannte kaum religiöse Bedenken, wie man im Verlauf des Prozesses noch sehen wird.[14] Die Minister wußten dem Enkel des hl. Ludwig ein prachtvolles Motiv zur Vernichtung des Ordens zu präsentieren: Man mußte die Templer der Ketzerei und Unmoral anklagen. Der König ließ sich, ohne zu zögern, auf diese Fährte locken.

Noch fehlte ein äußerer Anlaß. Aber in historischer Stunde findet sich für eine Handvoll Silberlinge stets ein Judas. Die Templer hatten keine Ahnung davon, daß ihr Untergang längst begonnen hatte.[15]

Anmerkungen

[1] *Charles Greenstreet Addison,* The history of the Knight Templars, the temple church, and the temple. London 1842.

[2] *George Archibald Campell,* The Knights Templars. Their rise and fall. London 1937. Deutsche Übersetzung von *Clemens von Holder:* Die Tempelritter. Aufstieg und Verfall. Stuttgart 1938, S. 15.

[3] *Licurgo Cappelletti,* Storia degli ordini cavallereschi. Livorno: Giusti 1904, S. 358–361.
[4] *Paul Deschamps,* Les châteaus des croisés en Terre-Sainte I: Le Crac des Chevaliers. Étude historique et archéologique, précédée d'une introduction générale sur la Syrie franque. Paris 1934.
[5] *Patrice Cousin,* Les débuts de l'Ordre des Templiers et St-Bernard. In: Mélanges St-Bernard. Dijon 1955, S. 41–52.
[6] *Zegerus Bernardus van Espen,* Observationes in negotia Templariorum. In: *Ferdinand de Hellwald,* Bibliographie méthodique de l'ordre souvérain de St-Jean de Jérusalem. Rom 1885, S. 15.
[7] *Georges Lizerand,* Le dossier de l'affaire des Templiers. Paris 1923, S. XIII.
[8] *E. Ferris,* The financial relations of the Knights Templars to the English crown. In: The American historical review 8, 1903, S. 1 ff.
[9] *A. J. Forey,* Novitiate and instruction in the military orders during the twelfth and thirteenth centuries. In: Speculum: a journal of medieval studies Vol. 61, Nr. 1, 1986, S. 1–17; vgl. *ders.,* The military orders in the crusading proposals of the late-thirteenth and early-fourteenth centuries. In: Traditio: Studies in ancient and medieval history, thought and religion Vol. 36, 1980, S. 317–345.
[10] *Joseph Fougerat,* Un peu d'histoire. Deux épisodes du procès. Un graffite des Templiers à Chinon. Poitiers: Société française d'imprimerie et de librairie 1938.
[11] *B. Gebhardt,* Der Untergang des Templerordens. In: Preußische Jahrbücher 62, 1890, S. 537–662; vgl. *ders.,* Geschichte des Templerordens. In: Preußische Jahrbücher 65, 1891, S. 89–101.
[12] *René Gilles,* Les Templiers sont-ils coupables? Leur histoire, leur règle, leur procès. Guichaoua 1957.
[13] *Duc de Levis-Mirepoix,* La tragédie des Templiers. Paris 1955, S. 114; idem, in: Archeologia Nr. 27, 1969, S. 10.
[14] *C. Girard,* L'affaire du Temple. In: Bulletin de la société des amis de Vienne No. 9, 1913, S. 23–44.
[15] Zu den Anmerkungen: Die vorliegende Arbeit benutzt vor allem die grundlegenden Werke über den Templerprozeß, die im Literaturverzeichnis aufgeführt sind. Schottmüller sammelte zahlreiches Material, wurde zum Verteidiger der Unschuld des Ordens. Finke, der heute mit seiner These der Wertlosigkeit der Geständnisse allgemein anerkannt ist, hat (vor allem mit seinen Forschungen in spanischen Archiven) die bisherigen Ankläger der Templer unter den Historikern widerlegt. – Wiedergaben der Verhöre finden wir bei Oursel; Lizerand gibt uns eine sichere Dokumentation über die wichtigsten zeitgenössischen Urkunden. Eine Anführung der reichen sonstigen Literatur findet sich in der Bibliographie. Die Sammlung der Verhörprotokolle von Michelet, die aufgrund ihrer Ausführlichkeit so wertvoll ist, darf nicht vergessen werden; ebensowenig das kostbare Werk von Raynouard, der als erster

das vatikanische Geheimarchiv einsehen konnte, als es in napoleonischer Zeit in Paris lag. Dieses Buch gab mir die Idee zu vorliegender Arbeit. – Eine Schwierigkeit, die genannt werden muß: Da die Mehrzahl der fundamentalen Werke und Quellen in französischer Sprache vorliegt, habe ich die von mir benutzte Sekundärliteratur und primäre Quellen übersetzt. Neben dem Hauptziel einer wissenschaftlichen Historiographie verfolgt diese Arbeit ein weiteres: Sie soll einen Denkanstoß über einen Abschnitt der Kirchengeschichte in Gang bringen, der die mögliche Rehabilitation der Templer bezweckt. Der Weg zu einem solchen Ziel ist schwer, aber nicht unmöglich.

I.
»Was wollt ihr mir geben, wenn ich euch die Templer verrate?«

In Lérida, am Hof des Königs Jaime II. von Aragón, erschien zu Beginn des Jahres 1305 ein Bote aus Südfrankreich, Esquiu de Floryan[1]. Er wußte dem Herrscher die erstaunlichsten Dinge über die Templer zu berichten. Im Gefängnis von Béziers habe er mit einem aus dem Orden verjagten Ritter gesessen, der ihm von unerhörten Greueln berichtet habe, die bei den vornehmen Herren des Tempels üblich seien: Man verleugne Christus bei der Aufnahme in den Orden, bespeie das Kreuz, gebe sich schamlose Küsse und erlaube die Sodomie. In den Kapiteln werde ein Götzenbild angebetet, und der Großmeister maße sich priesterliche Funktionen an, indem er Rittern die Absolution erteile.[2]

Der ehemalige Häftling aus dem Zuchthaus von Béziers wußte, daß Jaime II. mit den hochmütigen Templern wiederholt Ärger bekommen hatte. Die Ritter besaßen die schönsten Güter des Landes, beherrschten die stärksten Burgen und machten die besten Geschäfte des Reiches. Selbst im Wappen von Aragón fand sich das Templerkreuz. Man kann sich gut vorstellen, daß Jaime – oder überhaupt einem anderen König – eine solch einflußreiche zweite Macht im Staat nicht besonders behagte.

Dennoch fand Floryan nicht das Gehör, das er sich wohl erhofft und gewünscht hatte. Der Aragonese vernahm zwar die Kunde, hielt es aber für verfrüht, etwas zu unternehmen; er konnte es noch nicht wagen, die gefährlichen und allmächtigen Templer anzugreifen. Allerdings sah er die Möglichkeit für ein gutes Geschäft gegeben. Jaime rieb sich die Hände; nun wußte er im dürren Erdreich seines Staates einen Schatz, den man vielleicht bald schon bergen konnte. Der Überbringer der überaus verheißungsvollen Nachricht erhielt das Versprechen einer hohen Jahresrente und die Aussicht auf einen fetten Anteil an der Beute. Darüber hinaus gab der König Floryan den gutgemeinten Rat, sich an Philipp den Schönen von Frankreich zu wenden. Dieser habe bereits beste Erfahrung im Kampf gegen die Kirche gesammelt und wisse besser, wie man sich von Bann und Interdikt wieder lösen könne; auch habe er seinen guten Ruf als treuer Katholik nicht mehr zu verlieren. Die frommen Spanier dagegen würden ihrem König einen Streit mit der Kirche niemals verzeihen.

Es ist aber auch nicht auszuschließen, daß Floryan vor seiner Reise nach Aragón zuerst schon in Paris vorgesprochen hatte und die Franzosen der Meinung gewesen waren, der Spanier solle als erster ins Feuer greifen. Die goldenen Kastanien könne man sich dann immer noch brüderlich teilen.[3]

Sicherlich hatten auch die Ritter des Tempels schon von Floryan gehört. Der Präzeptor von Aragón hätte gut daran getan, den gefährlichen Mann abzufangen und in einem sicheren Verlies verschwinden zu lassen. Zumindest hätte man Paris warnen sollen. Beides wurde unterlassen.

So konnte Floryan mit seiner Geschichte weiter hausieren gehen. Er schloß den Kreis wieder, denn der nächste Kunde, dem er sie anbot, war der Berater des Königs von Frankreich, Guillaume de Nogaret. Dieser besaß einen soliden Ruf als Kirchenhasser. Als treuer Diener seines Herrn hatte er der Kirche im Konflikt zwischen Papst und französischem König mit der Durchführung des Attentats von Anagni großen Schaden zugefügt. Bonifaz VIII. starb schon kurze Zeit später an den Enttäuschungen über den heimtückischen Anschlag, aber er sollte nicht einmal im Grab Ruhe finden. Nogaret sammelte im Auftrag Philipps des Schönen mit den ihm eigenen Methoden auch weiterhin Belastungsmaterial gegen den Verstorbenen, um einen posthumen Ketzerprozeß zu erreichen.

Floryan hoffte zu Recht darauf, diesem bewährten Gegner der Kirche in Diensten der Krone von Frankreich sein kostbares Wissen zu einem guten Preis verkaufen zu können; nun klopfte er an die richtige Tür. Nogaret war erst vor kurzer Zeit geadelt worden. Folglich hemmten ihn – im Gegensatz zum König von Aragón – keinerlei aristokratische Bedenken. Als gelernter Advokat spürte er sofort, welch hochexplosives Pulver ihm der Mann aus Béziers da anbot. Und weil er längst gewohnt war, geistliches Gut zu rauben, schreckte er diesmal auch vor der Planung zur Plünderung und Vernichtung eines ganzen Ordens nicht zurück. Auf der Basis ähnlichen Materials, wie es jetzt Floryan lieferte, hatte er schon vor dem französischen Staatsrat die Gravamina gegen Bonifaz VIII. vorgetragen, die der Aktion in Anagni Tür und Tor geöffnet hatten.[4] Es würde ihm kaum schwerfallen, mit den nun erhaltenen, so kostbaren Informationen den Rittern des Tempels ebenfalls den Prozeß zu machen.

Persönliche Rache kam bei seinem Vorgehen gegen den Orden noch hinzu: Sein Großvater war von Templern bei der Inquisition als Katharer denunziert und später dann verbrannt worden. Somit würde es ihm, Nogaret, dem Enkel eines Ketzers, nun ein besonderes Vergnügen sein, ausgerechnet den Templerorden der Häresie zu bezichtigen, und das mit Hilfe genau jener Inquisition, die seinen Ahnen damals ins Feuer gebracht hatte.

Es würde ein leichtes sein, einem denkbaren Zögern des Königs entgegenzuwirken, Nogaret mußte nur die Rolle des Eiferers für den Glauben spielen. Er konnte sich dabei auf die Bigotterie Philipps verlassen, der keine Staatsgeschäfte begann, ehe er nicht zwei Messen gehört hatte. Der König gehörte ohne Zweifel zu jener Sorte von Christen, die glauben, sich mit religiösen Zeremonien in den Himmel einkaufen zu können. Seine Scheinheiligkeit offenbarte sich darin, daß er sich vom Attentat in Anagni nach außen hin entsetzt zeigte, später aber trotzdem alles tat, um seinen getreuen Diener Nogaret vom Bann lösen zu lassen. Im Falle der Templer konnte sich der König nun einreden, den Idealfall vor sich zu haben: den Glauben zu verteidigen, während man gleichzeitig dem Staat nutzte.[5] Wenn der Orden tatsächlich verkommen und verketzert war, dann mußte er in der Tat angeklagt und ausgelöscht werden. Vor allem aber waren seine ausgedehnten Besitzungen, insbesondere der Schatz in Paris, dafür prädestiniert, mit einem Schlag alle Finanzprobleme des Reiches zu lösen – wenn man diesen Reichtum erst einmal in die Hand bekam.[6]

Der König verschwendete keinen Gedanken daran, daß seine tüchtigen Minister diese gewinnbringende Operation nicht schaffen würden. Mit der Vernichtung der Templer hätte er sich darüber hinaus auch einer unbequemen Militärmacht entledigt, die nicht ihm, dem König, sondern nur ihrem eigenen Großmeister unterstand.

In den Bestrebungen, den König zu überzeugen,

wurde Nogaret von Philipps Beichtvater eifrigst unterstützt. Der Dominikaner Wilhelm Imbert von Paris war gleichzeitig Großinquisitor von Frankreich. Als solcher für die Bekämpfung von Ketzereien zuständig, plädierte er in der Templerfrage auf einen Fall seines Faches. Wenn die Ritter Götzenbilder anbeteten, Christus verleugneten und Sodomie erlaubten, dann blieb nur noch der Weg des Gefängnisses oder – bei Verstockung – der des Scheiterhaufens.

König Philipp pflegte ferner nichts zu unternehmen, ohne seinen Finanz- und Bauminister Enguerran de Marigny zu hören (sine quo rex nihil fecit). Seit Monaten ruhten die Bauarbeiten an Notre-Dame und dem Königsschloß. Man hatte kein Geld mehr.[7] Zweimal schon hatte Philipp seine Münzen abgewertet, und Bonifaz VIII. hatte ihn einen Falschmünzerkönig genannt. Die Vernichtung der Templer und die damit verbundene Konfiszierung des Ordensvermögens besaß auch für Marignys Ressort durchweg positive Perspektiven. Also machte auch dieser keine Schwierigkeiten.

Der König von Frankreich pflegte selten seine Gefühle zu äußern, aber in dieser Frage glaubte er, auch die Meinung des Papstes hören zu müssen, denn der Templerorden war schließlich exemt. Außerdem hatte Clemens V. aufgrund der bereits zirkulierenden Gerüchte am 24. August 1307 auf Antrag Molays schon eine eigene Untersuchung beschlossen. Zumindest den Abschluß dieses Verfahrens, meinte Philipp, müsse man noch abwarten. Doch die königlichen Räte hielten gerade die päpstliche Meinung für äußerst gefährlich; der bekanntermaßen ängstliche Papst würde niemals gegen den mächtigen Orden entscheiden. Man mußte einem möglichen Freispruch schnellstens zuvorkommen.

Der Theologe und Jurist im Rat des Königs, Wilhelm

Imbert, wußte die Sachverhalte klug zu differenzieren: Zwar untersuche der Papst gegen den Orden, aber das hindere ihn, den Großinquisitor, keineswegs daran, gegen einzelne Ordensmitglieder vorzugehen. Dies sei sein gutes Recht, denn wer als Ketzer verdächtig sei, unterstehe seiner Gerichtsbarkeit, selbst wenn er einem exemten Orden angehöre. Da es sich um den Großmeister, die ganze Regierung der Templer und mehrere Provinzen handle, könne man die Epikie[8] annehmen, den Rechtsfall, der vom Gesetzgeber nicht vorgesehen sei. Die unerhörten Verbrechen der Ritter seien dafür gewiß Grund genug. Es bestehe immerhin die Gefahr, daß die verkommenen Sektierer im weißen Mantel mit dem roten Kreuz das ganze Land mit ihrer Ketzerei ansteckten. Der König sei vor Gott für Glaube und Sitte in seinem Reich verantwortlich.[9]

Philipp, der sich gerne auch Bischof seines Landes nennen ließ, war glücklich, im dichten Netz der Canones eine Masche zu wissen, durch die man schlüpfen konnte. Er übersah dabei frohgemut den Umstand, daß der zuständige Gesetzgeber in Poitiers residierte, also mühelos hätte befragt werden können. Auf der anderen Seite konnte er aber gewiß sein, daß sein gefälliger Beichtvater Wilhelm Imbert ihn von der Sünde eines Rechtsbruches absolvieren würde.

Vor der Absicht, den Heiligen Vater ins Vertrauen zu ziehen, warnte vor allem Nogaret, für den der Umgang mit Päpsten nichts Neues mehr war. Clemens sei leider in der Auswahl seiner Mitarbeiter nicht vorsichtig genug. Er umgebe sich vor allem mit Verwandten, die trotz der reichen Pfründen, mit denen er sie überhäufe, stets in Schulden steckten. Diese zweitklassigen Vettern des Papstes seien nun sicher bereit, die Templer gegen klingende Münze zu warnen. Zudem führe der Papst ein Leben, das seinem Stand nicht entspreche. Jedermann kenne schließlich das Wort: »Die schöne Mélisande de Périgord, die Tochter des Grafen von Foix, kostet den Papst mehr als das ganze Heilige Land.«[10] Und wenn Clemens nachträglich Schwierigkeiten machen sollte, könne man ihm wegen seines unwürdigen Lebenswandels immer noch mit seiner Absetzung durch die Appellation an ein Konzil drohen; an triftigen Gründen fehle es schließlich nicht. Die Templer könnten nur dann unschädlich gemacht werden, wenn man die ganze Aktion streng geheim vorbereite und schlagartig und umfassend durchführe. Jeder unnötige Mitwisser würde alles gefährden.

Aber noch hatte man nichts weiter in der Hand als die Aussagen eines ehemaligen Zuchthäuslers, eines alles in allem doch eher unzuverlässigen Zeugen, der sein Wissen obendrein nur von einem abgefallenen Templer erhalten hatte. Nogaret erbot sich, andere und bessere Zeugen zu liefern. Er besaß einen besonderen Plan, Erfahrung und ein Archiv, auf das man zurückgreifen konnte. In Kürze hatten seine Leute eine Fülle von Material herbeigeschafft, das jede Erwartung übertraf. Alles, was menschliche Phantasie an Verbrechen ersinnen konnte, wurde Bonifaz VIII., dem unmittelbaren Vorgänger des augenblicklichen Papstes, nachgesagt, zu Protokoll gegeben und mit Eid beglaubigt: Simonie, Amtserschleichung, Mord an seinem eigenen Vorgänger Coelestin V., Zauberei sowie offen eingestandene Gottlosigkeit. Jedes noch so ungerechte und phantasiereiche Inquisitionsgericht mußte angesichts der hier nachgewiesenen Schlechtigkeit des vormaligen Papstes vor Neid erblassen.[11]

Diese Schlammflut von Lüge und Verleumdung, die Nogaret gegen den Toten auslöste, sollte als Waffe gegen Clemens dienen. Man hielt jetzt ein ausgezeichnetes

Mittel zu dessen Erpressung in Händen. Wenn der Papst die Pläne Philipps zu durchkreuzen beliebte, dann konnte man ihm mit einem Prozeß gegen das Andenken seines Vorgängers Bonifaz VIII. drohen. Kein Papst aber dürfte sich einer solchen Schande aussetzen wollen.

Nogaret, der geschickte Staatsanwalt, der Zeugen aus dem Nichts zu zaubern vermochte, bekam jedoch nicht die Gelegenheit, seine Kunst für den eigentlichen Templerprozeß erneut zu beweisen. Es genügte schon, davongelaufene oder aus dem Orden verjagte Ritter aufzustöbern und zu verhören[12]. Bereitwillig gaben diese alle Greueltaten zu Protokoll, die man von ihnen hören wollte. Besonders geschickte Zeugen wußte Nogaret zum Wiedereintritt in den Orden zu bewegen; als Spione konnten sie wertvolle Hinweise über das Verhalten der Templer liefern. Das war vor allem deshalb wichtig, weil der Berater Philipps auf diese Weise kontrollieren konnte, ob seine Absichten irgendwie bemerkt und die Templer informiert worden waren. Wenn Nogaret befürchten mußte, die von ihm gekauften Männer könnten Doppelagenten sein, ließ er sie kurzerhand einsperren. Nach der Verhaftung der Ritter am 13. Oktober ließ er diese Verräter zum Dank für ihre Judasarbeit laufen.

Nogaret war ein viel zu kluger Jurist, um nicht zu wissen, daß all diese Berichte zu unglaubwürdig, zu dreist erfunden waren, um als Grundlage für eine Verhaftung von über tausend Rittern dienen zu können. Mit diesem Material war nur der bigotte König zufriedenzustellen. Es gab nur eine Lösung, um sichere, unleugbare Beweise für die Schuld des Ordens zu bekommen: Alle Templer mußten nach ihrer Verhaftung unter der Folter befragt werden. Sie würde, unterstützt von Angst und Hunger, schon dafür sorgen, daß man rechtskräftige Geständnisse in jeder gewünschten Auswahl zur Verfügung bekam. Wilhelm Imbert würde zuvor die Gefälligkeit haben, die Haftbefehle auszustellen. Als Großinquisitor von Frankreich hatte er die Macht, alle Ketzer hinter Schloß und Riegel zu bringen.

Papst Clemens mochte dann ruhig seinen papiernen Protest nach Paris senden. Zu weiteren Schritten würde sich der vorsichtige Gelehrte auf dem Stuhl des hl. Petrus schwerlich aufraffen. Für den entgegengesetzten Fall wußte Nogaret aus eigener Erfahrung, wie man mit widerspenstigen Päpsten zu verfahren hatte. Er hatte genug Mittel und Wege aufgezeigt, um zu verhindern, daß die Kirche das kluge Spiel, das Philipp Millionen einbringen würde, nicht zu stören wagte.[13]

Anmerkungen

[1] Vgl. *Heinrich Finke*, Papsttum und Untergang des Templerordens. Münster 1907, Bd. II, S. 83–85.

[2] *René Gilles*, Les Templiers sont-ils coupables? Leur histoire, leur règle, leur procès. Guichaoua 1957.

[3] *A. Gilmour-Bryson*, L'eresia e i Templari. In: »Oportet et haereses esse«. Ricerche di storia sociale e religiosa Vol. 12, 1983. S. 101–114. Vgl. *dies.*, Vox in excelso and Vox clamantis, bulls of suppression of the Templar Order, a correction. In: Studia Monastica Vol. 20, 1978, S. 71–76.

[4] *E. Grifone*, La vita dei Templari. In: Osservatore Romano Nr. 93, 1952.

[5] *K. Kluncker*, Die Templer: Geschichte und Geheimnis. In: Zeitschrift für Religions- und Geistesgeschichte Bd. 41, 1989, S. 215–247.

[6] *J. Piquet*, Des banquiers au moyen âge: les Templiers. Étude de leurs opérations financières. Préface de M. Henri Lévy-Brühl. Paris 1939, Bd. III.

[7] *H. Liermann*, Die Kirche und das Geldwesen. In: Zeitschrift für das gesamte Kreditwesen, Heft 7, 1960, S. 14ff; Heft 8, S. 12ff.
[8] Interpretationsprinzip zur Nichtbeachtung eines menschlichen Gesetzes, das dann in Kraft tritt, wenn die Gesetzeserfüllung im Einzelfall unsittlich würde.
[9] *S. Menache*, Contemporary attitudes concerning the Templar's affair: Propaganda's fiasco? In: Journal of Medieval History Vol. 8, 1982, S. 135–149.
[10] *G. Mollat*, Les papes d'Avignon (1305–1378). Paris 1949, S. 34. Diese Gerüchte sind ohne jeden Hintergrund erfunden.
[11] *K. Horace Mann*, The lives of the popes in the middle ages. London 1925, Bd. VII, S. 297–300.
[12] *V. Michelet*, Procès des Templiers, Documents inédits. Paris 1851, Bd. 1, S. 168.
[13] *Lizerand*, a. a. O. XII. Die Kirche zählte fast nicht in diesem Prozeß, den sie auch verurteilte, und wenn es auf sie angekommen wäre, hätte die Inquisition sich nie mit den Templern zu befassen gehabt. Doch alle Verleumdungen, die Unmenschlichkeit der königlichen Schergen wären nie möglich gewesen, wenn Papst Clemens nicht eine solche Schwäche gezeigt und die an den Tag gelegten Grausamkeiten mit geradezu anormaler Resignation hingenommen hätte.

II.
Anzeichen des Sturmes

Eine Waffe, von der die Kriegsbücher der Templer nichts wußten, sollte nicht wenig zum Verhängnis des Ordens beitragen: die Propaganda. Sie wurde – mit dieser Durchschlagskraft zum ersten Mal in der Geschichte – von den genialen Strategen Philipps des Schönen, Nogaret und Pierre Dubois[1], eingesetzt. Der Orden hätte diese neue Kriegskunst von seinen Gegnern erlernen können, denn Nogaret hatte sie bereits gegen Bonifaz VIII. angewandt. Aber die Ritter des Tempels lebten im Geiste noch in der Vergangenheit.[2] Aufgewachsen im feudalen Zeitalter der Adelsherrschaft, kümmerten sie sich nicht um die öffentliche Meinung. Das Gerede des Volkes, das Geschwätz der Bediensteten ließen die Herren so vieler Burgen und ausgedehnter Ländereien, die Großbankiers der Päpste und Könige völlig kalt. Das niedere Volk war für sie nur zum Dienen da. Ein Bürgerlicher konnte im Orden bestenfalls Kaplan werden, oder aber er hatte im Rang eines Sergeanten die Ehre, die Pferde zu betreuen, als Steinmetz zu arbeiten, einen Hof zu bewirtschaften.

Im Sommer des Jahres 1307 hatten die bösen Gerüchte über den Orden den Papst langsam beunruhigt. Daraufhin bestellte er den Großmeister von Zypern nach Frankreich. Gleichzeitig erhielt auch der Großmeister der Johanniter denselben Befehl. Aber dieser konnte militärische Pflichten vorschützen und zog es vor, gegen die Sarazenen in Stellung zu bleiben. Jacques de Molay dagegen kam dem Ruf des Papstes zwar nach, mißachtete dabei aber dessen Aufforderung, unauffällig anzureisen. Vielmehr kam er mit einer kleinen Armee von Marseille herauf und zog wie ein König quer durch Frankreich nach Paris, wobei er auch den Templerschatz aus Zypern mit sich führte. Offenbar wollte Molay Macht demonstrieren. Denn wer würde es schon wagen, einen militärisch so starken und finanziell so abgesicherten Orden anzuklagen?

Weder der Papst noch die Ordensleitung hatten eine Ahnung, daß hinter den üblen Gerüchten, die überall verbreitet wurden, System steckte. Wären die Templer, wie sie selbst glaubten, tatsächlich noch auf dem Zenit ihrer Macht gewesen, so hätten sie an den Höfen der Könige und an der Kurie tüchtige Agenten bezahlt, die sie über die große Politik auf dem laufenden hielten. Aber in der Etappe glaubten die Herren Ritter wohl, auf die Zuträger von Geheimnissen verzichten zu können.

Ebenso blind zeigten sich die Ordensritter im Falle einer neuen politischen Kraft, den Legisten.[3] Es handelte sich um eine neue Gruppierung, um Juristen, die – zumeist von bürgerlicher Herkunft – bemüht waren, das Römische Recht an die Stelle des Feudalrechtes zu stellen. Sie strebten, nach dem Vorbild des alten Rom, vor allem danach, die Königsmacht zu stärken und insofern die Privilegien der Kirche und des mächtigen Adels zu brechen. Mit ihnen hielt in der Justiz die Folter als gültiges und geeignetes Mittel der Rechtsfindung Einzug.

Die Minister und Räte, mit denen Philipp sich umgab, waren Legisten, Nogaret an ihrer Spitze. Es mag sein, daß die hochadligen Herren des Tempels mit Verachtung auf diese Gruppe von Zivilisten herabsahen, die statt eines Schwertes nur den Federkiel führten. Selbst wenn sie Minister waren und zu Rittern geschlagen wurden, konnte das einen Edelmann von Geburt, der zudem das rote Kreuz auf seinem Mantel trug, nur herzlich wenig beeindrucken.

Noch eine weitere neue Macht im Staat Philipps entlockte den Rittern höchstens ein mitleidiges Lächeln: die Gens du Roi, ein schlagkräftiges kleines Heer von Polizisten. Die Adeligen, und mit ihnen die Templer, spotteten über diese Armee, die sich aus Bürgern und Bauern rekrutierte. Dabei hätten die Herren des Tempels gut daran getan, gerade deren Strategie zu studieren. Sie haben es versäumt – zu ihrem eigenen Verderben. Philipps Polizeiarmee hatte sich nämlich bereits trefflich bewährt: Mit ihrer Hilfe und dank ihrer Verschwiegenheit war es an einem Tag und zur selben Stunde gelungen, sämtliche Juden des Reiches zu verhaften.

Zu Beginn seiner Regierung hatte sich der König den Juden gegenüber noch wohlwollend gezeigt. Nie gingen die Geschäfte dieser geschickten Händler so glänzend wie um das Jahr 1300. Als ihre Truhen schließlich voll und die Kassen bis zum Rand gefüllt waren, nahmen die Gens du Roi alle Juden so lange in Haft, bis sie auch das letzte Versteck ihrer Reichtümer preisgegeben hatten. Die Juden waren also nur gefördert worden, um sie nachher um so vorteilhafter wieder ausnehmen zu können. Bei den Templern sollte es dann ähnlich zugehen. All diese Aktionen waren nur möglich gewesen, weil Philipps Polizei zuverlässig arbeitete und vor allem schweigen konnte.

Neben den Gens du Roi besaß Philipp eine weitere, ebenso zuverlässige und gut organisierte Privatarmee, die Bogenschützen. Allerdings waren sie keine Truppe, die einen Krieg mit dem Ausland hätte führen können.

Für die Innenpolitik jedoch bedeuteten sie einen Faktor, den man im Tempel ebenfalls in Rechnung hätte ziehen müssen. Aber auch hier glaubten sich die Templer in ihren Burgen sicher genug. Denn wie sollten es Bogenschützen mit Rittern aufnehmen, die über Festungen und Kampferfahrung aus unzähligen Feldzügen verfügten?

Aber nicht selten spielt im Krieg das Moment der Überraschung eine bedeutsame, sogar eine entscheidende Rolle. Die Berufsstrategen im Tempel übersahen, daß die Zeit der Ritter vorüber war. In Philipps neustrukturiertem Staat brauchte es keine waffenklirrenden Kämpfer mehr, sondern gute Polizisten. Und bald sollten diese die scheinbar allmächtigen Templer innerhalb einer einzigen Stunde in ganz Frankreich festnehmen. Das Rad der Geschichte hatte sich im Laufe eines Jahrzehnts vom feudalen Mittelalter in eine neue Zeit hinein gedreht.

Doch noch durften die Templer sich ungefährdet fühlen. In Paris nahm der Tempel mehr Fläche des Stadtgebiets ein als das königliche Schloß, das zudem noch im Umbau war. Da Marigny kein Geld in der Staatskasse hatte, blieb es peinlich still auf dem weiten Baugelände. Um so stolzer ragten auf der anderen Seite der Seine die sieben Türme des Tempels in den Himmel. Inmitten seiner Anlage stand eine der schönsten Kirchen der Stadt. Mächtige Mauern schützten diese fürstliche Residenz.

Ein solch repräsentativer, machtvoller Bau weckt den Hochmut. Philipp hatte eine Kostprobe dieser Arroganz schon einmal zu schmecken bekommen: Zum zweiten Mal in kurzer Zeit hatte er seine Münzen abgewertet. Aber das Volk war nicht mehr länger gewillt, diese ständigen Inflationen schweigend hinzunehmen. Im Jahre 1306 kam es dann schließlich zu einem Aufstand, und der König mußte letztlich froh darüber sein, hinter den starken Mauern des Tempels Schutz vor den eigenen Untertanen zu finden. Die Templer eilten, vielleicht ein wenig zu lässig, dem hohen Gast entgegen, um ihm ihr Schloß als Fluchtburg zur Verfügung zu stellen.[4]

In der Zeit danach wurde keinerlei Fest veranstaltet, um dem unfreiwilligen Besucher das düstere Gemüt zu erhellen. Philipp hauste in seinen Räumen wie ein – immerhin königlicher – Gast, den man wohl oder übel aufzunehmen gezwungen war. Der Seneschall dachte dabei wohl vor allem an die roten Zahlen, die im Hauptbuch des Ordens das Konto des Königs zierten. Wozu also eine Rechnung erweitern, die doch nie bezahlt würde? Und das gerade jetzt, wo Jacques de Molay ohnehin schon strengste Vorschriften erlassen hatte, die alle unnötigen Ausgaben schärfstens untersagten. Wie aber dann den gelangweilten Gast unterhalten, wie den mißmutigen, zwischen Zorn und Scham hin- und hergerissenen König in bessere Stimmung bringen? Große Gelage durften nun einmal nicht gefeiert werden, da die Klostergewohnheiten auch wegen des unvorhergesehenen Gastes nicht einfach geändert werden konnten. Philipp weilte ja nicht im Rahmen eines Staatsbesuchs im Schloß, er war privat hier, sehr privat, gewissermaßen ein Gefangener der Pariser Bevölkerung.

In einer unseligen Stunde kam dem Trésorier des Tempels eine verhängnisvolle Idee: Warum dem König nicht die Reichtümer und Schätze des Tempels zeigen? So konnte man zwei Fliegen mit einer Klappe schlagen; zum einen Philipp die lästige Wartezeit etwas verkürzen, und zum anderen dem roi fausseur, dem Falschmünzerkönig, so ganz nebenbei einmal zeigen, wie gutes Geld aussah!

Philipp folgte seinem Gastgeber bereitwillig. Es braucht an dieser Stelle wohl nur angedeutet zu werden, was sich in den Mauern des Tempels angesammelt hatte und den Neid des Königs weckte: die schönsten Stücke erlesener Kunst aus Ost und West, Geschenke der Sarazenen, Beutegut aus vielen Feldzügen; alles seit 1128, der Gründung des Ordens, zusammengekommen. Der Teufel des Hochmuts verführte die Templer dazu, dem König auch das Barvermögen des Ordens zu zeigen. Zu Hunderttausenden häuften sich Pfunde aus Tours, Florenz und Venedig, den größten Niederlassungen, sowie Münzen aus dem ganzen Orient und Okzident. Die neugeprägten Taler und Bourgeoises Philipps hatten nicht annähernd die Qualität dessen, was ihm hier vor Augen geführt wurde.

Wir dürfen annehmen, daß der König sich all diese Herrlichkeit mit Schweigen angesehen hat. Insgeheim verglich er dieses Vermögen (das damals wohl größte des Abendlandes) mit seinem eigenen Schatz im Louvre, der in der Hauptsache aus leeren Kassetten bestand. Es muß ihm geradezu wie Hohn erschienen sein, daß der Templerhort nichts und niemandem mehr diente.[5] Zwar hatte er früher einmal die Kriegskasse der Kreuzzüge gestellt und war – der Neid des Königs mußte es zugeben – in der Zwischenzeit bestens verwaltet und vermehrt worden, doch im Hauptquartier des Ordens sprach man, wenn überhaupt, nur wenig von neuen Feldzügen. Weit entfernt vom Feind, im Herzen Frankreichs, lebte es sich gar nicht so übel.

Seine eifersüchtigen Gedanken behielt Philipp für sich, während er äußerlich die Schätze des Tempels bewundernd lobte. Der Seneschall hatte vergessen, daß der Neid eines Königs Kriege verursachen kann.[6] Wer einen Verhungernden an eine reich gedeckte Tafel führt, ohne ihn einzuladen, darf sich nicht wundern, wenn der andere dennoch zugreift. Und der König hungerte auf seine Weise, war er doch seiner Geldmisere wegen zum Gefangenen seines Volkes geworden.

Aber Philipp der Schöne war ein starker, ausdauernder Hasser.[7] Er hatte schon Papst Bonifaz über dessen Tod hinaus verfolgt. Seine Demütigung durch den unterkühlten Empfang und den freudlosen Aufenthalt im Großmeisterschloß würde er nie vergessen, am allerwenigsten aber die prallgefüllten Truhen des Ordensschatzes, den ihm ein törichter Seneschall prahlerisch vor Augen geführt hatte.

Immer war es das Geld, das ihn peinigte. Der Papst hatte ihn einen Falschmünzerkönig genannt. Ein kleiner Bischof aus Pamiers hatte es gewagt, an seiner Tafel zu höhnen: »Der König von Frankreich ist ebenso falsch wie sein Geld!« Philipp würde Mittel und Wege finden, diesem Zustand ein Ende zu machen. Dafür zahlen sollten die Templer, mit ihrem Gold, ihrer Ehre, ihrem Blut.

Die Großwürdenträger hatten, als sie ihren Gast wieder der Obhut der königlichen Bogenschützen übergaben, keine Ahnung, daß sein Zorn weniger den rebellierenden Untertanen als vielmehr ihnen selbst galt. Das Gold des Tempels würde der langersehnte Regen sein, um die ausgedörrten Wiesen Frankreichs wieder zum Blühen zu bringen.

Anmerkungen

[1] Auch Petrus de Bosco. *1250/55, † nach 1321. Kgl. Advokat. Gilt für viele als einer der ersten Publizisten des Mittelalters.
[2] *Hans Prutz,* Zur Genesis des Templer-Prozesses. In: Sitzungsberichte der königlich-bayerischen Akademie der Wissenschaften zu München, Philosophisch-philologische und historische Klasse Jg. 1907, S. 5–67.
[3] *Paulus Josephus a Riegger,* Dissertatio de ordinibus equestribus Templariorum, Hospitaliorum S. Joannis et Teutonicorum S. Mariae. Oeniponti 1744, S. 89–92.
[4] Die Geschichte kennt keinerlei Dokumente über die Art und Weise, wie die Templer den flüchtenden König aufnahmen. Manche Autoren vermuten wohl mit Recht, daß Philipps Haß gegen den Orden nicht zuletzt durch den in jedem Falle demütigenden Aufenthalt im Tempel entstanden ist.
[5] *Victor Carrière,* Hypothèses et faits nouveaux en faveur des Templiers. In: Revue d'histoire de l'église de France Bd. 3, 1912, S. 55–71.
[6] *L.-A. Carry,* Le rôle financier des Templiers. In: Atlantis Jg. 36, No. 217, S. 333–336.
[7] *François Timoléon Choisy,* Histoires de Philippe de Valois et du roi Jean ou histoire de la condamnation des Templiers. Paris 1688, S. 203.

III.
Die letzten Entscheidungen

In Maubuisson, wenige Meilen von Paris entfernt, pflegte Philipp seine freien Tage zu verbringen. Hier stand eine alte Abtei, hier fand er Ruhe und Erholung. Im Frieden der Abgeschiedenheit konnte der König seine Pläne reifen lassen.

Im September 1307 gab es allerdings nichts mehr zu überlegen. Die Herren des Staatsrates waren anwesend. Die letzten Beratungen, besser gesagt, die endgültigen Entscheidungen in der Templeraffäre, müßten eigentlich reibungslos über die Bühne gehen. Wilhelm Imbert würde die Verhaftung aller Templer fordern. Die Anklage gegen den Orden wegen Ketzerei, Götzendienst und Sodomie gab dem Großinquisitor das Recht zu dieser Maßnahme.

Die entsprechenden Dokumente lagen bereits zur Unterschrift bereit. Nogaret, der durch das Attentat von Anagni Erfahrung darin besaß, hohe kirchliche Würdenträger dingfest zu machen, war geradezu prädestiniert, den Großmeister und seinen Konvent zu überfallen.

Die Aktion sollte im Auftrag der Inquisition erfolgen.[1] Denn im Namen der Kirche hatte Imbert den König gebeten, die landesgefährlichen Ketzer, voran den Großmeister, zu verhaften. Philipp gehorchte also nur der Kirche, wie es die Dokumente formulierten, wenn er seinen Profosen im ganzen Reich den Befehl erteilte, die Templer festzunehmen.

Nur einen Herrn im Staatsrat hatte man offensichtlich nicht ins Vertrauen gezogen, Erzbischof Aycelin von Narbonne, Großsiegelbewahrer und Kanzler des Reiches. Darum weigerte der sich auch, das Siegel auf die Dokumente zu setzen. Aber der König dachte keinen Augenblick daran, ein solches Unternehmen, den sicheren Sieg über einen mächtigen und steinreichen Orden, an den Gewissensbissen eines Prälaten scheitern zu lassen. Er übergab das Staatssiegel kurzerhand seinem getreuen Nogaret, der weder durch kirchliche Bedenken gehemmt noch mit sonstigen Skrupeln behaftet war. Der von drei Päpsten gebannte Nogaret hatte von seiten der Kirche ohnehin nichts mehr zu befürchten. Außerdem schmeichelte es dem ehemals unbedeutenden Advokaten, als oberster Rechtswahrer des Reiches seinen Namen neben das königliche Siegel setzen zu dürfen.

Am 14. September 1307 wurde somit die Verhaftung der Templer beschlossen.[2]

Schon am 22. desselben Monats gingen Dekrete an alle Profosen des Reiches, sich in den frühen Morgenstunden des 13. Oktobers mit Bewaffneten bereitzuhalten. Ein zweites, versiegeltes Schreiben, das erst an besagtem Morgen zu öffnen war, erhielt den Befehl zur Verhaftung der Templer.

Wenn Aycelin aber von der Unrechtmäßigkeit dieses Vorgehens überzeugt war, warum schwieg er dann? Warum wagte er es als Bischof nicht, den Papst zu informieren? Wieso fand er nicht den Weg zum Tempel, um wenigstens den Großmeister zu warnen? Schließlich mußte er wissen, daß niemand mehr die Mühlen der Justiz anhalten konnte, wenn sie erst einmal in Schwung gekommen waren. Aycelin kannte auch seinen Ratskollegen Nogaret. Er konnte sich doch denken, wie dieser Kirchenhasser gegen einen Orden wüten würde, der seinen Großvater auf den Scheiterhaufen gebracht hatte. Der Erzbischof von Narbonne hätte mit einer simplen Warnung den größten Justizmord des Mittelalters verhindern können. Er tat es nicht.

Warum hat er sich dann andererseits aber auch geweigert, die Urkunden zu besiegeln? Glaubte er, wie Pilatus seine Hände in Unschuld waschen zu können, wenn er nur die anderen morden ließ?

Die Bedenken des Kirchenfürsten waren am ehesten materieller Natur: Sie bezogen sich auf diejenigen Kirchengüter, die ihm als Pfründe übertragen waren. Das Bistum von Narbonne erstreckte sich von der Rhône bis zu den Pyrenäen, das reiche Toulouse inbegriffen. Es war mit einigem Recht zu befürchten, daß Papst Clemens, dessen Autorität man mit dem Befehl zu den Festnahmen schändlich überging, Aycelin in einem Anfall von verständlichem Zorn absetzen würde, falls dieser mit dem Siegel eine solche Ungeheuerlichkeit wie die Verhaftung eines ganzen Ordens mitverantwortet hätte. So zog es der scheinheilig fromme Hirte auf dem Bischofsstuhl vor, sein Heil in der Vermeidung einer klaren Stellungnahme zu suchen. Er ist dennoch zum Mittäter geworden – durch sein Schweigen.

Wesentlich unkomplizierter stellte sich die Situation für den Großinquisitor dar. Als einfacher Dominikaner hatte er keine Pfründe zu verlieren. Alles, was er besaß, war die Gunst des französischen Königs. Diese bliebe ihm aber auch dann erhalten, wenn der Papst ihn seines Amtes als Inquisitor entheben würde. Eine päpstliche Rüge, selbst die Absetzung, wäre für ihn folglich sehr leicht zu verschmerzen, denn nie würde Philipp einen so tüchtigen Beichtvater, einen so gefälligen Seelenführer missen wollen.

Über die Beschlüsse von Maubuisson wurde nach außen hin nichts bekannt. Nach seinem Beschluß vom 24. August hatte der Papst an Philipp geschrieben, er sei durch die Ungeheuerlichkeit und Unerhörtheit der Gerüchte tief bestürzt und würde mit seinen Kardinälen das Notwendige veranlassen.[3] Jacques de Molay und Hugue de Pairaud weilten zu dieser Zeit am Hof von Poitiers. Der Großmeister sollte erst im September nach Paris zurückkehren. Es ist nicht auszuschließen, daß Philipp bei der Verhaftung der Templer deswegen solche Eile an den Tag legte, weil er verhindern wollte, daß der Papst die Unschuld des Ordens feststellte.

Nicht die Kirche zeigte in diesem Fall also ein Interesse, angebliche Ketzer ihrer noch angeblicheren gerechten Strafe zuzuführen, sondern der Staat. Und der hatte die Absicht, auch in der anstehenden Untersuchung die erste Rolle zu spielen. »Wir wissen dies aus den Instruktionen Philipps, die dem Schreiben vom 14. September über die Gefangennahme beigegeben sind. Kennen wir auch nur drei Ausfertigungen dieses Schreibens, so ist es unzweifelhaft an alle Baillis und hier in Frage kommenden königlichen Beamten – Paris auszunehmen liegt kein Grund vor – gerichtet. Daher müssen die königlichen Kommissäre zuerst mit den Templern eine Untersuchung anstellen und die Wahrheit auf alle Weise, selbst mit Hilfe der Folter, zu ermitteln versuchen; erst dann sollen sie die Inquisitoren hinzuziehen und möglichst bald ein durch Zeugen beglaubigtes Protokoll der Geständnisse – nur dieses! – an den König senden. Den Geständigen soll volle Verzeihung angeboten, den Leugnenden der Tod angedroht werden.«[4]

Dieser Glaubenseifer Philipps, der seine Polizei damit

beauftragte, Ordensleute zu ihrer Glaubenstreue zu befragen, erscheint seltsam. Denn wie kommen ausgerechnet die Schergen des Königs dazu, Sündern im Namen des Staates Verzeihung zu versprechen und Unbußfertigen den Tod anzudrohen? Nach damaligem Recht durfte nur die Inquisition über Glauben oder Irrglauben befinden; erst am Ende des Verfahrens wurde der Staat eingeschaltet: Die von der Kirche Verurteilten wurden dem weltlichen Arm zur Bestrafung übergeben. Im Fall der Templer aber maßte sich der König Rechte an, die ihm nie und nimmer zustanden. »Die Staatsgewalt untersuchte zuerst allein, sie spielte die Herrin, die Inquisition erscheint als Dienerin der Staatsgewalt.«[5]

Was tat nun Papst Clemens, während die Polizeimaschinerie bereits auf vollen Touren anlief? Er begab sich erst einmal zur Kur, »ad aquas«. In der Woche vom 1. zum 8. Oktober begann dann endlich, wenn auch schwerfällig, seine eigene Untersuchung anzulaufen. Er konnte die vornehmen Ritter aber nicht wie gewöhnliche Strauchdiebe auf der Straße aufgreifen und verhören lassen. Daher ließ Clemens den Visitator von Frankreich zu sich kommen, den zweithöchsten Beamten des Ordens. Hugue de Pairaud war ein weitgereister, fähiger Mann und nach Molays Abreise als Vertreter des Ordens an der Kurie geblieben. Er vermochte dem Heiligen Vater die gewünschten Auskünfte zu geben, nachdem zuvor Molay schon wochenlang mit dem Papst verhandelt hatte.

Die beiden Kirchenfürsten müssen sich dabei gut verstanden haben. Nur so kann man die spätere hartnäckige Forderung Molays verstehen, zum Papst geführt zu werden. Der Großmeister selbst weilte seit September wieder im Tempel in Paris. Er richtete sich seine Residenz wohl für die Zukunft ein. In dem Schloß mit den sieben Türmen fühlt er sich heimisch und sicher.

Man ahnte in der Ordensburg also nichts von der Dimension des kommenden Unheils. Wir kennen nur eine einzige Sicherheitsmaßnahme: Der Präzeptor von Paris gab an die Sergeanten die Weisung aus, in ihren Reden Vorsicht walten zu lassen. Immerhin hatte der Papst seine Untersuchung begonnen, sein Gericht tagte bereits.[6] Der höchste Richter der Kirche hatte die Affäre vor sein Forum gebracht. Keine untergeordnete Instanz besaß jetzt mehr das Recht, in das päpstliche Verfahren einzugreifen. Philipp der Schöne war ja schon durch das Schreiben vom 24. August auf ein solches eingestimmt worden. Sein Beichtvater, der übereifrige Großinquisitor, wußte seit dem Sommer ebenfalls Bescheid. Kann man diesen beiden für ihr bevorstehendes Vorgehen somit noch guten Glauben zubilligen?

Die »suspicio vehemens«, der dringende Verdacht der Ketzerei, den Philipp in seinem Schreiben vom 14. September als Grund für die Verhaftungen nannte, dürfte auch dem Papst nicht unbekannt gewesen sein. Clemens hatte nun aber persönlich eine Untersuchung begonnen. Was also blieb der Polizei des Königs jetzt noch zu tun, und was ihrer Helferin, der Inquisition? Beide hatten abzuwarten, schlicht und einfach abzuwarten, bis der Papst, der in Dingen des Glaubens zuständig ist, entschieden hatte.[7]

Anmerkungen

[1] *Luigi Cibrario*, Dei Templari e della loro abolizione. Florenz 1868.
[2] *John Charpentier*, L'Ordre des Templiers. La Colombe 1944.
[3] *Heinrich Finke*, a. a. O., I., S. 140.
[4] Ebd., S. 153f.
[5] Ebd., S. 152.
[6] *Pierre Dupuy*, Traités concernant l'histoire de France, à savoir la condamnation des Templiers. Paris 1654.
[7] *Lizerand*, a. a. O., S. 16ff. Dort die Dekrete der Verhaftung.

IV.

Der blutige Freitag – 13. Oktober 1307

In der Morgenfrühe des 13. Oktober erschien Nogaret mit einer starken, bis an die Zähne bewaffneten Rotte Bogenschützen an den Toren des Tempels. Nach wenigen Augenblicken war die Wache überrumpelt und ausgeschaltet, sie konnte nicht einmal mehr Alarm schlagen. Die Knechte Philipps stürmten in die Säle, rissen die Templer aus ihren Betten, legten sie in Ketten und führten sie ab. Noch schlaftrunken, wie aus einem bösen Traum erwacht, fanden sich der Großmeister und fast seine ganze Regierung verstört und maßlos verschreckt in Fesseln vor Nogaret wieder. Der wäre kein Advokat gewesen, wenn er diesen Augenblick nicht zu einer feierlichen Erklärung genutzt hätte. Er komme im Namen der Heiligen Inquisition und im Auftrag des Königs. Die Templer seien eine Horde Ketzer, die man unschädlich machen müsse.[1]

Wir wissen nicht, ob Molay und seine Großwürdenträger protestierten, Nogaret ihre Rechte als unabhängige Ritterschaft in Erinnerung riefen. Dieser dürfte aber wenig Zeit damit vergeudet haben, Feinde, deren Schicksal bereits besiegelt war, noch größer anzuhören. Er hatte jetzt Wichtigeres zu tun.

Diesmal war sein Plan wundervoll geglückt, nicht so wie in Anagni. Dort hatte er zwar den Papst gefangennehmen können, aber dann war es ihm nicht gelungen –

wie eigentlich geplant –, Bonifaz VIII. auch noch nach Frankreich zu verschleppen. Nachdem sich die Stimmung in der Stadt gegen die Verschwörer gewandt und die Bevölkerung den Papst befreit hatte, mußte er damals sogar bangen, unbeschadet davonzukommen. Heute jedoch lief seine Großaktion mit der Präzision eines Uhrwerkes ab: In ganz Frankreich waren zur selben Stunde sämtliche Templer verhaftet worden.[2] Die Profosen hatten sich überall, getreu den Befehlen aus Paris, in aller Herrgottsfrühe mit einer großen Zahl Bewaffneter bereitgehalten. Zur festgelegten Zeit waren die Burgen und Landgüter des Ordens dann überfallen, die Ritter und Sergeanten in Ketten gelegt und in die nächsten Gefängnisse eingeliefert worden. Nur ein Dutzend Templer soll entkommen sein.

Die Überraschung war also vollkommen. Den stolzen Rittern waren die eigenen Burgen zu Fallen geworden und wurden ihnen nun, wie in Paris, auch zum Kerker. Der Orden war seiner allzu großen Selbstsicherheit zum Opfer gefallen.[3]

Man hat neuerdings die Fabel verbreitet, die Templer seien gewarnt gewesen: In der Nacht vom 12. auf den 13. Oktober habe eine Reihe von »Heufuhren« den Tempel von Paris verlassen. Auf diese Weise sollen die Ritter ihre Archive und den Ordensschatz in Sicherheit gebracht haben. Aber man konnte doch keine Heuwagen mit Rassepferden bespannen. Diese wären mit den schwerfälligen Karren nicht weit gekommen; man hätte sie bemerkt und ohne große Mühe eingeholt.

Nein, die Templer hatten keine Ahnung von ihrer bevorstehenden Verhaftung. Ansonsten hätten sie sich von der Polizei nicht derartig überrumpeln lassen. Wenigstens die Großwürdenträger und der Großmeister wären rechtzeitig geflohen. So aber wurden sie, wie Pierre de

Bologne später vor dem päpstlichen Gericht sagen sollte, wie Schafe zur Schlachtbank geführt. Es ist eine Tragödie sondergleichen, daß die stärkste Militärmacht ihrer Zeit von den Bütteln des Königs unter Führung eines Schreibers überwältigt wurde.

Im Ausland, wo sie gewarnt waren, haben die Templer später anders gehandelt. In England entkamen sie in großer Zahl, in Aragón mußte der König ihre Burgen erst niederkämpfen und erobern (vgl. unten Kapitel VI).

Doch fürs erste waren die Templer Frankreichs in den Händen des Königs und seiner Schergen.[4] Man hatte die Verhaftung im Namen der Heiligen Inquisition vorgenommen. Demnach wäre Wilhelm Imbert, der Großinquisitor von Frankreich, dafür zuständig gewesen, mit den Verhören zu beginnen. Doch Nogaret liebte es nicht, Risiken einzugehen. Ehe er seine Opfer dem kirchlichen Richter übergab, wollte er selbst erst einmal in Erfahrung bringen, welche Schandtaten genau die Ritter nun eigentlich begangen hatten. Der Tempel in Paris war eine starke Festung, er eignete sich ausgezeichnet als Zuchthaus. So begannen die Henker in den Gewölben der Templerburg unverzüglich ihre blutige Arbeit. Molay und die Würdenträger wurden in strengster Einzelhaft gehalten. Sie hörten vorerst nichts weiter als die Schreie der Gefolterten und Sterbenden. Nogaret und seine Henker waren schnell und mit Nachdruck am Werk.

Den Rittern wurde eine lange Liste von Missetaten vorgelegt, die im Orden seit langem üblich seien. Wer geständig war, dem wurde Freiheit und Verzeihung sowie eine ordentliche Pension aus den Gütern des Ordens versprochen. Man müsse zuvor nur noch die kleine Formalität erfüllen, die Aussagen mit einem Eid zu bekräftigen und zu unterschreiben. Die Ritter und Sergeanten, die meist nicht lesen und schreiben konnten, hatten nicht einmal den Hauch einer Möglichkeit festzustellen, was man ihnen da vorlegte. Wer weiter leugnete, wurde dagegen auf das Rad gespannt, einmal, zweimal, am Tag, in der Nacht, bis auch er endlich gestand – oder starb. Nicht jedermann besaß die Kraft, die Folter auf sich zu nehmen. Viele wurden schwach und bestätigten durch ihre Unterschrift mit blutenden Händen einen Teil der Schandtaten, die man dem Orden vorwarf.[5]

Derweil saß Molay in seiner Zelle in Einzelhaft. Der unglückliche Großmeister hatte noch am 12. Oktober den Sarg der Schwägerin des Königs zu Grabe getragen. Diese Ehrenbezeugung hatte Nogaret vorzüglich ins Konzept gepaßt, um ein immerhin denkbares Mißtrauen der Templer zu zerstreuen. Außerdem war Molay auch Pate eines der königlichen Prinzen. Nun aber wurde er wie ein gemeiner Verbrecher im eigenen Schloß gefangengehalten.

Wer war Jacques de Molay eigentlich? Von unbedeutender Herkunft, in der Nähe von Belfort im Elsaß geboren, wurde er nach dem Fall von Akkon im Jahre 1291 zum Großmeister des Templerordens gewählt. In den Augenblicken der Krisis, wo jeder gern jedem die Schuld gibt, sind herausragende, exzentrische Persönlichkeiten fehl am Platz. Da kommen Männer des Ausgleichs zum Zuge, die gutmütig und nicht parteiisch sind, Ruhe ausstrahlen und Vertrauen wecken. Ein solcher Charakter war Molay. Zwar nur ein mittelmäßiger Geist, aber ein frommer, loyaler Ritter, der in ruhigen Zeiten sein Amt sicherlich bestens verwaltet hätte.

Aber statt nach dem Antritt des Kommandos über eine geschlagene Armee neue Kriegsziele, neue Aufgaben zu suchen, an denen der Orden sich wieder hätte aufrichten können, hat Molay den Papst dringend vor einem neuen Kreuzzug gewarnt. Demnach scheint die Frage berechtigt, ob er den Orden wirklich zu reformieren suchte, um den zahlreichen Stimmen, die sich gegen die Templer erhoben hatten, entgegenzuwirken. Und warum befolgte er den Rat guter Freunde nicht, eine Verbindung oder Verschmelzung der Templer mit den Johannitern zu versuchen[6], sondern redete Papst Clemens mit reichlich simplen Gründen eine solche Lösung sogar aus?[7] Molays einzige Reformforderung war die nach geeigneten Maßnahmen, um der Verschwendung Einhalt zu gebieten. Er entpuppte sich als Verwalter, als ein Mann der Etappe, wo es einen General gebraucht hätte. So hat auch er einen Anteil zur Katastrophe seines Ordens beigetragen; ein vermeintlicher Stratege, der einem Bürokraten wie Nogaret blindlings in die Falle tappte. Statt die Disziplin des Ordens zu heben, galt seine Sorge den Rechnungsbüchern.[8]

Denn wo das geistige Gebäude morsch geworden ist, da muß man schnell noch wenigstens die materiellen Werte retten, das Geld zusammenhalten. Wo kein Funke mehr glüht, da muß äußeres Feuerwerk inneres Leben vortäuschen. Daher kam Molay mit großem Gefolge, mit königlicher Pracht aus dem Orient nach Frankreich. Alle Welt sollte wissen: Er führte kein geschlagenes Heer an, sondern repräsentierte einen fürstlichen Großmeister; er war kein Bettler wie der König von Frankreich, der mehr Schulden als Güter sein eigen nannte. Und er hatte es auch nicht nötig, auf der Reise durch das Land wie Papst Clemens Abteien und Bistümer auszuplündern, um seine Begleitung durchzufüttern.

Jetzt aber saß Jacques de Molay im Kerker, einem kleinen Strauchritter gleich, dessen Räubernest ausgeräuchert worden war und den man nun, in Ketten gelegt, zur Verantwortung zog. Es muß für ihn ein furchtbares Erwachen an jenem schrecklichen Freitagmorgen gewesen sein. Und Nogaret hatte Zeit, viel Zeit. Er wußte, daß jeder Tag im Ungewissen, jede schlaflose Nacht die Angst verstärken, den psychischen Druck auf Molay verdoppeln würden.

Endlich, nach zehn langen und qualvollen Tagen der Angst, öffnete sich die Tür zum Verlies, und Nogaret kam herein. Als gewiefter Untersuchungsrichter wußte er die entsprechenden Register zu ziehen. Er spielte die Rolle des Mitfühlenden und hoffte, den einfältigen Militär, der augenscheinlich keinen blassen Schimmer von der Subtilität der Polizeimethodik besaß, durch seine aufgesetzte Freundlichkeit in die Falle zu locken: Der Orden sei nun einmal schuldig.[9] Leider hätten sich Papst und König schweren Herzens dazu gezwungen gesehen, die Templer verhaften zu lassen (der Papst wußte überhaupt nichts!). Die Mehrzahl der Ritter habe bereits gestanden, reumütig um Verzeihung gebeten und diese auch erhalten. Auch die Großwürdenträger hätten der Wahrheit Zeugnis gegeben und die Verworfenheit der Ordensbräuche nicht geleugnet. Bedauerlicherweise seien aber kleine Gruppen verstockt geblieben. In diesen Fällen sei es nicht zu vermeiden gewesen, jene hartnäckigen Sünder im notwendigen Rahmen gewissenhaft befragen zu müssen. Aber schließlich habe man auch sie dazu bewegen können, die Schuld des Ordens zu bekennen.

Nogaret wußte die Folter geschickt zu erwähnen; eine vorsorgliche Warnung an Molay, nicht ein ähnliches Schicksal für sich selbst heraufzubeschwören. Später dann folgte der nächste Grad der moralischen Tortur, Nogaret bediente sich der alten List: Da er sowieso schon längst alles wisse, brauche Molay gar nicht erst zu leugnen, es habe doch keinen Zweck und sei der Mühe nicht wert.

Dieser Argumentation lag folgender Sachverhalt zugrunde: Nogaret hatte schon in den ersten Tagen der Verhöre einen Knappen Molays, W. de Giaco[10], bearbeiten lassen. Dieser Unglückliche gestand, Gott weiß unter welchen Torturen, vom Großmeister in einer einzigen Nacht dreimal mißbraucht worden zu sein. Der junge Giaco war erst vier Jahre zuvor in den Orden aufgenommen worden. Er verwickelte sich dann bei einem zweiten Verhör in solche Widersprüche, daß seine erste Aussage, die absolut Unmögliches behauptete, nur als erzwungen und unwahr gelten kann.[11] Jedenfalls hat Molay später, beim Verhör durch den Großinquisitor Imbert, die Frage nach seiner Zustimmung zur unnatürlichen Wollust mit heftigen Worten zurückgewiesen.

Man hat schon immer nach den Gründen gesucht, die Molay zu seinem Schuldbekenntnis bewogen haben. Es darf durchaus als möglich gelten, daß Nogaret, das Geständnis des Knappen in der Hand, den Großmeister erpreßte. Die schändliche Aussage Giacos war für den Advokaten Philipps eine geradezu ideale Schlinge, die er dem Ordensfürsten um den Hals legen konnte. Die Erpressung kann nur so gelautet haben: Man gebe die private Schwäche des Großmeisters nicht bekannt, wenn man eine kleine Gegenleistung für diese Gefälligkeit erhalte – das Eingeständnis der Schuld des Ordens.[12] Dem unglücklichen Großmeister blieb nur die furchtbare Wahl, entweder den Orden zu verraten oder als Ehrloser in die Geschichte einzugehen.

Nogaret konnte König Philipp jetzt, nachdem der Großmeister entsprechend präpariert worden war, seine Dossiers übergeben. Der Herr sollte seinen Diener dafür loben. Der Überfall in Anagni war nur ein schlecht gelungenes Gesellenstück gewesen, sein Vorgehen in der Templeraffäre hingegen eine echte Meisterleistung. Nogaret hatte den Großmeister in der Hand, und damit war ihm auch der ganze Orden auf Gedeih und Verderb ausgeliefert.

Zuvorkommend überließ der Staat den bereits erledigten Großmeister nun der Kirche in Gestalt des Großinquisitors. Die besten Früchte hatte Nogaret bereits geerntet, jetzt mochte Meister Imbert die Nachlese halten. Natürlich würde man darüber wachen, daß die Kirche das kluggeplante Spiel um Fortbestehen oder Untergang des Ordens nach den festgelegten Regeln zu Ende führte. Aber der fromme Beichtvater des Königs kannte die Wünsche seines Pönitenten ohnehin.

Molay wurde von Imbert am 24. Oktober verhört, Geistliche und Laien, insbesondere die Vertreter der Universität, waren als Zeugen geladen. Nach den überlieferten Protokollen gestand der Großmeister, bei der Aufnahme in den Orden Christus verleugnet und auf das dargebotene Kreuz gespien zu haben. Mehr gab er nicht zu, vor allem verneinte er die Aufforderung zur Sodomie. Noch am selben Tag wurde dieses kostbare Geständnis aller Welt kundgemacht.

In seinem eigenen Namen und im Namen der anwesenden Würdenträger des Ordens gestand hier der Großmeister in der Volkssprache, daß der »zur Verherrlichung des Namens Christi und des christlichen Glaubens sowie zur Eroberung und zum Schutze des Heiligen Landes gegründete Templerorden seit langen Zeiten durch die Verführung Satans bei der Aufnahme Christus verleugnet, das Kruzifix bespien und alia enormia ausgeführt habe. Mit bewegten Worten und reuigen Herzens erwähnt er sodann, daß sie die Furcht vor Aufhebung des Ordens und vor Verlust ihrer Stellung von einem Geständnis zurückgehalten, bis Gott selbst sich Philipps des Schönen zur Aufdeckung bedient habe. Er bittet die Menge um Verzeihung für das Ärgernis und um ihre Hilfe, daß der Orden bei Papst und König Gnade fände.«[13]

Eigentlich hätten Nogaret, sein geistlicher Helfershelfer Imbert sowie der König, der solch tüchtige Gehilfen besaß, jetzt zufrieden sein können. Aber man war der Meinung, man müsse das Eisen schmieden, solange es heiß sei. Molay hatte seine und des Ordens Schande bisher nur vor »tout Paris« gestanden. Nun sollte er auch vor den eigenen Untergebenen noch in die Knie gezwungen werden und diese ebenfalls zu ähnlichen Geständnissen auffordern.

Würde der Großmeister in dieser Situation endlich seine Ritterehre wahren und sich weigern, diese unverschämte Forderung zu erfüllen? Müßte er nicht wenigstens in diesem Augenblick, dem anderen Opfer Nogarets nachfolgend, die Worte Bonifaz' VIII. von Anagni wiederholen: »Hier mein Hals, hier mein Kopf«?

Doch das Unerhörte geschah: »Molay schreibt an alle Ordensbrüder in Frankreich, daß, wie sie von ihren eigenen Aufnahmen wüßten, die Neuaufgenommenen im Orden zur Ableugnung und Bespeiung gezwungen wurden und daß manche Rezeptoren noch alias enormitates hinzufügten. Er befiehlt ihnen, kraft seiner Ordensgewalt, trotz der entgegenstehenden Eide und Gelöbnisse, dem Inquisitor oder seinen Kommissären oder den bischöflichen Ordinarien die reine Wahrheit zu gestehen. In einem von ihm genehmigten und besiegelten Schriftstück gestattet Molay, daß dieses verhängnisvolle Schreiben an alle Ordenshäuser in Frankreich gesandt wurde.«[14]

Die königlichen Schergen, geistliche wie weltliche, arbeiteten rasch. Am 24. Oktober war das Geständnis vor ganz Paris erfolgt. Und noch am selben Tag wurde auch der Brief verfaßt. Der Großmeister war zum willenlosen Werkzeug der Feinde seines eigenen Ordens geworden.

»Bei der Erklärung der jämmerlichen Widerstandslosigkeit des Ordens darf man die traurige Rolle Molays nicht vergessen. Zu Beginn der Inquisitionsverhöre wird durch ganz Frankreich sein Brief versandt mit der Aufforderung, die zwei Hauptpunkte, Verleumdung und Bespeiung, zu gestehen, wird überall in den Templerkreisen sein öffentliches Geständnis kolportiert. Wahrscheinlich hoffte der niedergedrückte Großmeister, durch diese schmählichen Zugeständnisse den Orden zu retten. Die an Gehorsam gewohnten Templer folgten seinem Gebote nur zu schnell. Gewiß, einige Monate später, in einem Moment leiser Hoffnung, sendet er einen Widerruf durch die Pariser Templerhäuser. Wohl waren die Insassen schon zu oft getäuscht, und oft hatte sein Wort, sehr zum Mißfallen Philipps, eine ganze Reihe zur Umkehr bewogen. Andere verzweifelten in dem Wirrwarr und nahmen sich das Leben.«[15]

Zwei wertvolle Zeugnisse besitzen wir über die ersten Tage nach der Verhaftung. Das erste, einen Brief an den Komtur von Ascho, brachte ein Bote aus Poitiers nach Aragón. Das Schreiben berichtet von einem Zusammenstoß des Großmeisters mit dem König: Molay habe Philipp vorgehalten, es sei nichts Besonderes, ihn und seine Brüder gefangenzuhalten, da der König schließlich auch schon Bonifaz VIII. festgesetzt hätte, der vormals die ganze Christenheit regiert habe. Philipp soll Molay daraufhin die Gelegenheit zur Flucht gegeben haben, um so seine Schuld zu bekunden, Molay sie aber – trotz der Aufforderung seiner Ordensbrüder, auf diese Weise wenigstens mit Papst und Kardinälen in Verbindung treten zu können – abgelehnt haben.

Unmöglich erscheint diese Episode nicht, wie auch

die etwas großsprecherische Antwort dem Wesen des Großmeisters entsprochen haben mag: »Es ist nicht mein Wille, so zu handeln, vielmehr erkläre ich Euch, wenn ich in Deutschland, England oder Spanien wäre und wüßte, daß Ihr gefangen seid, so würde ich kommen und mit Euch ausharren. Es liegt kein Grund zur Flucht vor, denn wir sind ohne Schuld, und der Orden ist gut und ehrenhaft. Wir sind alle so gutgläubige Christen wie Papst und Kardinäle und alle anderen. Und ich bitte euch, Brüder, verzweifelt nicht.«[16]

Ein zweiter Bericht überliefert uns, wie Philipp in Poitiers die hohen Würdenträger des Ordens an der Kurie verhaften ließ, unter ihnen den Visitator Hugue de Pairaud. Den Häschern seiner allerchristlichen Majestät kam dabei der Umstand zugute, daß sich der Papst am 13. Oktober in der Umgebung der Stadt befand. So konnten die für den Glauben höchst gefährlichen Ketzer ungestört in das Schloß Loges verfrachtet werden, das dem König gehörte. Wollte man so etwa verhüten, daß die Templer den Heiligen Vater mit ihren Häresien ansteckten? Es ist immerhin ein starkes Stück, ausgerechnet jene Ritter zu entführen, mit denen der Papst sich besprechen wollte. Es handelte sich um sechzehn oder siebzehn Templer. Nur die beiden Kammerherren des Papstes, ebenfalls Ordensritter, konnten entfliehen.[17]

Während Nogaret sich erfolgreich um die Mitglieder des Ordens bemühte, kümmerte sich sein Gesinnungskollege Marigny ebenso eifrig um dessen Güter. Besonders der sagenhafte Templerschatz in der Großmeisterresidenz forderte eine gründliche Inspektion. Diese war kinderleicht durchzuführen, man brauchte die Schlüssel zu den Reichtümern ja nur aus den Räumen des Trésoriers zu holen, der sich ohnehin in Haft befand. Die Rechnungsbücher wurden sichergestellt; die Bankiers des Ordens hatten peinlich genau Ordnung in ihren Konten gehalten, die nun den königlichen Dieben und Räubern bis auf den letzten Heller Auskunft über Soll und Haben des Ordens gaben.

Die Kostbarkeiten wurden genauestens registriert. Philipp ließ im Tempel zu Paris, wie auch in allen Niederlassungen[18] der Ritter, ein exaktes Inventar aufnehmen. Er ernannte sich selbst zum Treuhänder aller Güter des Ordens in seinem Reich. Als echter Enkel des hl. Ludwig entdeckte er mit einemmal seine Vorliebe für einen neuen Kreuzzug, da er ein Alibi für den warmen Geldregen brauchte, den er auf sich niederprasseln lassen wollte. So ließ er verkünden, die Reichtümer des Ordens sollten für einen späteren (natürlich nie durchgeführten oder ernstlich gewollten) Kreuzzug sicher verwahrt werden. Selbstverständlich konnte niemand dem gewissenhaften König dabei das Recht verwehren, seine Spesen in der Templeraffäre als großzügig berechneten Vorschuß der eigenen Kasse zuzuführen.[19]

Man hat niemals erfahren, was mit dem Templerschatz geschehen ist. Aber es genügt schon, die verschiedenen Münzen der Regierungszeit Philipps miteinander zu vergleichen, um zu wissen, wo das Geld des Ordens geblieben ist. Der Bourgeois des Falschmünzerkönigs war vor dem Sturz der Templer ein armseliges, häßliches Stück Blech; danach glänzte er hell und prächtig, in bester Legierung. Ferner begannen ab 1307 die Bauarbeiten am königlichen Schloß wieder. Auch der Kapellenkranz um Notre-Dame und die Conciergerie des Palais Royal, das spätere Gefängnis von Marie Antoinette, stammen aus jener Zeit. Die Deckung der hohen Kosten ist bestimmt nicht vom Himmel gefallen. Marigny wußte, wie man zu Geld kommt, wo es zu holen war.

Das Rätsel um den verschollenen Templerschatz dürfte somit auf sehr unspektakuläre Weise gelöst sein.

Es bleibt noch die Frage nach den verschwundenen Archiven des Ordens. In Paris lagerten wohl in der Hauptsache Akten, die Frankreich betrafen und sicherlich genug Dokumente enthielten, die Philipp beschämen mußten: Urkunden über Spenden an die Könige Frankreichs, peinliche Bittbriefe und Schuldscheine der Krone. Philipps Minister hatte aber keine Zeit, das ganze Archiv zu durchsuchen, alle schweren Bände zu wälzen, um diejenigen Papiere sicherzustellen, die dem König das Zeugnis schändlichster Undankbarkeit ausstellen mußten. Auch war Lob, das manche Dokumente aus der Zeit des gemeinsamen Kampfes gegen Bonifaz VIII. enthielten, jetzt schädlich, Tadel dagegen überflüssig, da man den Orden ohnehin der schlimmsten Verbrechen überführt hatte.[20] Somit war die Entsorgung der Akten im Feuer die sicherste Lösung, um beiden Aspekten gerecht zu werden.

Zum sichtbaren Zeichen, daß Seine Majestät die Pflicht zum Schutz der Templergüter ernst nahm, zog Philipp noch im Oktober in das Großmeisterschloß um. Den ketzerischen Hausherrn Jacques de Molay verschickte man ins nahe Corbeil. Da der Großmeister seine Schuldigkeit getan und Philipp als Werkzeug Gottes bei der Aufdeckung der Ketzerei vor aller Welt anerkannt hatte, konnte man den nun lästigen und überflüssigen Zeugen ruhig in einem alten Gemäuer vergraben. Außerdem wollten der fromme König und der von drei Päpsten gebannte Nogaret dem sündigen Molay gewiß Gelegenheit zur nötigen Buße geben. Vier Deniers täglich sorgten als Kostgeld wohlwollend dafür, daß der Großmeister das die Buße begleitende Fasten ohne Anfechtungen einhalten konnte.

Fast sieben volle Jahre sollte diese schwere Zeit der Prüfung andauern, bis Molay der endgültige Prozeß gemacht wurde.

Anmerkungen

[1] *Joseph Fougerat*, Un peu d'histoire. Deux épisodes du procès. Un graffite des Templiers à Chinon. Poitiers: Société française d'imprimerie et de librairie 1938.
[2] Hugue de Pairaud wurde in Poitiers verhaftet.
[3] *B. Gebhardt*, Der Untergang des Templerordens, a. a. O., S. 537–662.
[4] *Lizerand*, a. a. O., S. 24 ff.
[5] *Henri Griffet*, De l'abolition des Templiers. In: *Gabriel Daniel*, Histoire de France depuis l'établissement de la monarchie française dans les Gaules. Paris 1755–1757, Bd. V, S. 179–203.
[6] Ebd., S. 5. Eberhard von Regensburg berichtet, daß nach dem Fall von Akkon das Konzil von Salzburg die Vereinigung der Johanniter und der Templer verlangt hatte. Vgl. Monumenta Germaniae Scriptores XVII, S. 594. Dies nur als eine Stimme von vielen.
[7] *Lizerand*, a. a. O., S. 2; *Molay*, De Unione Templi et Hospitalis Ordinum.
[8] *Carl Joseph von Hefele*, Conciliengeschichte. Freiburg 1886 und 1890. Vgl. *ders.*, Zur Geschichte der Aufhebung des Templerordens. In: Theologische Quartalsschrift 48, 1866, S. 56–84.
[9] *Johann Gottfried Herder*, Historische Zweifel über das Buch: »Versuch über die Beschuldigungen, welche dem Tempelherrnorden gemacht werden, und über dessen Geheimniss; nebst einem Anhange über das Entstehen der Freimaurergesellschaft, von Frdr. Nicolai«. In: Teutscher Merkur, März 1782, S. 224 ff.
[10] *Konrad Schottmüller*, Der Untergang des Templerordens. Berlin 1887, Bd. 1, S. 615.
[11] Ebd., S. 250.
[12] *Wilhelm Kelber*, Der Untergang der Templer. In: Die Christengemeinschaft. Monatsschrift zur religiösen Erneuerung Jg. 35, 1963, S. 349–350.
[13] *Finke*, a. a. O., I., S. 166 f. und II., S. 307 ff.

[14] Ebd., I., S. 167.
[15] Ebd., S. 341.
[16] Ebd., S. 175 f.
[17] Ebd., S. 177.
[18] *Lizerand*, a. a. O., S. 46 ff. Gibt ein genaues Verzeichnis des Inventars einer Templerniederlassung, das am 13. Oktober 1307 angefertigt wurde.
[19] Nach der Aufhebung des Ordens erfeilschte sich Philipp von den Johannitern 1 000 000 Pfund für den Unterhalt der Templer.
[20] *Schottmüller*, a. a. O., I., S. 587. Die Templer begaben sich nach dem Fall von Akkon mitsamt der Reliquien und der Hauptteile des Archivs nach Zypern. Aus den damals geretteten Beständen ergibt sich das noch heute erhaltene Templerarchiv auf Malta, während der Johanniterorden sein ganzes Archiv verlor und die Deutschherren das ihre schon zwanzig Jahre zuvor gerettet hatten.

V.
Die Reaktion des Papstes

Clemens residierte 1307 in Poitiers. Er weilte am Freitag, dem 13. Oktober, in der Umgebung der Stadt. Die Ruhe seines Landaufenthaltes sollte jäh gestört werden. In den frühen Morgenstunden verkündeten Herolde dem Volk von Poitiers die Verbrechen der Templer. Gleichzeitig holten die Gens d'armes Philipps die Mitglieder des Ordens, die in der Stadt weilten, aus ihren Unterkünften. Unter den Gefangenen befand sich auch Hugue de Pairaud, Großpräzeptor von Frankreich und stellvertretender Großmeister des Ordens. Er war für die päpstliche Untersuchung Vertreter des Tempels beim Heiligen Stuhl. Seine Verhaftung bedeutete nicht nur eine Beleidigung des Papstes, sondern verstieß auch gegen das Gesandtenrecht.

Philipp, der seine Herolde bis in die entlegenste Kleinstadt seines Reiches sandte, hatte sich davor gehütet, den Papst von seinem Vorgehen zu verständigen. Clemens erfuhr die Nachricht erst durch seine Umgebung, sozusagen aus der Zeitung.[1] Seine erste Reaktion dürfte ein nicht geringes Erschrecken gewesen sein. Die ganze Aktion erinnerte fatal an das Attentat von Anagni. Immer wieder war es der gefährliche Nogaret, der die Szene beherrschte! Clemens konnte sich gut vorstellen, was ihm selbst bevorstünde, wenn er mit Philipp in Streit geraten sollte.

Was tat er also? Statt mit seinen Leuten schleunigst in die Stadt zurückzukehren, um dort nach dem Rechten zu sehen, wartete er bis zum Montag, um in Poitiers ein Konsistorium einzuberufen. Ein Kardinal wollte sich wegen Krankheit entschuldigen lassen. Ungehalten befahl ihm der Papst, auf der Stelle zu erscheinen, selbst wenn er sich tragen lassen müßte. Das blieb sein einziger Ausbruch, zunächst einmal geschah nichts.

Erst nach gut zwei Wochen, am 27. Oktober, wagte Clemens einen schriftlichen Protest. Härter, als es sonst seine Gewohnheit war, ging er mit dem König ins Gericht. Schließlich mußte er betonen, wie unverschämt er übergangen, wie frech jedes Recht mißachtet worden war. Man spürt in dem Schreiben an den König die Erregung des sonst so ängstlichen Papstes: »Ihr habet, geliebter Sohn, – Wir sagen es mit Schmerzen – während Unserer Abwesenheit die Hand auf Personen und Güter der Templer gelegt. Ihr seid so weit gegangen, sie ins Gefängnis zu werfen, und Ihr habt, was Unseren Schmerz noch erhöht, sie noch nicht freigelassen. Wir hatten Euch durch Unsere Schreiben mitgeteilt, daß Wir selbst diese Angelegenheit in die Hand genommen. Wir wollten selber die Wahrheit erkunden ... Trotzdem habt Ihr dieses Attentat gegen die Personen und Güter von Männern begangen, die Uns selbst unterstellt sind. In diesem überstürzten Vorgehen kann jedermann ein verwerfliches Verachten von Uns und von der Kirche erkennen. Wir können nicht daran zweifeln, daß Ihr besser heute als morgen Güter und Personen der Templer Unseren Gesandten übergeben werdet.«[2]

Nie wieder hat Papst Clemens es später gewagt, in diesem Ton mit dem König von Frankreich zu verhandeln. Als Jurist, der er war, führte er Punkt für Punkt die verschiedenen Rechtsbrüche an, die begangen wurden. Er betonte nachdrücklich, er selbst habe bereits mit einer Untersuchung begonnen. Damit sei von diesem Zeitpunkt an automatisch jede untergeordnete Gerichtsbarkeit aufgehoben. Eine niedere Instanz wie die Inquisition dürfe somit niemals in ein Verfahren des höchsten kirchlichen Richters eingreifen. Sodann verwies Clemens auf die Exemtion[1] der Templer, die also dem Heiligen Stuhl direkt unterstanden. Über fünfzig Bullen verschiedener Päpste hatten dieses Privileg zuvor schon bestätigt. Philipp aber hatte es gewagt, den Papst als Richter über einen ganzen Orden durch den Inquisitor von Frankreich, einen Bettelmönch, zu ersetzen, und das auch noch im Namen der Kirche!

Zwei Monate mußte Clemens auf eine Antwort warten. Seine Legaten wurden einfach nicht empfangen. Wie lästige Bittsteller hatten sie sich zu gedulden, bis Philipp dann endlich geruhte, sie vorzulassen. Der Grund für diese unerhörte Behandlung ist leicht zu erkennen: Erst mußten Feuer und Folter eine genügend große Zahl von Geständnissen erpreßt haben, bevor der König auf die Forderungen des Papstes antworten konnte.

Warum aber ließ sich Clemens diese Demütigungen gefallen? Er opferte ja nicht nur sein Ansehen, sondern auch das Leben von weit über tausend Templern. Es konnte ihm auf keinen Fall verborgen geblieben sein, mit welcher Barbarei die königliche Polizei gegen Ordensleute, die allein dem Papst unterstanden, wütete. Doch offenbar fürchtete der ängstliche Nachfolger Petri um seine eigene Sicherheit. Anagni lag erst wenige Jahre zurück. Sicherlich haben auch die Verwandten des Papstes, die reiche Pfründen in Frankreich besaßen, zur Vorsicht geraten.

Als die Legaten endlich zur Audienz vorgelassen wurden, waren die Akten des Prozesses so gut wie vollstän-

1) Befreiung v. bestimmten allgem. Lasten od. gesetzl. Pflichten

dig. Der König hatte das Spiel mit Hilfe seiner trefflichen Polizei und der Inquisition bereits gewonnen. Jetzt konnte Philipp sich von seiner besten Seite zeigen. Seine Antwort an den Papst lautete so: Natürlich werde er den frommen Wünschen Seiner Heiligkeit entsprechen – und die Gefangenen der Kirche übergeben. Von Freilassung könne aber nach so vielen Geständnissen nicht mehr die Rede sein!

Die Güterfrage wurde verschämt übergangen. Denn der König hatte nicht nur die gewaltigen Ländereien, Burgen und Höfe des Ordens beschlagnahmt, sondern bekanntermaßen auch das Großmeisterschloß in Paris als Residenz bezogen. Auf diese einfache Weise hatte man sich die Mühe sparen können, die mächtigen Truhen mit dem gewaltigen Vermögen des Ordens in den Louvre überführen zu müssen. Minister Marigny sollte in kürzester Zeit dafür sorgen, ihr Gewicht zu erleichtern, denn es galt die Schulden des Falschmünzerkönigs zu bezahlen.

Auch die – doch eher theoretische – Übergabe der Gefangenen an die Kirche würde Monate bis zur Verwirklichung dauern. Denn wie sollte der Papst von heute auf morgen über tausend Häftlinge unterbringen? Und selbst in den Konventen, geistlichen Residenzen und Privathäusern, die man hastig einrichten mußte, waren die Henker Nogarets nahe.

Der König ging dem Papst noch einen Schritt weiter entgegen: Er schlug Clemens eine Zusammenkunft vor. Natürlich konnte ein Gipfeltreffen so hoher Persönlichkeiten nicht ohne Vorbereitung stattfinden. Dazu brauchte man aber Zeit, die natürlich für den König arbeitete. Man konnte inzwischen weitere Geständnisse erpressen, flüchtige Ritter einfangen und die Akten um wichtige Beweise der Schuld des Ordens ergänzen. Vor allem aber konnte man in Ruhe die Reaktion der königlichen Kollegen abwarten (vgl. unten, S. 71 f).

Das Schweigen des Papstes läßt sich in diesen entscheidenden Wochen beim besten Willen nicht entschuldigen. Päpste hatten immer schon Könige gebannt, wenn diese einen ihnen unbequemen Bischof verfolgten, einem Kloster die Güter raubten oder eine Kirche schändeten. Hier ging es nun sogar um einen ganzen Orden, um einen Großmeister, seine Regierung und über tausend Ordensleute, die der Folter und der Gefangenschaft ausgesetzt waren. Warum hat Clemens nicht wenigstens den verbrecherischen Großinquisitor abgesetzt? Wieso gewährte er diesem gewissenlosen Diener eines skrupellosen Königs weiterhin das Recht, im Namen der Kirche zu foltern und zu morden? Wilhelm Imbert war als Priester und Dominikaner dem heiligen Gehorsam verpflichtet. Er wurde erst drei Monate später seines Amtes enthoben. Doch wenn Clemens diesen Mörder im Ordenskleid zu Beginn des Jahres 1308 absetzen konnte, ohne sich dadurch den Zorn des Königs zuzuziehen, so wäre diese Maßnahme sicher auch schon früher möglich gewesen.

Dante hat Papst Clemens in seiner »Göttlichen Komödie« in den neunten Kreis der Hölle versetzt, wo die Simonisten gequält werden. Der Dichter war der Ansicht, der Franzose hätte sich das Petrusamt von den Kardinälen erkauft. Die Geschichte kennt keinen Beweis für diese Vermutung[3], auch wenn es ein Rätsel bleibt, wieso das Heilige Kollegium einen Ausländer, der nicht einmal Kardinal war, zum Papst wählte.[4]

Um die Haltung des Papstes besser verstehen zu können, müssen wir seinen Werdegang kurz verfolgen. Bertrand de Got, der als Nachfolger Petri den Namen Clemens V. annahm, entstammte einer hochadeligen Familie aus dem Südwesten von Frankreich. Er studierte die Rechte an der Universität von Bologna, welche die hohe Schule des römischen Rechtes lehrte, das bald überall an die Stelle des mittelalterlichen Feudalrechtes treten sollte.

Bisher hatte die Justiz im Dienste der Privilegierten, des Adels und der Geistlichkeit, gestanden. Die Legisten, die neue Generation von Juristen, sahen im alten Rom und in Byzanz das große Vorbild für eine neuzuordnende Welt: eine straffe Zentralgewalt, die alle souverän beherrschte, den Adel genauso wie die Kirche. So war es einst, so sollte es auch wieder werden. Zusammen mit der Einführung des neuen Rechts hielt auch die aus heidnischen Zeiten stammende Folter wieder Einzug in die Methodik der Justiz; das frühe Mittelalter hatte sie nicht gekannt. Es ist kein Zufall, daß gerade auch Philipp der Schöne seine Minister aus diesen Kreisen holte. Die Vernichtung der Templer paßte nur zu gut in das Programm dieser Neuerer. Mit dem Schlag gegen den Orden konnte man sowohl die Kirche als auch den Hochadel treffen.

Seine Studien in Bologna führten auch Bertrand de Got ins Lager der Legisten. Nach seiner Ausbildung wandte er sich zunächst nach Rom, wo er wichtige Beziehungen für später knüpfen konnte. Die erste Stufe seiner ungewöhnlichen Karriere bildete das Generalvikariat von Lyon, wo sein Bruder Erzbischof war. Bald danach treffen wir ihn selbst als Erzbischof von Bordeaux.[5] Von hier aus wäre er jedoch nie bis zum Petrusamt aufgestiegen, wenn im Konklave nicht französische Einflüsse entscheidend gewirkt hätten.

Zur großen Enttäuschung der Kardinäle kam der neue Papst nicht nach Rom.[6] Vielmehr berief Clemens sie zu seiner Krönung nach Lyon. Doch die Feierlichkeiten in der Rhônestadt verliefen nicht so, wie er es sich erträumt hatte. Als sich der Festzug nämlich von der hochgelegenen Kirche Saint-Juste zur Kathedrale hinabbewegte, stürzte eine Mauer auf die Menge nieder, tötete dabei zwölf Personen, warf den Papst vom Zelter und ließ seine Tiara in den Staub rollen. Es war Charles de Valois, der sie wieder aufhob und dem Heiligen Vater überreichte, der Bruder des Königs von Frankreich also und kein Kardinal. Das abergläubische Volk sah in dem Unglück ein böses Vorzeichen für die kommende Amtszeit.

Tatsächlich sollte das Pontifikat Clemens' V. für die Kirche zu einer Zeit des Unheils werden. Mit seiner Weigerung, nach Rom zu gehen, leitete er das Exil von Avignon ein und legte den Grundstein für das spätere Schisma. Und er opferte den Templerorden der Habsucht eines Königs, machte die Kurie der Krone Frankreichs dienstbar. Für Philipp war Clemens somit der ideale Gegenspieler.

Der König war hart und unerbittlich, selbst seiner Familie gegenüber. Als z.B. seine drei Schwiegertöchter des Ehebruchs schuldig befunden wurden, traf sie der ungezügelte Zorn des Monarchen: Sie wurden kahlgeschoren und lebenslänglich eingesperrt. Clemens dagegen hing mit abgöttischer Liebe an seinen Verwandten und opferte ihnen Gut und Ehre. Denn während Philipp die klügsten Köpfe seines Landes zu Ratgebern erwählte, berief der Papst für die wichtigsten Ämter seine höchst mittelmäßigen Neffen, die ihm mehr schadeten als nützten.

Der König war von kalter Berechnung. Ein unbeugsamer Wille hatte in ihm Platz gefunden. Kein Gefühl war imstande, Philipp zu erweichen, und ein unbändiger Haß beherrschte ihn. Er verfolgte Bonifaz VIII. über dessen Tod hinaus und versuchte mit allen Mitteln, Clemens zur Verurteilung seines Vorgängers zu erpressen.

Papst Clemens war von gutmütiger Natur.[7] Als echter Südfranzose war er freundlich und aller Welt wohlgesonnen. Wenn man ihn beleidigt hatte, war er schnell zum Verzeihen geneigt. Die zahllosen Unverschämtheiten des Königs von Frankreich waren schnell vergessen, sobald Philipp auch nur ein klein wenig einlenkte. Im persönlichen Umgang war Clemens sehr zuvorkommend und stets höflich. Philipp war bei seinen Audienzen starr wie eine Statue, vor allem darauf bedacht, seine königliche Würde zu wahren.

Dennoch muß es ihm gelungen sein, seinen Ratgebern und Ministern Vertrauen einzuflößen. Selbst die Kirchenfürsten dienten ihm mit einer Hingabe, die bis zum Verrat am Interesse der Kirche reichte. Nur so versteht man die zwielichtige Haltung eines Erzbischofs von Narbonne und anderer geistlicher Würdenträger. Philipp war trotz seiner menschlichen Mängel eine durchaus beeindruckende Persönlichkeit, die seine Minister im Rahmen der Möglichkeiten jedes einzelnen voll einzusetzen verstand. Er besaß eiserne Nerven, ließ seine Gegenspieler ruhig zum Zuge kommen, um dann mit aller Härte zum Gegenschlag auszuholen. Clemens hingegen war schnell einzuschüchtern, schloß sich dann wochenlang ein, ohne jedoch die Kraft zu einem Entschluß zu finden. So blieb der König im Templerprozeß stets in der agierenden Position, während sich der schwache und ängstliche Papst in die Defensive gedrängt sah.

Das charakterliche Bild beider Persönlichkeiten wird ergänzt durch ihre physischen Anlagen. Philipp besaß einen asketischen, gesunden Körper, den er durch seine liebste Freizeitbeschäftigung, die Jagd, noch stählte. Clemens hingegen war von ständigen Krankheiten gequält. Sein anfälliger Körper dürfte selbst durch die gute Küche Frankreichs nichts gewonnen haben. Die ständigen Aderlässe, das Allheilmittel jener Zeit, müssen noch mehr zur Schwächung seines Befindens beigetragen haben.

Wie wir oben sahen, war Philipp auch in der Politik ein tüchtiger Jäger, der es verstand, das Wild zu hetzen, ohne aber den tödlichen Pfeil zu lösen. Clemens glich diesem ewig Gejagten, der den Feind stets auf seiner Spur weiß. Aufgrund dieser Konstellation blieb der König im Templer-Prozeß die treibende Kraft. Der Papst suchte zu retten, was zu retten war. Wenn er schließlich selbst zum Gegner des Ordens wurde, so geschah dies unter dem politischen Druck des Königs. Die Schuld an dem Unglück der Templer fällt in ganzem Umfang auf Philipp und seine Ratgeber. Dem Papst muß man seine Schwäche zum Vorwurf machen.

Der Entschluß, den Orden zu vernichten, muß schon früh gefaßt geworden sein. Wie Clemens sich später erinnerte[8], erwähnte Philipp schon während der Krönungsfeierlichkeiten die bösen Gerüchte, die über die Templer in Umlauf waren. Der Papst war damit eigentlich frühzeitig gewarnt, hätte hellhörig werden müssen. Aber der zögernde Kirchenfürst ließ sich jahrelang Zeit: Erst 1307 bestellte er den Großmeister nach Frankreich. Im Sommer befahl er dann seine Untersuchung, doch kaum hatte sie im Herbst zögerlich begonnen, reiste er schon wieder aufs Land. Diese Gelegenheit nutzte Philipp sofort zum Eingreifen, um eine päpstliche Entscheidung zugunsten des Ordens zu verhindern. Rücksichtslos setzte er seine Figuren im Spiel in Bewegung, der Großinquisitor erhielt den königlichen Befehl, das päpstliche Verfahren an sich zu reißen. Die Templer wurden verhaftet, gefoltert, zu Geständnissen erpreßt.

Clemens wartete mit der Geduld eines Lammes darauf, daß der Wolf seine Opfer freigab. Es dauerte zwei Wochen, bis er seine Legaten nach Paris sandte, und auch von da an ließ er nochmals zwei volle Monate verstreichen, ehe er weitere Schritte unternahm.

Inzwischen verhörte Philipps Polizei Tag und Nacht die Templer. Schon drei Tage nach ihrer Verhaftung gingen Schreiben ins Ausland, um alle Welt über die Verbrechen der Ritter aufzuklären. Die Könige von England, Aragón und Portugal wurden aufgefordert, ähnliche Maßnahmen zu ergreifen.[9]

Bereits am 24. Oktober verkündeten königliche Kuriere das Geständnis des Großmeisters in allen Winkeln des Reichs.[10] Man kann erahnen, daß in Paris alles vor Aktivität fieberte, während man in Poitiers noch an einem förmlichen Protest feilte. Die päpstlichen Legaten waren noch nicht einmal auf dem Weg zum König, da hatte dieser die erste Runde schon gewonnen.[11]

Mit seinen klugen Räten beherrschte Philipp vor allem das Spiel der Propaganda. Dem Volk wurde die Schlechtigkeit des Ordens in den schwärzesten Farben geschildert; alles, was dem Mittelalter als verabscheuungswürdig galt, wurde den Rittern nachgesagt und als bereits bewiesen hingestellt: Götzendienst, Ketzerei, Sodomie, Mißbrauch des Bußsakramentes, sakrilegische Messen ohne Konsekration, skrupellose Geschäftspraxis. Die Burgen der Templer müssen nach diesen Schilderungen wahre Lasterhöhlen gewesen sein. Gegen diese Pest hatte der fromme König, der Enkel des hl. Ludwig, nun das heilige Schwert ergriffen. Allenthalben muß besonders unterstrichen worden sein, Philipp habe seine eifrigen Maßnahmen auf Befehl der Kirche »ad requisitionem sanctae matris ecclesiae« ergriffen. Doch war Wilhelm Imbert von Paris etwa die Kirche?

Den königlichen Kollegen in anderen Ländern, die keine Heiligen unter den Vorfahren aufzuweisen hatten und deren Glaubenseifer deswegen zu wünschen übrig ließ – man denke nur an den König von England –, mußten allerdings andere Gründe vorlegt werden, um sie als Verbündete zu gewinnen. Philipp hatte ihnen die Beschlagnahme der Templergüter vor Augen gestellt. Dies sollte der Köder sein, die gekrönten Häupter zur Zustimmung zu bewegen. Der geschickte Hinweis auf gewinnbringende Geschäfte im Rahmen der Templeraffäre war Philipps Werbegeschenk.

Der erste, der durch diese Entwicklung aufgeschreckt wurde, war der Papst. Er mußte mit Recht befürchten, daß andere Fürsten das Beispiel des Franzosen nachahmten, auch ohne eine Aufforderung »sanctae matris ecclesiae« abzuwarten, obwohl er selbst noch immer auf eine geneigte Antwort auf seinen Protest wartete. Die päpstliche Kanzlei blieb still und untätig, während der König und seine Minister schon längst eine geradezu modern anmutende Propagandamaschinerie auf Hochtouren gebracht hatten.

Nur die Templer, die Clemens als Kämmerer dienten, dürften beruhigt worden sein: Sie hätten nichts zu befürchten. Man werde in einer ruhigen Stunde schon Rat wissen. Schließlich sei der Papst selbst mit der Angelegenheit befaßt.

Bei solchen Trostworten blieb es. Das war alles, was Papst Clemens in diesen schicksalsschweren Tagen für den Orden unternahm.[12]

Anmerkungen

[1] *Finke,* a. a. O., I., S. 177. Wochenlang blieb Clemens ohne Nachricht von Philipp; vulgatus rumor, das allgemeine Gerede, erst klärte ihn auf.
[2] Ebd., S. 182.
[3] *Schottmüller,* a. a. O., I., S. 578 f. Während Dante von seinem ghibellinischen Standpunkt aus Clemens nur der Simonie und der Treulosigkeit gegen Kaiser Heinrich VII. anklagt (Paradies XII 84 und XXX 142–148), behauptet der Florentiner Johannes Villani, daß der Papst der Simonie, der Habsucht, dem Geiz und der Schwarzkunst verfallen war sowie ein unzüchtiges Verhältnis mit der schönen Gräfin von Périgord, der Tochter des Grafen von Foix, gehabt habe. Andere hielten dagegen, daß all diese üblen Nachreden nur der Verärgerung der Italiener darüber entstammen, daß der Sitz der Kurie aus ihrem Land nach Avignon verlegt worden war; sie sind in neuester Zeit eingehend widerlegt worden.
[4] Ebd., S. 583. Kardinal Napoleone Orsini hatte ursprünglich am meisten Clemens' Wahl betrieben und äußerte sich nach dessen Tod dahingehend, daß er durch seine Wahl den französischen König und sein Reich habe erhöhen wollen und gehofft habe, daß der Papst auch Rom und die Kirche gut regieren und reformieren werde. Aber es kam ganz anders.
[5] *Mollat,* a. a. O., S. 27 ff.
[6] *Schottmüller,* a. a. O., I., S. 50 f. »Unter den Gründen, die auf den körperlich oft leidenden Clemens ihren Eindruck nicht verfehlten, steht obenan die Warnung vor den Unbillen des römischen Klimas, vor der Schlechtigkeit der Italiener, wie sie sich gegen Bonifaz VIII. und bei der damals allgemein geglaubten Vergiftung Benedikts XI. gezeigt habe, aber auch vor den inneren Unruhen, welche sich in dauernden Fehden Luft machten und den Aufenthalt in den französischen oder diesen benachbarten Landschaften bei weitem sicherer erscheinen lassen.«
[7] *Mollat,* Clément V. In: Dictionnaire d'histoire et de géographie ecclésiastique commencé sous la direction de Alfred Baudrillart, continué par A. de Meyer et E. van Cauwenbergh, Paris 1953, Bd. XII, Sp. 1115–1129.
[8] Nach *Michelet,* a. a. O., I., S. 207 in der Bulle »Faciens misericordiam«.
[9] *Finke,* a. a. O., I., S. 177.
[10] Ebd., S. 161. »Wenn Philipp der Schöne am 26. Oktober an König Jaime von Aragón schreibt, daß der Großmeister, alle Templer in Paris und sehr viele aus allen Teilen Frankreichs gestanden hätten, könnte man immerhin an eine beabsichtigte Übertreibung denken, um die zö-

gernde Haltung des Aragonesen zu beeinflussen – aber dieselbe Behauptung kehrt noch zweimal wieder.« Woher wußte der König denn, daß die Templer gestanden hatten? Die Inquisition nahm ihre Arbeit doch erst am 25. Oktober auf. Nun, er wußte es von seiner Polizei, die den Templern mit der Tortur drohte oder sie auf die Folter spannte.

[11] *Guillaume Mollat*, Les papes d'Avignon (1305–1378). Paris 1949.

[12] *Finke*, a. a. O., I., S. 177.

VI.
Das Ende des Jahres 1307

Während der Papst in Poitiers geduldig auf eine Antwort aus Paris wartete, stand die Folter nicht still. Der Großinquisitor Wilhelm Imbert arbeitete gründlich mit seinen Henkern. In ganz Frankreich bemühten sich seine Ordensbrüder, das Rad zu drehen und das Feuer zu schüren. Wie bereits dargestellt, legte man den Unglücklichen eine lange Liste von Verbrechen vor, aus der sie unter liebevoller Mithilfe ihrer Peiniger dann jene Schandtaten auswählten, mit denen sie sich anfreunden konnten. Protokolle aus jenen Verhören sind nur wenige vorhanden. Ebenso wissen wir nicht, mit wie vielen Grausamkeiten man die Templer dazu brachte, jene Greueltaten zu gestehen, die den Orden schon nach den ersten Wochen hoffnungslos kompromittiert hatten.

Bei dem Mangel an Akten über die bischöfliche Inquisition ist eine nähere Betrachtung des bislang unbeachtet gebliebenen modus procedendi[1] um so wertvoller, den der Bischof von Paris mit dem Großinquisitor vereinbart hatte und der in seinen Grundsätzen wahrscheinlich überall angewandt wurde. Im folgenden soll nun dargelegt werden, wie nach dieser Vereinbarung von jenen, »qui semper negaverunt et negant« (die immer bei ihrem Nein bleiben), Geständnisse zu erbringen waren:

Zunächst sollte durch ausführliche Untersuchungen geprüft werden, ob der Beschuldigte in späteren Aussa-

1) Verfahrensweise

gen von früher gemachten abwich, ob man ihn durch selbst von weither geholte Zeugenaussagen belasten oder durch eine Art Beugehaft mürbe machen konnte. Für eine nötige zweite Phase wurde eine härtere Gangart empfohlen: magere Kost, Wasser und Brot mit einigen wenigen Zutaten, falls nicht Altersschwäche oder Krankheit des Inhaftierten solches verbieten würden. Hatte auch dieses Vorgehen nicht geholfen, den Beschuldigten zur Wahrheit zurückzuführen – wie der modus so bezeichnend aussagt –, dann war ihm aus den päpstlichen Bullen vorzulesen und zu sagen, daß das Gros der Mitbrüder freiwillig und ungezwungen gestanden hätte. Bei andauernder Erfolglosigkeit hatte sodann die Androhung der Tortur und das Vorzeigen der Folterinstrumente zu erfolgen. Aber die Folterung sollte sich nicht sofort anschließen, sondern die Reaktion des Verhörten auf die Vorbereitungen hierzu abgewartet werden. Erst wenn dieser immer noch nicht zu einer Aussage bereit war, sollte die Folter angewandt werden, jedoch leicht und niemals in außergewöhnlich starkem Grad. Die kirchlichen Sakramente waren denen zu verweigern, die nicht beichteten; den anderen wurde die Beichte bei einem Beichtvater gewährt, der sie in nötigem Maß zu erschrecken und zu mahnen verstand, doch durfte er ihnen danach nicht die sakramentale Absolution erteilen; sollten Häftlinge sterben, war ein kirchliches Begräbnis nicht unbedingt vorgesehen.

Wie in anderen Fällen zielte auch diese Instruktion nur auf das Erlangen eines Geständnisses; an etwas anderem war man nicht interessiert. Das gesamte Verfahren mit seiner verhältnismäßigen Milde, der allmählichen Steigerung bis zur Folter und einem nichtchristlichen Begräbnis war vorzüglich geeignet, das gewünschte Ziel zu erreichen.[1]

Die oben angeführte Anleitung zur Verhörmethodik stammt aus dem späteren bischöflichen Verfahren gegen die Templer. Aber wir können annehmen, daß die Inquisition zu Beginn des Prozesses ähnlich vorging. Jedenfalls war das Ergebnis der Verhöre aus den ersten Wochen nach der Verhaftung verhängnisvoll: Die meisten Templer hatten alle Ungeheuerlichkeiten eingestanden, die ihnen vorgeworfen worden waren. Es war ihnen gar nichts anderes übriggeblieben, als zu gestehen oder aber endlose Verhöre, Folter, Hunger und Elend zu ertragen.

Man muß noch einmal darauf hinweisen, daß die Inquisition erst als zweite Instanz verhörte. Zuerst waren die Ritter von der Polizei des Königs in barbarischer Weise »vorbereitet« worden. Und die Ergebnisse dieser illegalen Untersuchungsmethoden und Voruntersuchung galten dann auch noch als Grundlage für das kirchliche Verfahren!

Imbert beeilte sich, die erfolgreichen Resultate seiner Tätigkeit dem entsetzten Papst vorzulegen. Clemens zeigte sich von diesen Ergebnissen tief beeindruckt. Als Anhänger der legistischen Rechtspflege sah er in der Anwendung der Folter ein sicheres Mittel zur Wahrheitsfindung. Das Eingeständnis der Schuld wurde als vollgültiger Beweis angesehen, eine durch die Folter erpreßte Aussage besiegelte das Ermittlungsverfahren. Der anschließend geleistete Eid bekräftigte dann noch die Überführung des Schuldigen.

Vorerst lagen zwar nur die Ergebnisse aus Frankreich vor, aber diese waren entsetzlich genug, und in Clemens wuchs der Verdacht, daß der ganze Orden tatsächlich verkommen und vollkommen verketzert war.

Neben den Verhören lief auf einer anderen Ebene eine weitere gehässige Kampagne gegen den Orden. Imbert versorgte seine Mitbrüder mit dem nötigen Material, und so wetterten die Dominikaner von den Kanzeln des Reiches herab gegen die verbrecherischen Ritter. Franziskaner und Augustiner unterstützten sie dabei eifrigst. Gleichzeitig sorgte die Kanzlei Nogarets für die notwendige Aufklärung der Bevölkerung. Eine Flut wüster Anklagen gegen den Orden ergoß sich über das bestürzte Land. In kürzester Zeit hatte man das Volk davon überzeugt, daß der Tempel eine Lasterhöhle und die Ritter eine Bande verkommener Ketzer waren.

Nachrichten aus dem Ausland besaß Clemens noch keine. Er wußte nur von der Aufforderung Philipps an andere Monarchen Europas, seinem Beispiel zu folgen und die Templer und ihre Güter in Gewahrsam zu nehmen. Der Papst mußte befürchten, von den weltlichen Mächten überspielt zu werden und in der Templersache alles zu verlieren. Um sich deshalb selbst endgültige Klarheit über Schuld oder Unschuld der Templer zu verschaffen, verhörte er seinen Geheimkämmerer.

Es war ein Verhängnis, daß auch dieser hochstehende Beamte des Ordens, an exponierter Stelle der Kurie, ebenso kläglich versagte wie Molay und Pairaud. Der cubicularius, vermutlich der Lombarde Olivarius de Penna[2], der schon als Kind von elf Jahren auf Zypern in den Orden eingetreten war, gestand die Verbrechen bei der Aufnahmezeremonie ein. Vor dem Großmeister und der gesamten Ordensversammlung habe er Christus verleugnet. Dieses verruchte Geständnis überzeugte den Papst schließlich von der Schuld des Ordens; da Clemens tagtäglich mit diesem Mann zusammen gewesen war, zeitigte gerade dessen Aussage schwere Folgen. Am 13. Februar des darauffolgenden Jahres gelang es dem Kämmerer, aus dem Gefängnis zu entkommen. Clemens war über seine Flucht empört. Der sonst so sparsame

Papst setzte eine Belohnung von 10 000 Pfund aus, die er jedem versprach, der den Flüchtigen wieder herbeischaffte.[3]

Der Geheimkämmerer hätte gewiß die Möglichkeit gehabt, den obersten Richter der Kirche für den Orden gewogen zu halten. Aber er dachte letztlich nur an seine persönliche Sicherheit, wurde zudem wohl noch ein Opfer der allgemeinen Panik und legte sein Geständnis nur ab, um möglichst bald wieder freizukommen. Man muß sich fragen, wieso der Orden ausgerechnet einen solch charakterlosen Ritter an den Hof des Papstes geschickt hatte. Aber auch diese Figur im Spiel paßt zu den übrigen Großwürdenträgern, die ausnahmslos – zunächst wenigstens – ein erbärmliches Bild abgaben.

Am 22. November erließ Clemens sein verhängnisvolles Dekret, das alle Fürsten der Christenheit aufforderte, die Templer zu verhaften und samt ihren Gütern der Kirche zu übergeben. Der Papst begründete seinen Schritt mit dem schweren Verdacht der Häresie, der durch die Geständnisse in Frankreich erhärtet worden sei. Mit diesem unseligen Schreiben war das Schicksal der Templer endgültig besiegelt, denn der Papst war jetzt gezwungen, den einmal eingeschlagenen Kurs bis zum Ende beizubehalten. Denn wenn die Templer unschuldig wären, hätte er sich selbst ins Unrecht gesetzt, indem er persönlich ihre Verhaftung anordnete.

Clemens hatte verhindern wollen, daß die weltlichen Mächte selbständig vorgingen. Er bewirkte aber das Gegenteil: Die Könige führten die befohlene Beschlagnahme der Ordensgüter zwar nur zu eifrig durch, hatten es mit der Herausgabe an die Kirche allerdings weniger eilig. Philipp hatte schon gewonnen. Es war ihm gelungen, den schwachen und ängstlichen Papst zum Werkzeug seiner Politik zu machen. Mehr noch, sein Plan, über eine Kurie in Frankreich die ganze Christenheit wenn schon nicht zu beherrschen, so doch wenigstens zu beeinflussen, wurde bereits schönste Wirklichkeit.

Hätte Clemens mit seinem überstürzten Schreiben nur ein paar Tage gewartet, dann wäre ihm klargeworden, daß man im Ausland über die Templerketzereien anders dachte als in Paris und Poitiers. König Eduard II. von England legte bei befreundeten Königen sogar schärfsten Protest ein. Er wagte es immerhin – wenn anfänglich auch nur versteckt –, die Habsucht Philipps als Grund für die Verhaftungen anzugeben. Leider war Eduard keine moralische Größe, die den französischen König hätte beeindrucken können. Der Engländer war mit Elisabeth, der Tochter Philipps, verheiratet, und die Ehe konnte keineswegs als glücklich bezeichnet werden. Am Hofe des englischen Königs spielten Günstlinge nämlich eine ähnliche Rolle wie sonstwo bisweilen Mätressen. Aus diesem Grund konnte man die Bemühungen eines solchen Monarchen zur Verteidigung der Templer also mühelos lächerlich machen.

Am 4. Dezember schrieb Eduard noch an den Papst: »Da der Großmeister und seine Brüder in unserer Richtung als treu im katholischen Glauben und in der Lebensweise gelten, so können wir den Berichten über einen solchen Verdacht keinen Glauben schenken, bis wir klarere Sicherheit haben.«[4] Eduard forderte den Papst auf, zum Schutze der Templer einzuschreiten, die so schändlich verleumdet und beschimpft würden.

Der Brief aus London wurde voreilig abgesandt, die Bulle vom 22. November war noch nicht eingetroffen. Doch als Eduard ihr dann die päpstliche Aufforderung entnahm, die Güter des Ordens sicherzustellen, konnte auch er der Versuchung nicht widerstehen, seine Kassen mit dem Templergeld zu füllen und seine Besitzungen glücklich abzurunden. Dabei zeigte er sich jedoch wesentlich humaner und nachlässiger als sein königlicher Kollege jenseits des Kanals.[5] Am 20. Dezember erließ er an seine Bailiffs den Befehl, die Templer am 8. Januar zu verhaften. Aber die Polizei auf der Insel konnte sich nicht mit der Frankreichs vergleichen. Trotz des Gebots, die Aktion mit größter Heimlichkeit vorzubereiten, wurden den Rittern Warnungen zugespielt. So konnten nicht wenige sich retten. Die geradezu lächerliche Zahl von zweihundertachtzig Templern, die Eduard in seine Gefängnisse stecken konnte, stand in keinem Verhältnis zur Anzahl der Ordensmitglieder in England. Auch wurden die Ritter in ihren Kerkern milde behandelt. Im Grunde war niemand mit einer Verfolgung des Ordens einverstanden, weder das Volk noch die Barone und schon gar nicht der König. Man tat es letztendlich aus Gehorsam dem Papst gegenüber.

Die Frage der Güter löste Eduard allerdings auf seine Weise. Er ging so weit, einzelne Besitzungen des Ordens zu verschenken. Auf eine diesbezügliche Anfrage des Papstes hin gab er zur Antwort, er verfüge mit dem Eigentum der Templer nach dem Willen Gottes. Clemens, von Amts wegen für die Auslegung der göttlichen Gesetze zuständig, war mit der frommen Interpretation des englischen Königs aber keineswegs einverstanden und protestierte.

Ebensowenig erfreute Seine Heiligkeit die Zahl der flüchtigen Templer. Er brachte seinen Unmut zum Ausdruck, worauf Eduard den Bailiffs Befehl gab, die untergetauchten Ritter aufzuspüren und Verdächtige in Haft zu nehmen. Nach diesem Erlaß begann für Bartträger in England eine schwierige Zeit: Man hielt sie allzuoft für verkappte Templer. Wer nicht auf seine männliche Zier verzichten wollte, ließ sich daher von den zuständigen

Stellen ein Dokument ausstellen, das ihn vor polizeilichem Zugriff schützen sollte.

In Deutschland wurde der päpstlichen Bulle ebenfalls Folge geleistet.[6] Die Templer, die hier keine große Bedeutung besaßen, da die Deutschherren und Johanniter das Feld beherrschten, wurden nach Mainz vor das erzbischöfliche Tribunal geladen. Sie kamen nicht wie Schuldige oder Verbrecher, sondern erschienen in voller Rüstung vor Gericht. Man sprach sie von jeder Schuld frei.[7]

In Portugal befolgte König Diniz, dessen Frau die hl. Elisabeth von Portugal war, den päpstlichen Haftbefehl nach seinem Gutdünken. Er lud die Templer auf seine geräumige Burg Castro Morim als Gäste. Ihre Güter ließ er in der Zwischenzeit mustergültig verwalten. So konnten die Ritter an der sonnigen Algarve, ein paar Jahre lang vom König freundlich bewirtet, darauf warten, daß für den Orden wieder bessere Zeiten anbrachen. In Santarém wurden sie dann für unschuldig befunden. Später gründete Diniz den Orden unter dessen bisherigem zweitem Namen als Christusritterschaft neu. Dieser neuen Institution übergab er alle Güter der Templer.

Die Verteidigung des ruhmreichen Ordens machte sich für Portugal mehr als bezahlt. Mit dem Geld der Christusritter finanzierte man die Entdeckungen neuer Welten. Auch Heinrich der Seefahrer gehörte dem neuen Orden an. Das Templerkreuz – mit einem kleinen weißen Kreuz in der Mitte als Zeichen der Unschuld des Ordens – wehte als Banner der Christusritter auf allen Meeren der Welt. Die Entdeckungen Portugals leiteten den Reichtum Indiens direkt nach Lissabon und nahmen den Staaten des Nahen Ostens somit die Einkünfte des Zwischenhandels. So wurde der Traum der Templer durch die Erben ihrer Macht und ihres Geistes, die Christusritter, noch weitgehend erfüllt.

Das gute Beispiel von Portugal wurde in den beiden anderen Königreichen auf der Iberischen Halbinsel leider nicht befolgt.[8] Die Könige von Kastilien und Aragón trotzten zwar ebenfalls dem Papst, aber nur soweit es in ihre Politik paßte; die Templer wurden in Salamanca und Tarragona freigesprochen. Nach dem Konzil von Vienne wurde allerdings ein neuer Orden gegründet, der nach der Burg Montesa bei Valencia benannt wurde. Die Güter behielten die Könige aber zum Teil für sich. Die Templer in Aragón fanden es unerhört, daß sie einerseits von Schuld frei erklärt worden waren, nun jedoch aus ihren Häusern vertrieben wurden. Sie setzten sich zur Wehr. König Jaime mußte einen regelrechten Krieg führen, Burg um Burg erobern.

Nur hier in Aragón griffen die Ritter zu den Waffen. Man muß sich eigentlich wundern, daß sich eine solch starke Militärmacht dem ungerechten Verfahren gegen den Orden so stumm fügte. Man vergleiche einmal den Widerstand der Albigenser mit dieser Haltung. Diese setzten sich gegen die Kirche zur Wehr und starben, als sie besiegt waren, erhobenen Hauptes mit ihrem Credo auf den Lippen. Unter den Tausenden von Templern, die verhört, gefoltert oder verbrannt wurden, fand sich nicht ein einziger, der wirklich eine Häresie, etwa die Leugnung Christi, verkündet hatte. Keiner von ihnen war ein Ketzer; und nur deswegen haben die Ritter auch einer Kirche noch gehorcht, die Unrecht beging – eben weil sie rechtgläubig waren, fühlten sie sich an ihr Gehorsamsgelübde gebunden.

Diese Unterwerfung unter eine Kirchenführung, die ihn im Stich ließ, ihn verfolgte, beweist mehr als alles andere, daß der Orden kirchentreu und orthodox, keinesfalls aber eine unchristliche Sekte war, die nicht an den Erlöser glaubte. Daran ändern auch die Geständnisse nichts, die man erpreßte und häretische Einflüsse innerhalb des Ordens beweisen sollten. Die Inquisitoren bekamen nach Einsatz der Folter ohnehin nur das zu hören, was zu hören sie angetreten waren.

Lediglich in Italien wütete die Inquisition mit ähnlicher Grausamkeit wie in Frankreich.[9] Die Vettern König Philipps, die Anjous, stützten die Thesen von Paris, ebenso die Legaten des Papstes im Kirchenstaat. Allein der Erzbischof von Ravenna, den die Kirche später in den Kanon der Heiligen aufnahm, hatte den Mut, die Templer zu verteidigen.

Die Weisung des Papstes an die Christenheit führte in den meisten Fällen also zum Gegenteil dessen, was Clemens sich erhofft hatte. Die vom Heiligen Stuhl geforderten Verfahren brachten in vielen Staaten einen Freispruch für die Templer. Generell kam man im nichtfranzösischen Ausland zu der Überzeugung, daß der Orden unschuldig war. Der Verleumdungsfeldzug wandte sich nun gegen seine Urheber. Die Ansicht, daß ein schwacher Papst die Templer einem habgierigen König in einem schmählichem Handel geopfert hatte, bestimmte bald darauf die allgemeine Haltung.

Dennoch müssen wir uns die Anklagen, die Ergebnisse der Verhöre durch die Inquisition vor Augen führen. Vor allem die Geständnisse der Würdenträger, die eine so verhängnisvolle Rolle spielten, sind einer genaueren Betrachtung wert.

Anmerkungen

[1] Vgl. *Finke*, a. a. O., I., S. 242 ff.
[2] Ebd., S. 330.
[3] Ebd., S. 190.
[4] *M. Raynouard*, Monuments historiques relatives à la condamnation des Chevaliers du Temple. Paris 1813, S. 12.
[5] *Amy Grange*, The fall of the knights of the temple. In: Dublin review CXVII, 1895, S. 329–346.
[6] *Jakob Schwalm*, Sechs Briefe deutscher Fürsten an Philipp den Schönen. In: Neues Archiv der Gesellschaft für ältere deutsche Geschichtskunde 29, 1904, S. 632 ff.
[7] *Marian Tumler*, Der Deutsche Orden im Werden, Wachsen und Wirken bis 1400 mit einem Abriß der Geschichte des Ordens von 1400 bis zur neuesten Zeit. Wien 1955, S. 725: Templer.
[8] *James A. Froude*, The Spanish story of the Armada and other essays. London 1892, Bd. VII, S. 280–310: Templer.
[9] *E. Grifone*, La vita dei Templari. In: Osservatore Romano Nr. 93, 1952, S. 3.

VII.
Die Verhöre der Inquisition

Vom 19. Oktober bis zum 24. November 1307 arbeitete Imbert im Tempel. Die entscheidende erste Woche nach der Verhaftung war offenbar den königlichen Henkern vorbehalten gewesen. Diese hatten die Templer in die ungewohnte Materie einzuführen. Man wundert sich, daß Wilhelm Imbert dieses Eingreifen des Staates in ein kirchliches Verfahren protegierte. Er hätte als Untersuchungsrichter die Pflicht gehabt, die Angeklagten nicht staatlichen Verhören auszuliefern.

Aber auch die Aussagen der Gefangenen vor dem Tribunal der Inquisition wurden erzwungen und sind wertlos. Sie geben uns höchstens Auskunft über die unerhörte Barbarei, mit der dieser Prozeß geführt wurde.[1] Dasselbe gilt auch für die Anklagepunkte. Man kann sich nur darüber wundern, daß die Menschen des Mittelalters diesen abenteuerlichen Vorwürfen bei aller Leichtgläubigkeit – wenn auch nur vorübergehend – tatsächlich Glauben schenkten.

Als größtes Verbrechen gestanden die Ritter die Anbetung eines Götzenbildes. Während der Kapitel habe man ein »Baphomet«, ein Idol, verehrt. Davon abhängig, zu welchem Maß an Phantasie die Folter jene Unglücklichen inspirierte, war es ein Kopf aus Stein oder Holz, mit oder ohne Bart, entweder er hatte Füße – zwei vorne, zwei hinten – oder auch keine. Wo liegt der Ursprung dieser Märchen? Zum Beispiel in der strengen Geheimhaltung der Kapitel: Wohl aus militärischen Gründen hatte man im Orden ursprünglich darauf geachtet, daß keine Unbefugten Zutritt zu den Beratungen erhielten. Diese Geheimniskrämerei wurde vor allem in der Zeit nach den Kreuzzügen sinnlos und mußte Anlaß zu allerlei dunklen Vermutungen geben, die von den Feinden der Templer dann natürlich bereitwillig aufgegriffen wurden.

Die Verleugnung Christi und das Bespeien des Kreuzes gehören zu den am häufigsten eingestandenen Verbrechen. Bestand im Orden etwa eine zweite Observanz, ein »schwarzer Tempel«? Hatten sich vielleicht heimlich Sektierer in die Reihen der echten Templer eingeschlichen, Katharer, Bugomilen? Ein moderner Literat, Duc de Levis-Mirepoix, verweist immerhin auf eine solche Möglichkeit[2]: Es seien viele Katharer, die nicht dem Feuer zum Opfer gefallen waren, gezwungen worden, in einem Orden Buße für ihre Irrungen zu tun. Diese hätten dann den sogenannten »schwarzen Tempel« gegründet, seltsame Bräuche in den Orden eingeführt und die Ritter korrumpiert. Nach Aufhebung des Ordens habe diese Gruppe überlebt und später als Geheimgesellschaft die Jahrhunderte überdauert. Als Freimaurer hätten sie dann an den Bourbonen und vor allem an der Kirche späte Rache genommen.

Dem steht entgegen, daß gerade in jenen Gegenden die Verleugnung Christi besonders häufig gestanden wurde, wo es keine Katharer gab. Ferner ist eine doppelte Observanz innerhalb des Ordens einfach undenkbar. Wo man tagtäglich beisammen war, gemeinsam in Palästina kämpfte, für Christus sein Leben einsetzte und starb, ist es schlechthin unmöglich, daß ein Teil der Ritter rechtgläubig und der andere ketzerisch war. Andere

Theorien nehmen an, man habe bei der Aufnahme in den Orden an den Neuzugängen eine Art Gehirnwäsche vorgenommen, damit die Ritter im Falle einer Gefangenschaft eine vergleichbare Tortur überstehen konnten. Ebenso könne eine Gehorsamsprobe möglich gewesen sein. Der Templer habe immer gehorchen müssen, ob Recht oder Unrecht befohlen worden sei.

Die Geschichte beweist, daß die Vorwürfe der Christus-Verleugnung unhaltbar sind, schon damals hätten sein müssen. Gefangene Templer haben sich während der Kreuzzüge oft, bisweilen zu Hunderten, geweigert, den Erlöser zu verneinen, um damit das eigene Leben zu retten. Sie wurden von den Muslimen, die von ihnen kein Lösegeld zu erwarten hatten, gnadenlos erschlagen. Ebenso hätte es doch Eindruck machen müssen, daß noch zwei Jahrzehnte zuvor fast fünfhundert Templer bei der Belagerung vor Akkon für eben diesen Christus gefallen waren.

Die heute mit am besten erhaltenen Templerkirchen stehen in Segovia und in Tomar. In Segovia vor allem kann man klar erkennen, wie die Aufnahmezeremonie verlief; auch in diesem Punkt ergeben sich keinerlei Anzeichen für die Berechtigung des zweiten den Templern zum Vorwurf gemachten Vergehens: In der Mitte des Kircheninneren ist ein erhöhter Bau über einer ebenerdigen Krypta angelegt, die das Heilige Grab darstellt.[3] Von ihr aus kann man auf den Hochaltar sehen. Über dieser Krypta stehend, haben die Kandidaten Ehrenwache gehalten, den Blick auf das Kreuz. Beim Ritterschlag legte man den frei beweglichen Arm des Gekreuzigten auf die eine Schulter des Ritters, während das Schwert die andere berührte. Und ausgerechnet jene Männer, die einer solch ergreifenden Zeremonie beiwohnten, sollen anschließend das Kreuz verunehrt und einander schändliche Küsse auf die Geschlechtsteile gegeben haben? Wie auch immer, vor den kirchlichen Richtern haben sich die Templer vor allem gegen diesen Vorwurf gewehrt. Selbst der sonst so gefügige Großmeister wurde vor dem Tribunal des Papstes ausfällig, als man dieses Thema behandelte. Es kann natürlich nicht ausgeschlossen werden, daß bei der Aufnahme ein derartiger Unfug während des Wechselns der Kleider vereinzelt vorkam. Das Mittelalter liebte nun einmal derbe Späße. Aber generell, legitimiert durch eine Geheimregel, kann eine solch schandbare Zeremonie niemals die Norm gewesen sein.

Dasselbe gilt für die angebliche Erlaubnis zur Homosexualität: Bei der Aufnahme habe man den Rittern geraten, lieber unter sich Unzucht zu treiben, als sich mit Frauen einzulassen. Das Mittelalter bestrafte Homosexualität aber mit dem Feuertod. Wie also hätte ein ganzer Orden, der viele tausend Mitglieder zählte, dem allgemeinen Empfinden zuwider handelnd, solches dulden können, ohne dabei die innere Disziplin aufs Spiel zu setzen oder gar zu verlieren? Darüber hinaus wäre es unmöglich gewesen, derartige Praktiken zu verheimlichen. Tatsache ist jedenfalls, daß unter den Hunderten von Gefolterten nur vereinzelt Homosexualität gestanden wurde.

Alle weiteren Vorwürfe, wie Verschwendung der Ordensgüter, eine gewisse Skrupellosigkeit in Geschäften, Geheimhaltung der Ordensregel, Absolution durch den Großmeister – das heißt die Anmaßung von Priesterfunktionen –, erwiesen sich entweder als Übertreibungen oder konnten getrost auch auf jeden anderen Orden bezogen werden.

Hören wir dennoch exemplarisch die Aussagen einiger Templer vor der Inquisition. Am 21. Oktober wurde der Präzeptor der Normandie, Geoffroy de Charnay, befragt.[4] Er starb später zusammen mit Molay auf dem Scheiterhaufen, weil er vor Notre-Dame widerrufen hatte. Er gestand die Verleugnung Christi »mit den Lippen, nicht mit dem Herzen« und unzüchtige Küsse bei der Aufnahme. Er selbst habe nur eine einzige Aufnahme in dieser schlimmen Weise vorgenommen, alle anderen seien normal erfolgt. Charnay gehörte zu den höchsten Beamten des Ordens, deren Befragung sich der Papst persönlich vorbehalten hatte.

Jacques de Molay kam am 24. Oktober zum Verhör.[5] Er gestand, bei seiner Aufnahme in den Orden durch Humbert de Pairaud, einem Onkel Hugues de Pairaud, zum Bespeien des Kreuzes und der Verleugnung Christi aufgefordert worden zu sein. Er habe dies gegen seinen Willen getan. Entschieden leugnete der Großmeister, je die Sodomie praktiziert zu haben. Dagegen erwähnte er noch die Anwesenheit von Amauray de la Roche bei seiner Aufnahme, was in unmittelbarer Nachbarschaft seines vorherigen Geständnisses paradox erscheint, denn der genannte Ritter war ein Freund und Vertrauter Ludwigs des Heiligen. Die Teilnahme eines solchen Mannes an den Zeremonien dürfte klar genug beweisen, daß Molays Aussage erpreßt war, auch wenn dieser vor seinem Tod nicht selbst widerrufen hätte.

Mit Hugue de Pairaud wurde am 9. November der zweithöchste Würdenträger des Ordens, der Visitator von Frankreich und Stellvertreter des Großmeisters, verhört.[6] Er gestand das dreimalige Leugnen Christi, das Bespeien des Kreuzes und die unsittlichen Küsse. Zunächst behauptete er, nicht zu wissen, ob diese schlimmen Zeremonien allgemein üblich gewesen seien oder nicht. Noch am selben Tag verlangte er jedoch, nochmals gehört zu werden, und erklärte daraufhin, den Inquisitor zuvor nicht recht verstanden zu haben; die Zeremonien seien bei allen Niederlassungen des Ordens üblich gewesen. Folter oder Angst hatten den »Schuldigen« in der Zwischenzeit offenbar mürbe gemacht. Über das Götzenbild wußte Pairaud ebenfalls weitere Einzelheiten zu berichten: Er habe es bei einem Kapitel in Montpellier gesehen und zum Schein mit dem Munde, nicht aber mit dem Herzen angebetet. Der Kopf habe wie ein Tier vier Beine gehabt.

Geoffroy de Gonneville, Präzeptor von Aquitanien und des Poitou, ebenfalls einer der höchsten Würdenträger des Ordens, gestand die Verleugnung Christi.[7] Er enthüllte, daß ein vormaliger Großmeister, um aus muslimischer Gefangenschaft freizukommen, versprochen habe, diese Zeremonie im Orden einzuführen. Man stelle sich hier einmal vor, ob und wie ein Großmeister in seinem Orden den praktischen Abfall vom Glauben überhaupt hätte durchführen können! Von einem Götzenbild hat Gonneville eigenen Aussagen zufolge nie etwas gehört, erst während seines Verhörs durch Papst Clemens habe er davon erfahren. Auch diesen Ordensritter trifft eine nicht geringe Schuld am Wandel in der päpstlichen Haltung, denn erst seine Geständnisse überzeugten Clemens von der vermeintlichen Schuld des Ordens. Gonneville folgte später dem Beispiel Molays nicht, vor Notre-Dame zu widerrufen.

Raynier de Larchant, am 20. Oktober verhört, gab weitere Einzelheiten über das Götzenbild zu Protokoll.[8] Er habe es zwölfmal gesehen, zuletzt im Tempel zu Paris. In seiner Aussage beschrieb Larchant das Idol als einen Kopf mit Bart. Alle hätten den Götzen geküßt, angebetet und ihn Erlöser genannt. Aber wenn ein derartiges Corpus delicti im Tempel zu Paris wirklich vorhanden gewesen wäre, so hätte man nach dessen Einnahme diese für die Schuld des Ordens so bedeutsame Kostbarkeit aller Welt gezeigt. Doch das einzige, das sich bei den Durchsuchungen fand, war ein numerierter Schädel, offenbar eine Reliquie, die man nicht genau bestimmen konnte. Sie sollte auch dem päpstlichen Tribunal noch vorgelegt werden.

Am selben Tag gab auch der Priester Renaud du Trembley, Prior des Tempels, vor dem Richter zu, Christus verleugnet und das Kreuz auf seinem Mantel bespien zu haben.[9]

Am 7. November wurde Pierre de Bologne verhört.[10] Er war Generalprokurator, also Vertreter des Ordens beim Heiligen Stuhl. Als Priester und Jurist verfügte er über großes Ansehen und wurde später zum Delegierten der fünfhundertsechzig Templer gewählt, die den Orden vor dem päpstlichen Tribunal verteidigen wollten. Auch er gab vor der Inquisition die dreimalige Verleumdung, das Bespeien des Kreuzes und schandbare Küsse zu, sollte im Prozeß der Kirche aber vor dem Tribunal alle diese Anklagen als lächerlich und unsinnig bezeichnen und seine Aussagen widerrufen.

Am 9. November gab Raoul de Gisy, königlicher Finanzeinnehmer der Champagne, die Verleugnung des Herrn zu, die gegen seinen Willen und unter Tränen erfolgt sei.[11] Das Götzenbild habe er an sieben Kapiteln gesehen. Das Bild sei schrecklich anzuschauen gewesen. Jedesmal, wenn er es erblickt habe, hätte er am ganzen Körper gezittert. Warum man es angebetet habe, wollte der Inquisitor wissen. Gisy gab zur Antwort, daß man zuvor schon Schlimmeres getan hätte, indem man Christus verleugnet habe. Folglich sei auch dieser Kopf angebetet worden. Er selbst jedoch habe ihn nie mit dem Herzen verehrt.

Am 10. November leugnete Raymbaud de Charon zuerst jegliche schändliche Zeremonie bei der Aufnahme.[12] Aber am Abend desselben Tages hatte er sich eines Besseren besonnen und gab zumindest die Verleugnung Christi zu.

Um ein Bild davon zu bekommen, wieso die Templer vor den Inquisitoren ihre angeblichen Verbrechen so bereitwillig und ausführlich zu Protokoll gaben, sei ein Beispiel dafür angeführt, wie barbarisch die königlichen Beamten mit den Templern umgegangen waren, um sie auf die anstehende kirchliche Inquisition einzustimmen (die Folter selbst wird in den Dokumenten nicht erwähnt): Am 28. April 1310 wurde Gérard du Passage von den päpstlichen Kommissaren als Zeuge über den Orden vernommen.[13] Er berichtete, wie er vom Bailli des Königs in Mâcon gefoltert wurde; man hatte an seinen Geschlechtsteilen, wie auch an anderen Körperteilen, Gewichte aufgehängt, bis er ohnmächtig geworden war.

Im allgemeinen sind die Aussagen der Templer reichlich monoton, fast schon gleichlautend. Offenbar gaben sich die Inquisitoren damit zufrieden, immer wieder dieselben Geständnisse zu erpressen. Und die verzweifelten Ritter gestanden schließlich das, was man von ihnen verlangte. Nur so läßt sich erklären, daß allein in Paris von einhundertvierzig Gefangenen einhundertsechsunddreißig den einen oder anderen Anklagepunkt zugaben.

Durch Zufall ist uns das Bruchstück eines Verhörprotokolls aus der Provence erhalten geblieben.[14] Allein dieses Protokoll macht ein Achtel der uns heute bekannten Verhöre aus. In dem Abschnitt, der das Geständnis des Templers beinhaltet, offenbart sich eine vorher nicht gekannte, schärfere Tonart: Nicht nur Christus sei verleugnet worden, sondern auch Maria und die Heiligen. Das Kruzifix sei nicht nur bespuckt, sondern meistens auch mit Füßen getreten worden; man habe sich daraufgesetzt und es in gemeinster Weise besudelt (minxit super crucem). Fast jedem sei das Idol erschienen und neben ihm plötzlich ein Kater, dem man die Reverenz erwiesen, ihn oft »in ano« geküßt habe. Woher dieser plötzlich auftauchte, wohin er wieder verschwand? Wahrscheinlich habe ihn der Teufel gesandt, oder er sei gar der Teufel selbst gewesen. Weiterhin seien neben dem Kater vereinzelt holde Gestalten erschienen, mit denen der eine oder andere gesündigt habe – wohl Teufel in Frauengestalt, da sie durch verschlossene Türen und Fenster gekommen seien.

Dürfen wir annehmen, daß auch die anderen dreiundsechzig in der Provence verhörten Templer (deren Protokolle verloren sind) ähnliches bekundet haben? Dann hätten beinahe hundert Menschen diesen Unsinn bezeugt und beschworen!

Auch Papst Clemens kamen bald Zweifel. Er stellte die bisherige Untersuchung in Frage. Offenbar hatte er erfahren, wie brutal die Beamten des Königs vorgegangen waren, um der Inquisition zwingende Beweise für die Schuld des Ordens zu liefern und diese damit zu veranlassen, die bis dato erzielten Ergebnisse anzuerkennen. Aber wie so oft konnte auch hier Geschehenes nicht mehr ungeschehen gemacht, das Rad der Geschichte nicht mehr zurückgedreht werden.

Anmerkungen

[1] *Samuel de Wind*, Verhandeling over de vernietiging van de orde der tempelieren, bijzonder met betrekking tot ons vaderland. In: Mnemosyne, Mengelingen voor Wetenschappen en fraaije Letteren XVI (VI), S. 313ff.

[2] *Duc de Levis-Mirepoix*, La tragédie des Templiers. Paris 1955, S. 92ff und S. 110ff.

[3] *Elie Lambert*, L'architecture des Templiers. In: Bulletin monumental 112, Paris/Orléans 1954, S. 7–60 und 129–166. *Ders.*, L'église des Templiers de Laon et les chapelles de plan octogonal. In: Revue archéologique, Serie V, Bd. 24, 1926, S. 224–233. Vgl. *P. Lothe*, Les maisons du Temple au pays de Namur. In: Études d'histoire et d'archéologie namuroises dédiées à F. Courtry. Namur 1952, Bd. I, S. 385–396.

[4] *Michelet*, a.a.O., II., S. 295.

[5] Ebd., S. 305.

[6] Ebd., S. 362.

[7] Ebd., S. 389.

[8] Ebd., S. 278.

[9] Ebd., S. 279.

[10] Ebd., S. 384.

[11] Ebd., S. 363.

[12] Ebd., S. 374.

[13] Ebd., S. 212 und 217.

[14] *Finke*, a.a.O., I., S. 337 und II., S. 342.

VIII.
Das Schicksalsjahr 1308

Nach den grauenvollen Monaten der Haft, der Folter und der Angst zeigte sich mit Beginn des neuen Jahres ein schmaler Silberstreif am Horizont. Der Papst besann sich endlich eines Besseren und setzte den Inquisitor Imbert ab. Überall wurde eine neue Tribunalsform gewählt. Zum Vorsitzenden wurde jeweils der Ortsbischof bestimmt, der die Templer verhören mußte. Die auf seiten Philipps stehende französische Inquisition war somit ausgeschaltet.

Ferner kam dem Tempel eine weitere Verschlechterung in den Beziehungen zwischen Papst und König zu Hilfe.[1] Clemens hatte offenbar gehofft, Philipp würde von der Androhung eines peinlichen Prozesses gegen Bonifaz VIII. ablassen. Aber der Handel erwies sich als schlechtes Geschäft: Die Rechnung des Papstes, die Templer zu opfern, um seinen toten Vorgänger vor Schmach und Verurteilung zu retten, ging nicht auf. Der König glaubte Clemens in der Templeraffäre schon so weit kompromittiert, daß er die Forderung nach einem Prozeß gegen das Andenken des Toten wiederholte.

Der Papst mußte nun einsehen, daß er die Templer geopfert hatte, ohne auch nur den geringsten Vorteil für die Kirche erreicht zu haben. Darüber hinaus war sein eigenes Ansehen in der Christenheit schwer geschädigt. Man machte Clemens den Vorwurf, die gerechte Sache eines Ordens gegen die Geldgier des Königs nicht genügend verteidigt zu haben, so daß er sich veranlaßt sah, nach allen Seiten hin zu betonen, er werde die Angelegenheit jetzt selbst in die Hand nehmen, um eine gerechte Untersuchung durch seine Bischöfe in die Wege zu leiten und den Orden dann zu reformieren.

Die Gefangenen hatten den Eindruck, daß sich der Wind allem Anschein nach zu ihren Gunsten gedreht hatte. Sie fühlten sich unter dem ihrer Ansicht nach wiederhergestellten Schutz des Papstes sicher und widerriefen die Geständnisse, die sie vor der Inquisition gemacht hatten. Selbst der Großmeister und der Visitator von Frankreich, Molay und Pairaud, fanden den Mut, ihre ersten Aussagen zurückzunehmen.

Eine solche Entwicklung konnte Philipp nicht dulden. Seine Minister wußten auch diesmal Rat: Man nahm sich jetzt den Papst persönlich vor. In anonymen Pamphleten tauchten die alten Anklagen wieder auf. Man rechnete dem Heiligen Vater vor, wie viele Neffen er bereits mit Pfründen versorgt, wie viele Abteien und Städte er bei seinem Aufenthalt ruiniert habe, wie er und seine Umgebung sich schamlos bereicherten. Der Verfasser dieser im ganzen Land zirkulierenden Schriften war wohl Dubois. »Während die Dekretalen sagen, daß die besten Pfründen den Gelehrtesten gegeben werden sollten, sieht das Volk, daß der Papst seinen Verwandten und den Kardinälen, mehr als Bonifaz VIII., mehr als vierzig Päpste vorher, an Pfründen spendet. Ja, jetzt besitzt der eine Kardinal (wohl Raimund de Got) mehr Pfründe als zweihundert Doktoren der Theologie, der Jurisprundenz, des kanonischen Rechts. Ein Nepote erhielt die großen Pfründen von Rouen, ein anderer die von Toulouse, ein dritter die von Poitiers.«[2]

Es war nicht zu leugnen, daß Clemens seine Familie

tatsächlich weit über das Maß des Üblichen mit kirchlichen Gütern versorgt hatte. Nur äußerst wohlgesonnene Freunde bezeichneten seinen Geiz noch als Sparsamkeit und übersahen seine Raffgier. Clemens häufte in neun Jahren über eine Million Gulden an, sein Nachfolger, Johannes XXII., sollte es in seinem achtzehn Jahre währenden Pontifikat nur auf siebenhunderttausend Gulden bringen, und dabei galt dieser in finanziellen Dingen schon als besonders zurückhaltend.[3]

»Fünf Familienmitglieder wurden Kardinäle, vier ernannte er zu Bischöfen, neben den anderen, die bereits ihr Amt bekleideten. Die reichsten Pfründen wußte er ihnen und anderen Verwandten, besonders am Anfang seiner Regierung, zuzuwenden. Die Rektorate im Kirchenstaat erhielten die weltlichen Verwandten. Einige betraten nie ihre Amtsbezirke und verzehrten nur die Einkünfte. Die Verwaltung überließen sie ihren Stellvertretern. Clemens V. ist der schlimmste Förderer des Nepotismus auf dem Papstthron gewesen.«[4]

Wir verstehen, wie die Feinde des Papstes diese peinliche Bevorzugung der eigenen Familie benutzten, um ihn zu erpressen. Schließlich wollten die findigen Herren der königlichen Kanzlei sogar in Erfahrung gebracht haben, daß Clemens vom Teufel abstamme. Man kann sich denken, wie das abergläubische Mittelalter eine solche Ahnenschaft des Papstes, die damals durchaus für möglich gehalten wurde, aufnahm. Sehr schnell wurde deshalb in Form von manipulierten Briefen an den König nichts weniger als die Absetzung des Papstes gefordert. Selbst die Bibel wußten die geschickten Propagandisten zu bemühen: Mose habe zwanzigtausend Israeliten töten lassen, ohne den zuständigen Priester Aaron vorher darüber zu befragen. Also tue Philipp ein gottgefälliges Werk, wenn er den Papst seines Amtes enthebe oder durch ein Konzil entheben lasse, da dieser sich erwiesenermaßen weigere, solch gefährliche Ketzer wie die Templer energisch zu verfolgen. Der Vorwurf der Bestechung durch den schwerreichen Orden klang nicht einmal unglaubwürdig. Es war nur zu bekannt, daß man an der Kurie Clemens' mit Geld sehr vieles erreichen konnte.

Die Lage des Papstes war also keineswegs beneidenswert. Zudem hielt er sich gerade in Poitiers auf.[5] Für die Bogenschützen Philipps wäre es ein leichtes gewesen, Clemens zu verhaften. Daß Nogaret zu einer solchen Aktion fähig gewesen wäre, steht außer Zweifel.

Philipp hatte noch weitere giftige Pfeile in seinem Köcher. Er hoffte, von der Sorbonne ein Gutachten zu bekommen, das seine Handlungsweise vor aller Welt rechtfertigte. Die Universität von Paris galt als unfehlbare Instanz, deren Entscheidungen Konzilsdekreten kaum nachstanden. Wenn es Philipp gelänge, diese Körperschaft für seine Zwecke dienstbar zu machen, hätte er vor der internationalen öffentlichen Meinung gewonnen. Er legte also den Professoren seiner Hauptstadt sieben Fragen vor, auf die er geneigte Antworten erwartete.

Die gelehrten Herren ließen sich gründlich Zeit, ehe sie ihr Gutachten vorlegten[6]; es vergingen drei volle Monate, bis Philipp eine vorsichtige, mit vielen »Wenn« und »Aber« verklausulierte Antwort erhielt:

1. »Ein weltlicher Fürst darf nur dann gegen Ketzer vorgehen, wenn sie ihm von der Kirche übergeben sind. Wenn aber die Verbrechen offen zutage liegen und durch Verzug Gefahr entsteht, darf er ohne Aufforderung der Kirche die Häretiker verhaften lassen. Diese aber müssen der Kirche sobald wie möglich übergeben werden.

2. (Zur Frage der Gültigkeit von Gelübden, da die Templer Häretiker seien:) Ob die Templer ein gültiges

Gelübde abgelegt haben, kann nur die Kirche entscheiden.

3. Die abgelegten Geständnisse, vor allem die der Großwürdenträger, erregen den stärksten Verdacht, daß der ganze Orden schuldig ist, und sie sind hinreichend, ein Vorgehen gegen den ganzen Orden zu rechtfertigen.

4. Angesichts der abgelegten Geständnisse liegen starke Gründe vor, daß alle Mitglieder des Ordens der Häresie verdächtig sind. Es ist richtig, daß die Brüder, deren Schuld nicht erwiesen ist, sorgfältig in Gewahrsam gehalten werden.«

Die übrigen Fragen bezogen sich auf die Güter des Ordens. Die Gelehrten der Sorbonne verwiesen in ihrer Antwort auf die Pflicht, das Eigentum der Kirche auch für jenen Zweck zu verwenden, für den es gestiftet worden sei, nämlich das Heilige Land. Der Besitz des Ordens müsse jener Partei zugesprochen werden, der am ehesten eine gerechte Verteilung und Verwaltung zuzutrauen sei.

Mit einer solchen Antwort konnte Philipp nicht zufrieden sein. Sie gab ihm im Vordersatz recht, leugnete aber im Nachsatz stets seine Zuständigkeit. Ein derartiges vertragliches Schriftstück, das alles in allem die Rechte der Kirche betonte, konnte einfach nicht genügen. Dem englischen König war später mehr Erfolg beschieden, als die Sorbonne sich offen und eindeutig gegen Jeanne d'Arc aussprach.

Nachdem Philipp von seiner Universität so dürftige Hilfe erhalten hatte, mußte er sich zur Rechtfertigung seines Vorgehens nach einer anderen moralischen Stütze umsehen. Bisher hatte es mit seinen Reichstagen nie Komplikationen gegeben. Die Stände hatten sich stets beeilt, den Willen des Königs nachträglich zu sanktionieren. Sie könnten auch diesmal, stellvertretend für das ganze Volk, die Politik Philipps verteidigen und seine Stellung gegenüber dem Papst festigen.

Also wurden die Stände Ende März für den 5. Mai nach Tours eingeladen. In dem Schreiben[7] an die Vertreter des Volkes wurden alle Fehler und Verbrechen der Templer in den schillerndsten Farben geschildert; als »Bischof seines Reiches«, wie Philipp sich gerne nennen ließ, müsse er natürlich dem allzu nachsichtigen Papst diese seine Sorgen vortragen und ihn zu größerem Eifer anspornen. Offen nannten die Sendschreiben dieses Anliegen und betonten den Zweck des Reichstages: die Vorbereitung des Gipfeltreffens mit Clemens, das ab Ende Mai in Poitiers stattfinden sollte.

Der Reichstag von Tours dauerte gute zwei Wochen, ein Zeichen, daß die Verhandlungen nicht ohne Schwierigkeiten vonstatten gingen. Aber schließlich war man sich einig geworden. Es wurden Vertreter der Stände gewählt, die den König nach Poitiers zu begleiten hatten. Vorsorglich stellte man schon einen Katalog von Forderungen zusammen. Bescheiden kann man diese nationalistische Wunschliste ganz bestimmt nicht nennen. Die deutschen Kaiser, die bisweilen auch nicht gerade zimperlich mit den Päpsten umsprangen, waren nur armselige Bittsteller vor den Toren des Laterans, wenn man die unverhohlenen Erpressungen zum Vergleich heranzieht, die Philipp auf sein Programm setzen ließ. Er verlangte: 1. dauernde Niederlassung der Kurie in Frankreich, 2. Verdammung der in Frankreich verhörten Templer, 3. Abhaltung eines Konzils in Frankreich, 4. Kanonisation Papst Coelestins V., 5. Verurteilung Bonifaz' VIII. und Verbrennung seiner Gebeine, 6. Lossprechung Nogarets.[8]

Am 29. Mai traf Philipp in Poitiers ein. Er hatte damit formell sein Versprechen eingelöst, mit dem Papst die

Templeraffäre zu besprechen. Philipp ritt in Poitiers wie der Eroberer einer besiegten Stadt ein, begleitet von einem Heer von Bogenschützen, den Vertretern der Stände und seinem Bruder Charles de Valois. Clemens dürfte sich in diesem französischen »Anagni« nicht gerade wohl gefühlt haben.

Bei der ersten feierlichen Begegnung zwischen Papst und König war nur von der Aufhebung des Templerordens die Rede. Alle anderen Forderungen, die Philipp vorlegen wollte, waren offenbar zweitrangig und hatten nur den Zweck, den Papst zu schrecken und zu erpressen. Minister Plaisians führte das Wort.[9] Clemens hatte sich bis zuletzt geweigert, den im königlichen Programm genannten Nogaret zu empfangen. So mußte dessen Ratskollege die wohl von ihm selbst aufgesetzten Reden halten.

Selten dürfte ein Papst in der langen Geschichte der Kirche solche Worte zu hören bekommen haben wie Clemens in Poitiers. Der König komme zum Heiligen Vater mit der Botschaft eines Sieges, des größten seit dem Tode Christi. Die Vernichtung der Irrlehre der Templer sei keineswegs aus Habgier erfolgt, sondern aus Eifer für die Kirche. »Dem König verdankt die Kirche mehr als Euch, Heiliger Vater. Wenn also König, Prälaten und Barone, dazu das ganze Volk auf rasche Erledigung dieses Geschäftes drängen (das heißt die Vernichtung der Templer), dann gefalle es Euch, sie rasch zu vollenden. Sonst müssen wir mit Euch eine andere Sprache reden.« In einer zweiten Rede wurde Plaisians noch unverschämter: »Schüttle die Schläfrigkeit von dir ab und lasse dich nicht von den Fesseln des Teufels, von allerlei sophistischen Gründen umschlingen. Sicher wartet sonst deiner Helis Geschick, der den Hals brach. Was darf es uns kümmern, wer die Verbrechen der Templer bloßlegt, mögen es auch Laien und nicht zünftige Inquisitoren sein.«[10]

Die hier erwähnten Laien waren natürlich königliche Beamte, die auch jetzt noch, nachdem die Inquisition längst die Verhöre übernommen hatte, das Rad der Folter in ihren blutigen Händen hielten. Die seit Monaten der Kirche übergebenen Templer waren immer noch die Opfer der königlichen Polizei.

Plaisians versäumte auch nicht, die Verdienste Philipps gebührend zu betonen: »Gott hat ihn besonders ausgewählt, der in seinem Reiche ›Dei Vicarius in temporalibus‹, Gottes Stellvertreter in weltlichen Dingen, ist, der frömmste, mächtigste und reichste Fürst! Darum mögen jene Verfluchten schweigen, die zugunsten der Templer behaupten, der König handle so aus Geiz und Gier nach ihren Reichtümern.«[11]

Ob sich die Vertreter der Kirche im Gefolge Philipps jetzt vor dem Papst für diese unverschämte Sprache entschuldigten? Keineswegs; sie trugen dieselben Frechheiten, bloß in gewählteren Worten, vor. Aycelin, Erzbischof von Narbonne, und Ägidius von Bourges wagten dem Papst zu sagen, er mache sich schuldig, wenn er eine so offenkundige Ketzerei nicht eifriger bekämpfe. Diese beiden Hofbischöfe erwiesen sich damit klar und eindeutig als erklärte Feinde des Templerordens und als zuverlässige Diener des Königs.

Um so mehr muß man sich wundern, daß Clemens ausgerechnet diese beiden Herren wenige Monate später zu Vorsitzenden eines Tribunals machte, das den Orden untersuchen sollte. Der Papst war längst nicht mehr frei in seinen Entschlüssen. Er hatte durch die Weigerung, nach Rom zu gehen, längst seine Unabhängigkeit verkauft und war, wie die Templer, Gefangener des Königs. Die Bogenschützen, die seine Residenz umstellt hatten, waren nicht umsonst aufgeboten worden.

Die Verhandlungen wurden in mehr oder weniger offenen Konsistorien geführt oder fanden hinter verschlossenen Türen statt. Trotz seiner peinlichen Lage, von königlicher Polizei bewacht zu sein, wußte Clemens seinem Kerkermeister zu trotzen. Denn der Zufall spielte ihm einen Trumpf in die Hand, den er klug einzusetzen verstand: Am 1. Mai 1308 war der deutsche Kaiser Albrecht ermordet worden. Charles de Valois, der Bruder des Königs, hoffte jetzt, in Frankfurt die Kaiserkrone zu erlangen. Nur Clemens konnte einen solch außergewöhnlichen Wunsch wirksam unterstützen und den deutschen Kurfürsten eine solche Wahl gebührend empfehlen. Philipp wäre bei Gelingen des Plans der Herr Europas, der Gebieter eines Reiches von der Ausdehnung geworden, wie es nicht einmal Karl der Große besessen hatte.

Der Papst aber ließ sich Zeit. Er hatte jetzt die Gelegenheit, die Forderungen der Franzosen auf ein halbwegs erträgliches Maß zu bringen. Zuerst tat er aber noch so, als wolle er die Kandidatur Charles' de Valois fördern, und schrieb am 18. Juni nach Deutschland. Natürlich konnte es niemals im Interesse des Heiligen Stuhls sein, den Franzosen genau jene Machtfülle zuzuspielen, die die Päpste des Mittelalters gegen die Deutschen so erbittert bekämpft hatten; Philipp hatte dem Papst schon als König von Frankreich so viele Beweise seiner Herrschsucht geliefert, daß man sich gut ausmalen konnte, was er sich als Herr Zentraleuropas alles anmaßen würde.

Clemens dürfte also seinen Legaten vorsichtigerweise den Rat mit auf den Weg nach Mainz gegeben haben, die französische Kandidatur nicht allzu eifrig zu fördern. Tatsächlich wurde Charles de Valois dann auch nicht gewählt. Niemand dürfte sich über den Mißerfolg des Franzosen mehr gefreut haben als der Papst, der sich jetzt von einer großen Gefahr befreit sah.

In Poitiers hatte sich der Papst inzwischen ein paar magere Vorteile ausgehandelt. König Philipp willigte in eine weitere Untersuchung der Templeraffäre ein. Er verzichtete zudem großmütig auf die Forderung nach sofortiger Aufhebung des Ordens. Ferner versprach er, die Güter des Ordens zugunsten eines späteren Kreuzzuges zu verwalten. Da ein solcher jedoch nach wie vor kaum zu erwarten war, blieben die goldenen Taler vorerst ebenso in seiner eigenen Kasse wie die Templer in seiner Hand, auch wenn sie formell inzwischen der Kirche übergeben worden waren.

Clemens hatte also im Grund nicht viel mehr als Zeit gewonnen. Vor allem gingen die Untersuchungen der Bischöfe gegen die Personen des Tempels weiter, und damit stand auch das Rad der Folter nicht still. Wenn der Papst an der Schuld des Ordens doch Zweifel bekommen hatte, so lud er eine neue, ungeheure Schuld auf sich, die Gerichtskomödie einfach weiterzuspielen. Denn auch die bischöflichen Tribunale benutzten die damals üblichen Verfahren, zu denen wie gehabt auch die hochnotpeinliche Befragung gehörte.

»Einige Wochen später gab Clemens schon in ein paar wichtigen Punkten nach. Und das unter dem Druck der königlichen Räte. Einige Jahre später waren alle königlichen Forderungen erfüllt bis auf die Verurteilung seines Vorgängers. Schon Anfang August verkündete er im Konsistorium die Verlegung der Kurie bis zum Winter nach Avignon; und dort blieb sie. 1313 erfolgte die Lossprechung Nogarets und die Heiligsprechung Coelestins V.«[12]

Auch die abscheulichste kirchliche Figur im großen Spiel, Wilhelm Imbert, kam aus der Versenkung wieder zum Zug. Am 5. Juli erhielt er ein freundliches Schreiben des Papstes: »Obwohl Ihr Unseren Unwillen verdientet, weil Ihr, so nahe bei Uns, die Kühnheit besessen, ohne Unsere Erlaubnis gegen die Ritter des Tempels vorzugehen, so wollen Wir trotzdem Euch gegenüber eher Milde als Strenge walten lassen, und auf die wiederholten Bitten des Königs gestatten Wir Euch, mit den Prälaten des Königreiches und den Delegierten, die Wir Ihnen beigegeben, aber nicht anders, gegen die Personen des Templerordens vorzugehen.«[13]

Am 20. Juli reiste der König ab. Doch der gehetzte Papst fand in den nächsten drei Wochen noch lange keine Ruhe; Philipps vornehmste Ratgeber, der Erzbischof von Narbonne, Nogaret und Plaisians, blieben an der Kurie. Mehr noch als während des Aufenthalts des Königs beschäftigten sie Clemens mit dessen Angelegenheit.[14] Auch die Güter der Templer blieben trotz päpstlicher Kommissäre und Eideshelfer in den Händen des königlichen Diebes. Wie wenig man sich auch bei der Übergabe der Templer an die Kirche an die Absprachen hielt, beweist vor allem die Komödie, die Nogaret spielte, um dem Papst die Untersuchung unmöglich zu machen.

Clemens wollte die Großwürdenträger des Ordens selbst verhören, um endlich Klarheit zu erlangen. Diese hatten erst gestanden, dann geleugnet. Also war es nur zu verständlich, daß der Papst sich selbst ein Bild machen wollte. Molay und seine Regierung saßen noch immer in Paris gefangen. Da der Papst sie nun sprechen wollte, wurden die hohen Herren von einst also auf die Pferde gesetzt, wohlbehütet von einer Schar königlicher Bogenschützen. Das Volk, das diesen Zug an sich vorbeiziehen sah, empfand jetzt schon Mitleid mit den Rittern. Dennoch muß diesen der Ritt durch Paris und über die belebten Wege des Landes wie ein Spießrutenlauf vorgekommen sein. In Chinon machte man dann halt.

Noch heute ragt die mächtige Ruine der alten Königsburg über Stadt und Fluß. Hier wurde Jeanne d'Arc dem König vorgestellt. Von hier begann ihr Triumphzug bis nach Reims, dann folgte für sie eine ähnliche Tragödie, wie die Templer sie erlebten. Moderne Phantasie will wissen, daß auch Johanna Opfer einer Templeraffäre geworden ist. Da neben den Dominikanern vor allem die Franziskaner eine aktive Rolle im Prozeß gegen den Orden spielten, vermutet man, der »schwarze Tempel« habe von England aus das Feuer gegen die Retterin Frankreichs geschürt, weil sie dem Dritten Orden angehörte. Eine allzu kühne Konstruktion, um noch glaubhaft zu sein. Sie gehört ebenso in das Reich der Fabel wie jene Geschichten, die hinter jeder kirchenfeindlichen Aktion eine offene oder geheime Verschwörung der Freimaurer vermuten.

Doch zurück: Der Zug der Großwürdenträger verließ Chinon nicht mehr; vergebens wartete Clemens auf die Ritter. An ihrer Stelle kam ein Bote, der dem empörten Papst die Nachricht überbrachte, die Templer seien durch die lange Reise so geschwächt, daß sie die restliche (nur noch kurze!) Strecke nicht mehr zurücklegen könnten. Aber man werde Seiner Heiligkeit gern zur Verfügung stehen und sobald als möglich jene Ritter senden, die nach einer ausreichenden Rast noch reisefähig seien.

Chinon war eine Feste des Königs. Niemals würde dieser hier päpstliche Kontrolleure nach Belieben ein und aus gehen lassen. Die starke Burg war zum neuerlichen Zuchthaus der Großwürdenträger geworden.

Nogaret beeilte sich nun, dem Papst wenigstens jene »noch reisefähigen« Templer zu liefern, die bereits einschlägige Untaten gestanden hatten und auch bereit waren, gemäß der gewünschten Version auszusagen. Diese sorgfältig ausgewählten Ritter – insgesamt zweihundertundsiebzig – wurden dann schließlich vom Papst persönlich verhört. Jacques de Molay war nicht unter ihnen. Die Aussagen der anderen entsprachen auch ohne den Großmeister den Wünschen und guten Ratschlägen Nogarets; die Folter noch in lebendiger Erinnerung, sahen die Unglücklichen keine andere Rettung, als wieder einmal die alten Märchen zu wiederholen, diesmal sogar vor dem Papst.

Clemens machte sich übrigens nicht auf, den angeblich so kranken Großmeister im nahen Chinon zu besuchen. Der sonst so reisefreudige Papst hätte die kurze Strecke ohne Mühe zurücklegen können. Es wäre ebenso möglich gewesen, Molay nach ein paar Tagen der Ruhe nach Poitiers kommen zu lassen. Doch nichts geschah. Dabei hätte ein Krankenbesuch für Clemens zu heilsamen Einsichten führen können. Es wäre ihm klargeworden, was Tausende von unschuldigen Opfern erleiden mußten, weil er selbst nicht den Mut aufbrachte, dem König von Frankreich zu widerstehen.

Wenn man die Briefe liest, die Papst und König in dieser Zeit wechselten, dann kann man sich nur daran ergötzen, wie sich der eine rührend um die Gesundheit des anderen bemühte. Clemens erwähnte in seinem Schreiben die Aderlässe, die Vorschriften seiner Ärzte, die ihm dies und jenes verordneten. Philipp beriet den Heiligen Vater daraufhin, welche Stadt gesund, welches Wasser heilkräftig, welche Diät bekömmlich sei.

Der stets kränkliche Papst war ängstlich besorgt, seiner Gesundheit nicht zu schaden. Oft ließ er die königlichen Gesandten wochenlang warten, ehe er sie empfing. Sein körperliches Wohlbefinden stand über der Politik. Warum aber hat sich Clemens bei seinem Hang zur Wehleidigkeit keinerlei Gedanken über die Leiden der Templer gemacht, die in ihren Kerkern jahrelang keinen Arzt sahen, die gefoltert wurden und in ihren feuchten Verliesen bei lebendigem Leibe verfaulten? Hatte er als pflichtschuldiger guter Hirte seiner Kirche kein Herz für diese Unglücklichen? Schließlich war er rein rechtlich längst Hüter der Gefangenen. Niemand hätte es ihm verwehren können, Chinon aufzusuchen oder Molay kommen zu lassen.

Letzten Endes schickte er zwei Kardinäle dorthin, um die Würdenträger zu verhören. Aber mußte ihm nicht klar sein, daß die Aussagen unter den Augen Nogarets niemals frei sein konnten? Die Ritter gestanden also wieder einmal ihre Schuld; man wollte ihr Schuldbekenntnis hören, also legten sie es ab, damit man sie endlich in Ruhe ließ oder ihnen womöglich die Freiheit gab. Sie warfen sich den Kardinälen zu Füßen und baten um die Messe, den Trost der Sakramente, um so ihr Los zumindest ein wenig zu verbessern.

Den Papst zu betrügen, gelang Nogaret optimal. Er konnte sich nun für die Schmach von Poitiers rächen, als Clemens sich geweigert hatte, den Gebannten zu sehen. Der hatte, wie ein Aussätziger gemieden, hinter den Kulissen versteckt zusehen müssen, wie Aycelin und Plaisians auf der großen Bühne der Weltpolitik die Forderungen des Königs vorbrachten. Er selbst hatte den anderen schöne Reden aufsetzen dürfen, dann aber draußen warten müssen, bis die Vorhänge gefallen und die Akteure heimgegangen waren. Doch jetzt hatte Nogaret bewiesen, daß man auch aus der Versenkung gute Politik machen konnte.

Wie sehr in Chinon allein Philipp – und nicht der Papst – das Geschick der Großwürdenträger bestimmte, zeigt sich schon am Adressaten, von dem ein Entgegenkommen für die abgelegten Geständnisse erbeten wurde: »Für die drei Bußfertigen, den Großmeister, den Visitator von Frankreich und für den Präzeptor des Heiligen Landes (die beiden anderen hatten viel weniger gestanden), erbitten die Kardinäle nicht die Gunst des Papstes, sondern die des Königs.«[15]

Molays Verhalten ist Anlaß vieler Vermutungen. Finke meint: »Molay ist niemals gefoltert worden. Das hat Plaisians vor Clemens V. in Poitiers behauptet, das besagt untrüglich ein aus französischen Regierungskreisen stammendes Gutachten, das, zur Vernichtung des Ordens ratend, durchaus glaubwürdig ist. Es stammt aus dem Anfang des Jahres 1308. Darin wird die Frage erhoben, wie man gegen den Ordensmeister vorgehen sollte, der sich zuerst offensichtlich als schuldig bekannt, sodann gesagt habe, er habe das Geständnis aus Furcht vor der Folter abgelegt, und der vielleicht noch öfters seine Aussage wechseln werde. Die Antwort lautet, daß es nach kanonischem, bürgerlichem und Naturrecht eine sehr niedrige Gesinnung bekunde, das einmal öffentlich Eingestandene später zu widerrufen. Es stehe daher fest, daß der Ordensmeister bei seinem Schuldbekenntnis mehr als zwei Monate beharrt und daß er von Anfang an wiederholt gebeten habe, ihn zu foltern, damit seine Ordensgenossen nicht behaupten könnten, er habe den Orden freiwillig zugrunde gerichtet. Man habe ihm geantwortet, es gebe Zeugen genug, die gegen ihn aussagten. Deshalb sei seine Folterung nicht nötig. Der ganze Passus atmet eine Mißachtung, die Jacques de Molay durch sein konfuses, schwankendes Verhalten vollauf verdiente.«[16]

Molays Hoffnung, sein sehnlichster Wunsch blieb bis zum Ende seines Lebens ein Zusammentreffen mit dem Papst. Aus echter Unkenntnis oder die Tatsachen einfach ignorierend glaubte er offenbar, dem Oberhirten der Kirche seinen Orden und sein persönliches Schicksal anvertrauen zu können. Clemens aber wagte es nie, ihn zu empfangen. In Poitiers hatte er zwar erklärt, er sei bereit, für die Kirche das Martyrium zu erleiden, aber der Märtyrerwille des Papstes ging letztlich nicht einmal soweit, die kurzen Meilen nach Chinon zu reiten; sein Mut reichte nicht aus, dem unverschämten Nogaret endlich zu sagen, nicht er habe über die christlichen Ritter zu bestimmen, sondern die Kirche. Clemens hätte mit der Forderung nach Überstellung der Gefangenen nur die bereits vertraglich zugestandene Rechtslage hergestellt. Und dazu bedarf es weiß Gott nicht der Kraft zum Martyrium.

Nachdem der Papst die Ordensritter also nach wie vor in den Gefängnissen schmoren ließ, von den Agenten des Königs überwacht, wäre es wenigstens seine Pflicht gewesen, den Prozeß über den Orden, den er sich immerhin selbst vorbehalten hatte, auf eine Weise zu führen, die ihn als gerechten Richter in die Geschichte hätte eingehen lassen. Doch nichts dergleichen geschah.

Papst und König wußten sich übrigens sowohl mit kleinen Nadelstichen als auch mit groben Unhöflichkeiten zu traktieren. Eines Tages beschloß Clemens, seinem despotischen Gastgeber zu entfliehen und in das damals englische Bordeaux zu reisen. Doch bereits am Stadttor stellte sich der Kommandant von Poitiers dem Papst entgegen. Selbstverständlich könne der Heilige Vater die geplante Reise ins Ausland unternehmen. Allerdings habe er Befehl vom König, das Gepäck Seiner Heiligkeit zurückzubehalten. In seinen sorgfältig verschlossenen

Koffern barg Clemens nicht nur sein Geheimarchiv, sondern auch seinen Schatz. Er konnte dem König unmöglich diese Kostbarkeiten zu dessen überaus vertrauenswürdigen Händen geben. So mußte die Fahrt in den sonnigen Südwesten leider ausfallen.

Doch Clemens gelang es, diese Unverschämtheit mit gleicher Münze zurückzuzahlen; in Avignon ließ er die Gesandten Seiner allerchristlichen Majestät wieder einmal wochenlang warten. Ehe er sie dann endlich zu empfangen geruhte, schrieb er genauestens vor, wer zur Audienz vorgeladen und zugelassen sei. Der Papst hatte sich an die freundlichen Gesandten erinnert, die sich unter Nogarets Führung in Anagni eigenmächtig zu einer Besuchsstunde beim Heiligen Vater geladen hatten.[17]

Ein anderes Mal schickte Philipp einen Mönch mit einer wichtigen Nachricht zum Papst. Doch der fromme Bote zeigte in der Ausführung seines Auftrags wenig Eile. Er predigte unterwegs an mehreren Orten, offenbar um die knauserig bemessene Reisekasse aufzufüllen. Empört beschwerte sich der Papst über die Zumutung, einen simplen Bettelmönch als Boten empfangen zu müssen.

Anmerkungen

[1] *Bernhard Jungmann*, De abolitione ordinis Templariorum. In: *Bernhard Jungmann*, Dissertationes selectae in historiam ecclesiasticam VI. Regensburg 1886, S. 79–149.
[2] *Finke*, a.a.O., I., S. 197.
[3] Ebd., S. 104.
[4] Ebd., S. 105.
[5] *Bernhard Jungmann*, Clemens V. und die Aufhebung des Templerordens. In: Zeitschrift für katholische Theologie V, 1881, S. 1–3.
[6] *Lizerand*, a.a.O., S. 56ff.
[7] Ebd., S. 102ff.
[8] *Finke*, a.a.O., I., S. 224.
[9] *Lizerand*, a.a.O., S 110ff. Dort die ganze Rede.
[10] *Finke*, a.a.O., I., S. 209.
[11] Ebd., S. 203.
[12] Ebd., S. 225.
[13] *Raynouard*, a.a.O., S. 46.
[14] *Finke*, a.a.O., I., S. 227.
[15] Ebd., S. 222.
[16] Ebd., S. 169 und II., S. 143, und III, S. 102.
[17] *Jean-Henri Probst-Birabem/A. Maitrot de la Motte-Capron*, Le roi de France et les Templiers. In: Mercure de France Bd. 296, Paris 1940, S. 101–122.

IX.
Die päpstliche Untersuchung des Ordens

Am 12. August 1308 erließ Clemens in Poitiers die Bulle »Faciens misericordiam«. Damit war seine Arbeit an der Templersache für ein ganzes Jahr getan, der Papst hatte sich damit zu sehr erschöpft. Zugegeben, die päpstliche Kanzlei hatte Mühe, die zahlreichen Kopien anzufertigen, die hinaus in alle Welt gingen. Aber alles in allem geschah bis zum 8. August 1309 nichts. An diesem Tag rief die neue Kommission Zeugen, die den Orden verteidigen wollten, auf, sich vom 11. November an im Palais des Bischofs von Paris einzufinden.

Die zwölf Monate, die Clemens verstreichen ließ, ohne das geringste für den Orden zu tun, benutzten dessen Feinde, um ihre Untersuchungen gegen die Mitglieder des Ordens immer weiter voranzutreiben. Clemens hatte die Gefangenen im politischen Spiel mit König Philipp geopfert. Die bischöflichen Gerichte, von den Agenten des Königs eifrig unterstützt, konnten in dieser Zeit ihr Werk vollenden.

Selbst wenn die Gefangenen nicht mehr körperlich gequält wurden, blieb die Haft doch grauenvoll. Der mittelalterliche Strafvollzug, der Aufenthalt in dunklen, feuchten Kerkern, die miserable Kost, das Ausgeliefertsein an die Willkür der Kerkermeister ergeben eine Summe von vermeidbarem Leid, die man dem schwachen Papst mit auf seine Rechnung setzen muß.

Hatte Clemens für das angekündigte neue Verfahren wenigstens gerechte Richter berufen, Männer, die neutral und vom König unabhängig die Wahrheit finden konnten und wollten? Vorsitzender des päpstlichen Tribunals war Erzbischof Aycelin von Narbonne. Etwa derselbe Aycelin, der die Templer in Poitiers so gehässig angeklagt, dem Papst zu sagen gewagt hatte, er mache sich schuldig, wenn er Ketzerei in der Kirche offen dulde? Es war tatsächlich derselbe Hofbischof und Erzfeind des Ordens, der jetzt im Namen des Papstes den Orden verteidigen sollte. Ebenso fiel für die Templer die Wahl der Beisitzer verheerend aus: Es waren allesamt französische Bischöfe, die nie wirklich wußten, wem sie eigentlich zu dienen hatten, dem Staat oder der Kirche.

Auch der Verhandlungsort war unter allen möglichen der denkbar gefährlichste für den Orden. Ausgerechnet Paris wurde auserkoren, wo hinter jeder Ecke, jeder Mauer die Schergen Philipps lauerten, wo jeder Zeuge, der für die Unschuld des Ordens aussagen wollte, fürchten mußte, am hellichten Tag von den Agenten Nogarets aufgegriffen zu werden.

Warum nur gab Clemens auch in der Wahl des Verhandlungsortes dem König und seinen Helfern nach? Es war doch von vornherein klar, daß Philipp eine für ihn ungünstige Entwicklung des Prozesses nie dulden würde.[1] So wurden beide Entscheidungen, die allein in der Entscheidungsgewalt des Papstes gelegen hatten, den Templern zum Verhängnis: die Wahl von Paris als Sitz des Tribunals, wo ihre Gegner jederzeit in die Verhandlungen eingreifen und Zeugen beeinflussen konnten, sowie die Auswahl der Richter. Clemens hatte die Templer somit endgültig ihren Feinden ausgeliefert.

»Als hätte er Dantes Wort vom Hirten, der Gesetz und Recht nicht achtet, bekräftigen wollen, scheute er sich nicht, die Ankläger zu Richtern zu machen über Leute, die das Vorrecht des päpstlichen Schutzes genossen. Wir tun ihm mit dieser Feststellung kein Unrecht, er selbst hat sich das Urteil gesprochen, als er bekannte, er verfahre so dem König zuliebe, obgleich er damit gegen seine eigene Ehre handle.«[2]

Man muß sich nur darüber wundern, daß die Templer dem Gericht unter diesen Voraussetzungen überhaupt noch Vertrauen schenkten. Doch als treue Christen glaubten sie an die Gerechtigkeit der Kirche, erhofften von einem Tribunal des Papstes Verschwiegenheit und ein gerechtes Urteil.

Am 12. November hätte der Prozeß des päpstlichen Gerichtes beginnen sollen, doch der Beginn der Verhandlungen verschob sich immer wieder. Schließlich erschien als einer der ersten Zeugen Hugue de Pairaud. Er erklärte sich bereit, den Orden zu verteidigen, wollte dies aber nur vor dem Papst tun. Hier und jetzt werde er nicht aussagen. Offenbar befürchtete der Visitator von Frankreich, vor dem Tribunal sein Leben aufs Spiel zu setzen.

Nach derselben Taktik verfuhr Molay am 26. November.[3] Er sei nicht genügend gebildet und habe nur vier Deniers in Besitz. Wie könne er sich da anmaßen, eine so wichtige Angelegenheit wie die Verteidigung des Ordens ohne jedes Hilfsmittel selbst in die Hand zu nehmen? Aycelin gab daraufhin die bezeichnende Antwort, man müsse, wenn es sich um die Materie des Glaubens und der Häresie handle, einfach »in plano« vorgehen. Da brauche es keine Rhetorik und kein Geschrei von Advokaten.

Mit dieser abfälligen Äußerung lehnte der Vorsitzende eines päpstlichen Gerichtes die Zulassung von Verteidigern kurz und bündig ab. Der Erzbischof hielt es der Gerechtigkeit anscheinend dienlicher, in Fragen des

Rechts ungebildete Ritter, die den Fachleuten im Tribunal hilflos ausgeliefert waren, ohne juristische Unterstützung als Verteidiger ihres Ordens auftreten zu lassen.

Nachdem dieser Punkt geklärt war, begann man Molay seine früheren Geständnisse vorzulesen. Der Großmeister zeigte sich überrascht, ja entsetzt über diese Dokumente. Hatte er seine Unterschrift etwa mit gestörtem Bewußtsein geleistet? Oder waren die Geständnisse in der vorgetragenen Form einfach grobe Fälschungen? Molay besann sich mit einemmal seiner Würde, benahm sich von einem Augenblick zum andern wie ein hochfahrender Fürst, der es mit kleinen Schreiberlingen zu tun hatte: »Ich wüßte, wie ich mit Euch zu verfahren hätte, wenn Ihr nicht das wäret, was Ihr seid!«[4] Aycelin gab die trockene Antwort, man bestreite hier kein Turnier.

Zu den Vorwürfen der Sodomie meinte Molay erregt, selbst die heidnischen Sarazenen würden dieses Vergehen durch Enthaupten des Schuldigen bestrafen, um so mehr sei derartiges im Orden verpönt. Doch trotz seines vehementen Engagements stand der Großmeister hilflos vor den gefühlskalten und unerbittlichen Juristen. Er spürte offenbar, daß diese geistlichen Herren nie die Gefühle eines Ritters verstehen würden. Unmöglich konnten sie einsehen, daß kein Edelmann eine solch niederträchtige Handlung billigen konnte, wie man sie dem Orden jetzt vorwarf.

Da näherte sich Plaisians, der Minister Philipps, um den Erregten zu beruhigen. Man muß sich fragen: Was hatte dieser erklärte Feind der Templer hier zu suchen? Ausgerechnet er besaß Zutritt zu einem Tribunal, das strenggeheim tagen sollte! Dennoch wies der Vorsitzende Aycelin den unbefugt Anwesenden nicht hinaus.

Zu allem Unglück suchte Molay nun bei Plaisians um

Rat und Hilfe, der neben seinem Ministerposten auch einen militärischen Rang innehatte. Glaubte der Großmeister, einem Offizier mehr vertrauen zu können als klerikalen Juristen? Oder war Plaisians – zynisch gesagt – sein Mentor aus früheren Verhören, der Mann also, der ihn bisher im Auftrag des Königs und Nogarets »beraten« und zu seinen Geständnissen bewogen hatte? Jedenfalls bat Molay kurz darauf um Vertagung. Seine Entscheidung ging wohl auf Plaisians zurück, der die Zwischenzeit vielleicht dazu nutzen wollte, den Großmeister gefügiger zu machen.

Am folgenden Tag wurde Ponsard de Gisy als Zeuge vernommen.[5] Er betonte: »Wir haben unter dem Einfluß der Folter gestanden!« Die Geständnisse seien Lügen, seine Peiniger Esquiu de Floryan – der Denunziant aus Béziers – und Wilhelm Imbert von Paris gewesen. Er berichtete weiter, daß allein in Paris sechsunddreißig Templer unter der Folter starben und viele auf andere Weise umkamen.[6] In diesem Zusammenhang sei die Frage erlaubt, wie ausgerechnet Floryan dazu kam, in einer Untersuchung der Inquisition mitzuwirken.

Wie nun wurde die Folter durchgeführt? Hören wir dazu noch einmal Ponsard de Gisy: »Man hat mir die Hände so auf den Rücken gebunden, daß das Blut aus den Nägeln lief. Dann warf man mich in eine Grube, ungefähr eine Stunde lang.«[7] Für die Verteidigung des Ordens war Gisy bereit, den Tod durch Feuer oder Erhängen zu erleiden. Wie er sagte, könne er die Qual des Kerkers, die schon über zwei Jahre dauere, nicht länger ertragen. Hauptsache, der Tod komme schnell. Dieser aufrichtige Mann war kein gewöhnlicher Ritter, ihm war Payens, das Mutterhaus des Ordens, anvertraut, das den Namen des Ordensstifters trug.

Am selben Tag wurde auch Aymon de Porbone verhört. Er beschrieb ebenfalls die Tortur während der Verhöre: Man habe ihm mit einem Trichter Wasser in den Mund gegossen, und seine Nahrung habe sieben lange Wochen nur aus Wasser und Brot bestanden. Drei Jahre sei er Kammerherr des Großmeisters gewesen; er habe nie etwas Böses gesehen, weder beim Meister selbst noch beim Orden. Ob er denn den Orden verteidigen wolle, wurde er vom Tribunal gefragt. »Ich sage nichts für, nichts gegen den Orden, solange ich gefangen bin.«[8]

Am 28. November wurde Molay von der päpstlichen Kommission zum zweiten Mal verhört. Er berief sich wiederum auf den Papst, der sich seinen Fall persönlich vorbehalten habe. Dann fügte er hinzu, er werde nicht aussagen, solange er sich noch in Gefangenschaft befinde. In der darauffolgenden Entgegnung wurde der Großmeister nochmals darauf aufmerksam gemacht, daß man nicht über seine Person, sondern über den Orden verhandle. Daraufhin nannte Molay drei Gründe zu dessen Verteidigung: Kein Orden habe reichere Kapellen, Paramente und Reliquien. Nirgends werde der Gottesdienst feierlicher gestaltet als beim Tempel, die großen Kathedralen ausgenommen.[9] Und kein Orden gebe reichlicher Almosen.

Auf diese Aussage hin entspann sich der folgende Wortwechsel:

Kommissär: »Dies alles nützt nichts für das Heil der Seelen ohne den Glauben.«

Molay: »Ich glaube fest an einen Gott in drei Personen und an die anderen Artikel unseres Glaubens [...] Ich glaube, wenn die Seele vom Körper getrennt sein wird, dann wird man sehen, wer gut und wer böse gewesen ist [...] Jeder der hier Anwesenden wird dann die Wahrheit über unsere gegenwärtigen Fragen erkennen!«[10]

Ob dieser Hinweis auf das ewige Leben den frommen Bischöfen das Gewissen wachrief? Molays Wort ist in dieser düsteren Szene unzweifelhaft ein prophetisches Wort. Der gefangene, vor seinen Richtern stehende Großmeister wurde durch wenige Worte zu deren Ankläger. Und das nicht im Namen eines irdischen Königs oder schwachen Papstes, sondern im Namen Gottes. Prophetisch erinnerte er die Bischöfe des Tribunals an ein anderes Gericht, dem auch sie nicht entrinnen würden.

Lizerand berichtet uns, daß Nogaret das Wort des Großmeisters noch eben mitbekam, als er mitten in der Verhandlung den Saal betrat. Zum ersten Verhör hatte er noch seinen Spießgesellen Plaisians geschickt. Diesmal glaubte er, die Regie selbst in seine bewährten Hände nehmen zu müssen. Auch ihm wies Erzbischof Aycelin nicht die Tür, sondern überließ dem Herrn Advokaten kraft seines Amts als Vorsitzender freundlich das Verhör.

Nogaret zitierte zu Beginn eine Chronik von Saint-Denis: Saladin habe über den damaligen Großmeister und seine Würdenträger geurteilt, sie hätten die Niederlage im Heiligen Land verdient, weil sie durch Sodomie, Unglauben und Untreue in der Beachtung ihrer Regel schuldig geworden seien.

Molay zeigte sich überrascht und empört. Nie habe er bis zu diesem Zeitpunkt so etwas gehört. Wenn diese Anklagen wirklich der Wahrheit entsprächen, müsse er selbst davon Kenntnis erhalten haben, denn er sei damals als junger Ritter unter der Großmeisterschaft Guillaumes de Beaujeu in Palästina gewesen. Zum Abschluß seiner Ausführungen bat der Großmeister die Herren Kommissäre und den Vorsitzenden um die Gnade, die Messe zu hören und eine Kapelle mit Kaplänen haben zu dürfen. Die lapidare Antwort: Man werde darauf zurückkommen.

Am selben Tag wurde noch der Koch des Großmeisters verhört.[11] Er stammte vermutlich aus Palästina, denn er trug den Namen Pierre de Safet, nach einer Burg im Heiligen Land. Der schlaue Levantiner zog sich geschickt aus der Affäre: »Der Orden hat treffliche Verteidiger, den Papst und den König. Ihnen kann ich mit gutem Gewissen diese Aufgabe überlassen, sind sie doch, glaube ich, gute, gerechte und heilige Personen.«[12] Safet dürfte ein guter Küchenchef gewesen sein, er wußte mit Pfeffer und Salz zu würzen.

Am Ende dieses Tages hatten die Kommissäre allem Anschein nach den Eindruck, ihr Soll zur Verteidigung des Ordens fürs erste erfüllt zu haben, denn die nächste Sitzung wurde für den 3. Februar des kommenden Jahres angesetzt. Die Unterbrechung wurde mit dem Umstand begründet, es seien keine weiteren Zeugen mehr erschienen. Dabei wäre es für die päpstlichen Richter ein leichtes gewesen, solche zu berufen. Paris besaß genügend Kerker, und nicht wenige Ritter in den Gefängnissen der Stadt hatten sich bereit gezeigt, den Orden zu verteidigen. Dessenungeachtet blieb die Vertagung bestehen und somit auch das Ergebnis dieses ersten, eine kurze Woche dauernden Teils der päpstlichen Untersuchung recht dürftig.

Man hat Molays Aussagen als mittelmäßig, wenig spektakulär und noch weniger inspiriert bezeichnet. Aber natürlich darf man von einem Berufsmilitär keine juristische Glanzleistung erwarten. Ganz zu schweigen von der Anwesenheit Plaisians' und Nogarets während der Verhandlungen. Wer kann es dem Großmeister da verübeln, daß er keine brillante Rede hielt? Dennoch muß man ihm zugestehen, daß er einige wesentliche

Punkte zur Verteidigung des Ordens nannte. Aber auf das grauenhafte Unrecht hinzuweisen, das nicht zuletzt das Tribunal zu verantworten hatte, wäre gewiß einem Selbstmord gleichgekommen.

Man warf dem Orden Gottlosigkeit und Anbetung eines Götzen vor. Doch Männer ohne Glauben hätten für den Kultus gewiß nicht die nachweislich hohen Ausgaben gemacht und auch für den Gottesdienst jeden Aufwand vermieden. Molay selbst erbat für sich die Erlaubnis zum Hören der heiligen Messe und des Offiziums. Hätte er nicht an die Gegenwart Christi in der Eucharistie geglaubt oder hätten die Priester des Ordens nicht die Worte der Konsekration gesprochen, dann wäre eine solche Forderung sinnlos gewesen. Ferner beschuldigte man den Orden der Verschwendung, der Praxis unlauterer Geschäfte. Molay betonte zu diesem Punkt, die Templer hätten mehr Almosen gegeben als alle anderen Orden. Die Kommissäre, nicht einmal Nogaret, wagten dies zu bestreiten.

Ergriffen hören wir den Hinweis des Großmeisters auf die hohen Blutopfer des Ordens im Kampf um das Heilige Land. Im Prozeß wurde die Zahl von zwanzigtausend Gefallenen erwähnt; es gab Zeiten, da wurde ein Großteil der gesamten in Palästina kämpfenden Ritterschaft vernichtet. Wäre dieser Blutzoll denkbar gewesen, wenn die Templer nicht an Christus geglaubt hätten, wie ihre Feinde behaupteten? Nicht selten wurde Ordensrittern in Gefangenschaft die Möglichkeit zum Abfall vom Glauben gegeben, ein Leben in Reichtum in Aussicht gestellt. Fast immer zogen sie es vor zu sterben.

Molays Verteidigung mag unter juristischen Aspekten formal dürftig gewesen sein. Sie ist in ihrer Einfachheit um so ergreifender und glaubwürdiger.

Anmerkungen

[1] *Georges Roman*, Le procès des Templiers. Essai de critique juridique. Montpellier 1943.
[2] *Johannes Haller*, Das Papsttum. Idee und Wirklichkeit. Esslingen 1962, Bd. V, S. 182.
[3] *Michelet*, a.a.O., I., S. 32. *Lizerand*, a.a.O., S. 146ff.
[4] Ebd., S. 178.
[5] Ebd., S. 154ff.
[6] *Finke*, a.a.O., I., S. 164. Gerne wüßten wir, wann die von Ponsard de Gisy erwähnten sechsunddreißig Brüder in Paris und die vielen anderen anderswo per tormenta, wann und wo die von Jacques de Saciaco aus Toyes genannten fünfundzwanzig Templer infolge von tormenta et passiones gestorben sind. *Michelet*, a.a.O., I., S. 36 und 69.
[7] Ebd., S. 165.
[8] *Lizerand*, a.a.O., S. 162ff. *Michelet*, a.a.O., I., S. 42.
[9] *Lizerand*, a.a.O., S. 163.
[10] Ebd., S. 165.
[11] *Raymond Oursel*, Le procès des Templiers. Paris 1955, S. 71f.
[12] Ebd., S. 75.

X.
Die Templer klagen an

Die zweite Phase der päpstlichen Untersuchung von Februar bis Mai 1310 nahm für den Orden einen durchaus günstigen Anfang.

Die Kommissäre hatten im November ihre Tätigkeit bekanntlich mit dem Hinweis unterbrochen, es seien keine Zeugen mehr erschienen. Vielleicht war das diplomatische Spiel hinter den Kulissen noch nicht soweit gediehen, um den Templern die nötige Freiheit zu geben. Oder aber diese trauten dem Gericht des Papstes nicht mehr; die Anwesenheit Plaisians' und Nogarets beim Verhör des Großmeisters hatte sich vielleicht herumgesprochen.

Im Februar wurde alles völlig anders – zumindest am Anfang. Man muß Aycelin und seinen Beisitzern zu Beginn der zweiten Phase eine korrekte Haltung zuerkennen. Die Templer faßten Mut und Vertrauen. Aus allen Teilen Frankreichs kamen jetzt die Opfer des Prozesses. Philipp hatte sich erboten, für die Gefangenen die erforderlichen Begleiter zu stellen. Die Bischöfe erlaubten den Rittern, ihre Gefängnisse zu verlassen und den Weg nach Paris einzuschlagen. Früher war eine solche Reise ein Vergnügen gewesen, jetzt eine Schmach. Immerhin konnten sich die Ritter mit der Hoffnung trösten, daß nun alles Unglück zu Ende sei, ihr Orden rehabilitiert würde und der ganze Prozeß wie ein böser Traum vorüber wäre.

»Und im Frühjahr 1310 nun die gewaltige Bewegung zur Verteidigung des Ordens, als die Losung lautete: Wer den Orden verteidigen wolle, möge in Paris erscheinen, ohne Gefahr für seine Person. Mehr als sechshundert Templer strömten zusammen. Sicherlich sind das nicht sämtliche Verteidiger, mancher Schwachmütige und Ängstliche ist zurückgeblieben. Und doch, wenn man erwägt, wie Kerker, Grauen und Folter unter den Armen in mehr als zweijähriger Haft aufgeräumt haben, ist es sicherlich mehr als die Hälfte aller französischen Templer. Was ist da erstaunlicher? Die frische Begeisterung dieser Angeketteten, Gequälten, die ihre verstorbenen Gefährten ohne Sterbesakramente dahinscheiden und in ungeweihter Erde bestattet sahen und die jetzt rundweg erklärten, daß sie bisher gelogen, daß sie, wenn sie für den Orden nicht einträten, in den Hals hinein lügen würden, daß sie den Orden bis in den Tod hinein verteidigen wollten? Oder aber die Erscheinung, daß unter den Verteidigern gerade die früheren Anschuldiger erscheinen, nur weil sie jetzt einen Augenblick Mut geschöpft haben?«[1]

Die ersten Aussagen zeigten eine neue Haltung der Ritter. Zwar wagten nicht alle eine freie, ungezwungene Rede; ihnen war bewußt, daß sie nach gemachtem Geständnis bei ihrer Aussage verharren mußten, wollten sie sich nicht von vornherein selbst dem Henker überantworten. Denn nach mittelalterlichem Recht wurde ein geständiger Ketzer bei Widerruf dem Feuer übergeben. Andere Ritter dagegen bewiesen dennoch Mut und Offenheit. Wie z. B. Vernon de Santoni aus Paris, der auf die Frage, ob er den Orden verteidigen wolle, zur Antwort gab: »Ich habe in diesem Orden nur Gutes gesehen.

Ich verstehe nicht, was das heißen soll, verteidigen.«[2] Oder wie Jacques de Sacy, der furchtlos darüber berichtete, daß vierundzwanzig Templer unter der Folter oder durch andere Qualen gestorben seien.[3] Und Jean de Couchey legte einen Brief vor, der mit einem Schlag die düsteren Machenschaften bewies, mit welchen die Feinde des Ordens selbst die bischöfliche Justiz zu narren suchten[4]:

Philipp de Voet, Propst von Poitiers (der Residenz des Papstes!), und Jean de Janville, der kirchliche Oberaufseher der Gefängnisse von Sens, Rouen und Reims, schrieben an »den geliebten« Frère Laurent de Biane, den ehemaligen Kommandeur der Templer in Apulien, und an die anderen Gefangenen von Sens, der König schicke ihnen den Bischof von Orléans zur Untersuchung. Die Templer möchten nun so gütig sein, die bereits gemachten Geständnisse vor ihm noch einmal zu wiederholen, ihn aber keinesfalls wissen zu lassen, daß man sie bearbeitet und zu Lügen veranlaßt habe.

So weit, so gut, so absurd. Denn sowohl die Bitte als auch die stilistisch an den Tag gelegte Freundlichkeit erscheinen vor dem Hintergrund der zuvor angewandten Folter paradox. Die Irritation schwindet jedoch rasch, betrachtet man die im Brief anschließende Passage: »Ihr sollt wissen, daß der Papst befohlen hat, alle diejenigen, die vor den Inquisitoren gestanden haben und sich jetzt weigern, diese Aussagen zu wiederholen, zu verurteilen und zu verbrennen.«[5]

Steckten hinter dieser ungeheuerlichen Erpressung wirklich nur die beiden Absender? Zwar fügten diese am Ende des Schreibens fürsorglich an, man habe Befehl gegeben, die Ritter in ordentlichen Unterkünften wohnen zu lassen, und erweckten damit bei flüchtiger Betrachtung den Eindruck, alle Initiative ginge von ihnen aus.

Doch in der Ankündigung ihrer in Kürze erfolgenden Ankunft in Sens verrieten Voet und Janville die eigentliche Autorität im Hintergrund, »denn wir müssen dort sein, wohin uns der König schickt«. Philipp, hinter den Kulissen keineswegs untätig, wußte also genau, was er wollte.

Das Tribunal befragte Philipp de Voet zu dem von Couchey vorgelegten Brief. Der Propst hatte nicht die Skrupellosigkeit, das Dokument als eine grobe Fälschung zu bezeichnen und eine sofortige Untersuchung zu verlangen. Vielmehr stammelte er verlegen: »Ich weiß nicht, ob das Siegel das meinige ist, es ist unleserlich, manchmal hat mein Schreiber das Siegel in Besitz. In keinem Falle ist der Brief in meinem Namen oder in meinem Auftrag gesiegelt worden.«[6] Mit dem Sprechen kam auch der Mut und die Unverfrorenheit zurück: »Niemals habe ich, weder persönlich noch durch Boten oder Briefe oder sonstwie, einen Ritter aufgefordert, etwa anderes auszusagen als die Wahrheit. Fragt doch die Brüder selbst.«

Ein geschickter Schachzug; die Brüder spürten immer noch das Eisen im Nacken, das Feuer unter den Füßen. Also gaben sie schleunigst zu Protokoll: »Es stimmt, der Propst hat nie etwas anderes von uns verlangt«.[7] Den Kommissären genügte es offenbar, daß die Ordnung nun wiederhergestellt war. Kam ihnen denn nicht die leiseste Spur eines Verdachtes, daß Voet, der Oberaufseher, der erste Beamte des Papstes in drei Kirchenprovinzen, die Templer unter Druck gesetzt haben könnte, um ihre Aussagen zu beeinflussen?

»Ob der Brief von Philipp de Voet stammt (der im Namen des Heiligen Vaters die Templer bewacht), ist fraglich. Darauf kommt es nicht an. Sicher ist, daß er zirkulierte und seine Wirkung getan hat.«[8]

Die päpstlichen Richter wurden durch einen weiteren Zeugen, Bernard du Gué aus der Diözese Albi, über die Art und Weise, wie gefoltert wurde, belehrt.[9] Der Unglückliche zeigte Knochen vor, die ihm von den Füßen gefallen waren, als er verhört wurde. Die Folterknechte hatten den Unglücklichen so lange über kleinem Feuer geröstet, bis das Fleisch sich löste. Ungeachtet des damaligen Rechtsverständnisses bleibt bei diesen Justizmethoden so viel an Barbarei und unchristlicher Haltung zu verurteilen, daß jeder Gedanke an eine Rechtsgültigkeit derartiger Aussagen einfach unsinnig ist. Nur die Kraft und Gnade zum Martyrium konnte manch Unglücklichem helfen, den Qualen der Folter trotzend, bei der Wahrheit zu bleiben

Auch wenn die zweite Phase des päpstlichen Tribunals für die Templer mit einem Silberstreif am Horizont begonnen hatte; der Prozeß konnte unter diesen Umständen nur zuungunsten der Ritter ausgehen. Die Untersuchung über den Orden hätte ein anderes Urteil ergeben können, wenn sie zu Ende geführt worden wäre.

Anmerkungen

1 *Finke*, a. a. O., I., S. 341.
2 *Oursel*, a. a. O., S. 62.
3 Ebd., S. 63.
4 Ebd., S. 63 f.
5 *Finke*, a. a. O., I., S. 341.
6 Ebd., S. 79.
7 Ebd., S. 81.
8 Ebd., S. 90.
9 *Oursel*, a. a. O., S. 64.

XI.
Die Prokuratoren der Templer

Am 28. März 1310 versammelten sich fünfhundertsechzig Templer in Paris, um den Orden zu verteidigen.[1] Aus den Gefängnissen von ganz Frankreich kommend, hatten sich diese Ritter angeboten, die Ehre und die Unschuld ihres Institutes vor dem päpstlichen Tribunal zu bezeugen. Da im Bischofspalais kein Raum für so viele Zeugen vorhanden war, blieben sie im Hof. Die Herren des Tribunals betonten, sie könnten die vielen Ritter nicht alle einzeln verhören, die Notare würden Berge von Pergament benötigen, um alle erschienenen Templer zu verhören. So wollte man den Zeugen auf Vorschlag der Kommission erst eine Liste von einhundertsiebenundzwanzig Fragen vorlesen, die dann später von, zu diesem Zeitpunkt noch zu wählenden, Prokuratoren aus Reihen der Ritter beantwortet werden sollten.

Die Verlesung der Fragen begann. Die Ritter mußten sich wieder einmal die sattsam bekannten Ungeheuerlichkeiten anhören – daß diese nun auf Latein vorgetragen wurden, machte die Angelegenheit auch nicht erhebender: die Vorwürfe des Götzendienstes, der Anbetung einer Katze während der Kapitel, der schamlosen Küsse, der Verleugnung Christi während der Aufnahmezeremonie, der Billigung der Sodomie, der Feier der heiligen Messe ohne Konsekration, der unbefugten Absolution von Sünden durch den Großmeister und anderes mehr. Es fällt nicht schwer, sich vorzustellen, daß die Ritter während der Verlesung der Fragen (oder treffender: der Anklageschrift) protestierten; sicher haben sie so viel Latein beherrscht, um die phantastischen Beschuldigungen zu verstehen.

Man vergesse dabei auch nicht, daß die Anwesenden alle Gefangene waren, die man direkt aus den Kerkern zum Tribunal gebracht hatte. Ihre Henker standen neben ihnen, um sie zu bewachen. Hätten sie sich schuldig gewußt, hätte man sie sicher mit gesenkten Köpfen und verschämtem Schweigen vor ihren Richtern gesehen. Dem war aber nicht so. Wie gesehen, verteidigten die Ritter sich, suchten sogar nach einem Wortführer für ihre Argumente, der ihre eigene rhetorische Schwerfälligkeit durch Wortgewandtheit kompensieren und ihnen somit doch noch zum Recht verhelfen sollte.

Man fand diesen Mann in der Person des früheren Generalprokurators des Ordens beim Heiligen Stuhl, Pierre de Bologne. Er verfaßte ein Schreiben, das er im Namen der Versammlung den Kommissären übergab[2]: »Es ist schwer für uns, für unsere Brüder, der Sakramente beraubt zu sein. Mehrere von uns wurden des Ordenskleides beraubt, alle der Güter des Ordens. Wir alle wurden schändlich in den Kerker geworfen und mit Ketten beladen und sind es noch jetzt. Es ist sehr schlecht um unsere Güter bestellt. Die Mehrzahl der Brüder, die im Gefängnis außerhalb von Paris gestorben sind, wurden nicht in geweihter Erde auf dem Friedhof bestattet. Am Ende ihres Lebens hat man ihnen die Sakramente der Kirche verweigert.«[3]

Schließlich verlangten die Ritter die Erlaubnis, sich mit dem Großmeister in Verbindung setzen zu dürfen, ohne den sie kein Recht hätten, etwas zu unternehmen. Die Kommissäre gaben knapp zur Antwort, der Großmeister und die Würdenträger weigerten sich, den Orden zu verteidigen.

Am 31. März schickten die Kommissäre ihre Notare, um die Namen der gewählten Prokuratoren der Templer festzustellen. Es waren Pierre de Bologne und noch drei andere Ritter.[4] Am 1. April sandten die Templer eine erste schriftliche Antwort auf die Liste der päpstlichen Anklagen[5]: »Die Artikel des Fragebogens der päpstlichen Bulle sind sinnlos, schändlich, ehrlos und unerhört. Sie sind eine Lüge, eine enorme Lüge, eine sinnlose Lüge. Sie sind von den Feinden des Ordens und von Lügnern aus Gerüchten fabriziert.

Der Templerorden ist rein, ohne Fehl und war es immer, möge man sagen, was man will. Diejenigen, die das Gegenteil behaupten, reden wie Ungläubige und Häretiker. Sie säen unter den Glauben die Ketzerei und schmutziges Unkraut. Wir sind hier bereit, den Orden zu verteidigen mit unserem ganzen Herzen, mit Wort und Tat, in der bestmöglichen Weise. Wir verlangen jedenfalls freie Bestimmung über unsere Personen und das Recht, auf dem Konzil persönlich anwesend zu sein. Jene, die nicht teilnehmen können, sollen die Möglichkeit haben, sich vertreten zu lassen. Kurz, wir verlangen die Freiheit und die Entlassung aus unseren Kerkern.

Alle Brüder des Tempels, die ähnliche Lügen anerkannt haben, im Ganzen oder teilweise, sagen die Unwahrheit. Sie sagten aus Angst vor dem Tode aus. Die einen gestanden unter der Folter, die anderen, weil sie sahen, wie man ihre Mitbrüder quälte. So gaben sie das, was ihre Verfolger wünschten, zu Protokoll. Man kann sie deswegen nicht tadeln, denn die Qual des einen wurde zur Angst von vielen. Sie haben gesehen, wie sie der Pein und der Todesangst entgehen konnten, durch Lügen.

Andere gibt es, wer weiß, die durch Geld bestochen, durch Versprechungen und Schmeicheleien oder durch Drohungen verführt wurden.

All dies ist bekannt, und kein Sichdrehen und Sichwenden kann es verheimlichen. Wir flehen die göttliche Barmherzigkeit an, uns Gerechtigkeit widerfahren zu lassen, denn wir haben lange Zeit genug unter der ungerechten Verfolgung gelitten. Als gute und getreue Christen verlangen wir die Sakramente der Kirche.«[6]

Dieses wertvolle Dokument beweist zur Genüge, von welcher charakterlichen Größe die Männer waren, die sich in Ketten, von den Schergen Philipps bewacht, zur Verteidigung ihres Ordens angeboten hatten. Noch immer hofften sie, durch die Kirche zu ihrem Recht zu kommen, obwohl der Papst das Urteil bereits den Feinden des Ordens übertragen hatte.

Noch ergreifender als dieses Schriftstück ist die Verteidigungsschrift, die Elie Aymerie aus der Abtei Sainte-Geneviève im Namen der Gefangenen vorlegen ließ.[7] Er wählte dazu die Form eines Gebets. Dieses berühmteste Gebet eines Templers gehört zu den erschütterndsten Zeugnissen der Unschuld des Ordens. Die großen Mystiker jenes Jahrhunderts hätten keine tieferen Worte finden können als der begnadete Verfasser dieses Dokumentes. Gerade in bezug auf dieses Beispiel ist die Frage angebracht: Wer lebte eigentlich Kirche? Papst Clemens und seine Richter oder die Opfer dieses grauenvollen Prozesses?

Die Prokuratoren stellten am 1. April – wieder durch ein Schreiben an die Kommissäre – fest, daß sie als Gefangene in der Aussage nicht frei seien. Sie verlangten noch einmal die Freilassung aus den Kerkern des Königs, vor allem die des Großmeisters. Ebenso klagten die Ritter abgefallene Brüder an, die durch Geld, Versprechungen und Drohungen zu falschen Aussagen bewogen worden waren.[8]

Vor dem päpstlichen Tribunal erfolgten nun die Aussagen einzelner Gruppen. Elf Templer aus dem Hause Lenrage, zehn aus dem Hause Houdré, dreißig aus dem Hause le Grant, siebzehn aus dem Hause Anudieu bezeugten die Reinheit des Ordens. Am 3. April betonte Jean de Montreal im Namen von vierzehn Templern die Reinheit der Sitten, die Freigebigkeit des Ordens und dessen Ansehen, das viele Ordensleute von anderen Instituten zum Eintritt bewogen habe. Zum Schluß fügte er an: »Wir haben so viele Qualen in Ketten, Kerker und Hölle gelitten, bei Wasser und Brot geschmachtet, daß einige unserer Brüder gestorben sind. Wir hätten nie soviel Leid ertragen, wenn unser Orden nicht gut gewesen wäre und wir der Wahrheit nicht hätten Zeugnis geben wollen.«[9]

Dennoch soll nicht verschwiegen werden, daß nicht wenige Templer oder Laien, die gehört wurden, den Orden in Gegenwart der vier Delegierten der Brüder auch belasteten. Am 23. April legten die Prokuratoren deswegen einen weiteren schriftlichen Protest vor, in dem sie erneut die Barbarei der Tortur, die Ungerechtigkeit des ganzen Prozesses verurteilten. Durch alle Formen der Erpressung seien die Templer in ihren Aussagen beeinflußt und manipuliert worden.[10] Vor allem aber verlangten die Männer um Pierre de Bologne die strikte Geheimhaltung der Aussagen. Nur so könne man glaubwürdige und echte Zeugnisse für den Orden erhalten.

Unter den Zeugen gegen die Templer fanden sich vor der päpstlichen Kommission auch etliche ehemalige Ritter ein, die längst das Kleid des Ordens abgelegt hatten. Andere warfen den Kommissären den Mantel des Tempels vor die Füße und erklärten, mit dem Tempel nichts mehr gemein haben zu wollen. Als solch ein Zeuge gegen den Orden beschrieb Barthelmy Boucher am 19. April einmal mehr das Idol, das angebetet worden sei. Es habe dem Kopf eines Templers mit Bart und Mütze geglichen.[11]

Die Kommission wollte endlich Klarheit über diesen Götzen gewinnen. Man berief den Schatzmeister des Tempels von Paris vor das Tribunal. Er sollte über alle Statuen Auskunft geben, die man bei der Verhaftung im Schloß gefunden hatte. Guilherme de Pidoye brachte einen Kopf aus Silber, der, eine schöne junge Frau darstellend, als einziges Stück in Frage kommen konnte. Doch weder Füße noch Bart noch sonst ein Zeichen des so oft und widersprechend geschilderten Götzen waren an ihm zu sehen. Im Inneren der Skulptur befanden sich Knochen, die zweifelsfrei von einer jungen Frau stammten. Das Haupt trug die Zeichen »caput XVIII« und stellte fraglos ein Reliquiar dar, das nicht zu bestimmen war. Doch verehrte man in ihm offenbar die sterblichen Überreste einer der elftausend Jungfrauen, die der Legende nach in Köln von den Hunnen erschlagen worden waren. Pidoye erklärte dazu, es habe sich im Schatz des Tempels kein anderes Haupt befunden.

Doch noch war die Kommission nicht zufrieden gestellt. Sie ließ Guilherme d'Arblay kommen, der von einem in Paris angebeteten Kopf gesprochen hatte. Der Aumonier des Königs wußte sich in dieser Situation nicht anders zu helfen, als weiterhin zu behaupten, daß er den Götzen in Paris ganz bestimmt vor Augen gehabt habe. Aber folgendes spricht gegen seine neuerliche Aussage: Sicherlich hätte sich Nogaret ein so vortreffliches Corpus delicti wie den Götzen nicht entgehen lassen, als er den Tempel am 13. Oktober »visitierte«, wenn es ein solches wirklich gegeben hätte.

Die Herren des päpstlichen Tribunals mußten sich folglich mit dem vorliegenden, sehr mageren Ergebnis zu der Frage des templerischen Götzendienstes bescheiden. Das hinterlistige Idol muß über die verschiedensten Wunderkräfte verfügt haben: Es vermochte Füße, Bärte, ja selbst eine Templermütze aus dem Nichts zu zaubern und ließ sie ebenso unauffindbar wieder verschwinden. Auch muß es von sehr humorigem Gemüt gewesen sein, denn spielte es Nogaret nicht einen Streich, indem es unsichtbar wurde, als der es am dringensten brauchte?

Vergleichbare Widersprüche ergaben die Verhöre zur Form des Kreuzes, das verunehrt worden sei. Bald wollten die Templer ein Kruzifix aus Holz, bald eines aus Silber bespien haben; mal war der Gegenstand dieser abscheulichen Zeremonie aus einem anderen kostbaren Metall; dann war es nur das Mantelkreuz oder ein Gemälde; ein anderes Mal das Kreuz Christi mit, dann wieder ohne Corpus.

Man hat in allerjüngster Zeit auf eine Reihe von Grafitti hingewiesen, die in Burgen, wo Templer gefangen waren, entdeckt worden sind, und die immer wieder kleine, zahllos in den Mörtel gekritzelte Kreuze darstellen. Ein Beweis für den hohen Grad der Verehrung, die man dem Zeichen der Erlösung auch in Ketten und im Kerker noch zollte.[12]

Auf Einzelheiten über die schamlosen Küsse brauchen wir nicht näher einzugehen. Nur die kranke, perverse Phantasie dekadenter Juristen konnte den unglücklichen Rittern derartigen Unfug suggerieren, und nur eine teuflische Foltermaschinerie die Gefangenen dazu bringen, solch entehrende Geständnisse abzulegen.

Finke, der den durch Folter erpreßten Geständnissen jeden Wert abspricht – heute teilen die Historiker fast durchweg seine Ansicht –, tadelt die Templer ihrer fehlenden Standhaftigkeit wegen. Doch parallele Geschehnisse aus den letzten Jahrzehnten haben uns eines Besseren belehrt: Wer z. B. die Bilder eines Kardinals Mindszenty gesehen hat, der vor dem Tribunal in Budapest ebenfalls »gestanden« hat, wird sich hüten, einen Stein auf jene unglücklichen Männer zu werfen, die vom Papst verlassen, von den Bischöfen verfolgt, von königlichen Beamten und kirchlichen Inquisitoren bedrängt und gequält, das zugaben, was man von ihnen hören wollte. Wer kann es den Rittern verübeln, die, gestern hochangesehen, heute als verkommen und verketzert galten, wenn sie, wider besseres Wissen und an ihrer Rettung verzweifelnd, die Schuld des Ordens und persönliche Verbrechen eingestanden?[13]

Nicht alle Templer waren für das Martyrium geschaffen. Selbst Jeanne d'Arc gestand, obwohl sie nicht gefoltert wurde. Die Kirche hat sie dennoch heiliggesprochen. Schuldig waren vielmehr ihre Richter, genauso wie ein gutes Jahrhundert früher jene des päpstlichen Tribunals. Die zahlreichen Widersprüche so vieler Zeugen hätten jedem unvoreingenommenen Untersuchungsbeamten klarmachen müssen, daß die gemachten Aussagen nicht der Wahrheit entsprechen konnten.

Anmerkungen

[1] *Oursel*, a. a. O., S. 68.
[2] Ebd., S. 78 ff. Hier sind alle Verbrechen ausführlich erwähnt.
[3] Ebd., S. 89.
[4] Ebd., S. 92.
[5] Ebd., S. 93.
[6] Ebd.. S. 93.
[7] Ebd., S. 95 ff.
[8] Ebd., S. 102.
[9] Ebd., S. 107.
[10] Ebd., S. 152.
[11] Ebd., S. 302.
[12] *P. M. Tonnelier* in: Archeologia Nr. 32, S. 24–37. *Ders.* in: Archeologia Nr. 33, S. 23–33. *Ders.*, Les graffitis de Domme ou la foi des Templiers. Paris 1970.
[13] *Sven Stolpe*, Das Mädchen von Orléans. Frankfurt/Main 1955, S. 7 ff.

XII.

Das bittere Ende der Verteidigung

Die Ergebnisse der päpstlichen Untersuchung im Frühjahr 1310 waren ermutigend. Der Reihe nach hatten die Ritter der Wahrheit Zeugnis gegeben. Man muß es noch einmal wiederholen: Natürlich gaben sie die vermeintliche Schuld des Ordens oder ihre eigene vor der Inquisition, vor den Beamten des Königs zu. Aber sie mußten auf der anderen Seite auch Kerker, Ketten und Qualen ohne Zahl hinnehmen. Jetzt schien dieser fürchterliche Traum ein Ende zu haben. Sicherlich glaubten viele der Gefangenen, einen Lichtstrahl durch ihre Gitter leuchten zu sehen.

Da starb, ausgerechnet in diesen entscheidenden Tagen des März 1310, der Bischof von Sens. Zu seinem Metropolitanbezirk gehörte auch Paris. Sein jetzt zu wählender Nachfolger würde der Vorsitzende der Bischofssynode sein, die über die Personen zu richten hatte.

Clemens verbat dem Kapitel von Sens sofort, eine Wahl vorzunehmen. Das schien auf den ersten Blick nichts Besonderes; an sich gehörten solche Reservationen zum Amtsstil des Papstes. Mehr als alle seine Vorgänger behielt er Bischofsernennungen in eigener Regie. Nur so konnte er seine zahlreichen Vettern, Freunde und Günstlinge gewinnbringend mit Pfründen versorgen. Aber im Falle von Sens hatte er andere Gründe: Der neue

Erzbischof konnte über eine Synode die Templer vor sein eigenes Gericht ziehen und auf diesem Weg die päpstliche Untersuchung beeinflussen.

Philipp und seine Minister hatten in den letzten Monaten mit wachsender Sorge die Entwicklung im Prozeß gegen den Orden verfolgt. Endlich sahen sie eine Möglichkeit, der Verteidigung der Templer den Wind aus den Segeln zu nehmen. Der zu ernennende Erzbischof durfte in keinem Fall aus dem Umfeld des Papstes kommen. Man mußte in der Liste der Favoriten des Königs nicht lange suchen, Minister Enguerran de Marignys Bruder war im nahen Cambrai Bischof. So wurde dieser, Philipp de Marigny, dem Papst schnellstens als geeigneter Kandidat für das Bischofsamt von Sens vorgeschlagen.

Anfangs wehrte sich Clemens gegen diese Empfehlung. Die Last einer Metropolie werde Marigny nicht auf sich nehmen können. Auch könne man den Geistlichen aus Paris nicht ohne weiteres einen Erzbischof zumuten, der viel weniger Dienstjahre aufzuweisen habe als sie. Philipp wußte die Sorgen des Oberhirten zu zerstreuen. Die Zukunft werde bald schon zeigen, wie geeignet der Bischof von Cambrai für das neue hohe Amt sei. Wie stets, wenn er anfänglich Schwierigkeiten machte, ließ Clemens es schließlich resigniert bei seinen papierenen Protesten bewenden.

Marigny wurde letztenendes tatsächlich Erzbischof von Sens. Wie er sein Amt anging, werden wir bald aus seinen Verordnungen ersehen. Schon im April war der Handel perfekt, die entscheidende Besetzung der Metropolie vollzogen. Der neue Erzbischof zeigte wirklich die vom König so gepriesene Tüchtigkeit, mit jugendlichem Eifer stürzte er sich in die Geschäfte. Es ging schon auf Pfingsten zu. Für den 11. Mai berief er eine Synode nach Paris, um mit seinen geistlichen Herren über die Prozesse gegen den Orden zu beratschlagen; genauer gesagt, handelte es sich um die Zeugen vor dem päpstlichen Tribunal. Ohne Zweifel hatte Marigny seinem Bruder und dem König versprochen, die mutiggewordenen Ritter sofort unschädlich zu machen.

Am Pfingstsonntag, dem 10. Mai (montags sollte die Synode beginnen), verlangten die Prokuratoren eine Sitzung der päpstlichen Kommission. Pièrre de Bologne machte Aycelin darauf aufmerksam, daß bereits eine Reihe von Zeugen für die Verteidigung des Ordens vor die Synode des Erzbischofs von Sens vorgeladen sei[1]: »Wir appellieren gegen die Entscheidungen der Synode.« Mit diesen Worten versuchte er Aycelin zum Handeln zu bewegen, der die wichtige Nachricht von der Vorladung der Zeugen wahrscheinlich schon längst erhalten hatte. Statt einer Antwort flüchtete sich der Erzbischof von Narbonne in den Schutz juristischer Paragraphen: »Wir haben kein Recht, uns in die Entscheidungen der Synode von Sens einzumischen.« Faktisch war an dieser Aussage nichts zu bemängeln, denn die Synode war in der Tat befugt, den Fall häretischer Einzelpersonen zu behandeln; die päpstliche Kommission dagegen war nur dazu ermächtigt, über den Orden zu befinden. »Wenn ihr eine Erklärung zur Verteidigung des Ordens abzugeben habt, dann sind wir gern bereit, Euch anzuhören.« Hatte Aycelin denn vergessen, daß er den Templern stets mit allem Nachdruck päpstlichen Schutz versprochen hatte? Wenn jetzt Zeugen des Tribunals vor die Synode geladen wurden, dann mußte er doch wissen, daß ihnen höchste Gefahr drohte.

Doch die Prokuratoren hatten bereits erwartet, daß der Erzbischof von Narbonne, der Vorsitzende des päpstlichen Gerichtshofes, sie im Stich ließe. Schließlich war Aycelin ein Vertrauter des Königs. Er würde sich schwerlich die Finger verbrennen wollen, indem er mit dem Bruder des allmächtigen Ministers Enguerran de Marigny einen Streit um juristische Kompetenzen vom Zaun brach. Also legte Pièrre de Bologne ein gewichtiges Dokument auf den Tisch der Kommission: den Appell an den Papst.

»Wir appellieren jetzt an den Papst und an den Heiligen Stuhl, mündlich wie schriftlich, und stellen uns alle, uns selbst, unsere Personen, unser Recht und das des Tempels, ebenso alle unsere Brüder, die sich erboten haben, erbieten und erbieten werden, unseren Orden zu verteidigen, unter den Schutz des Heiligen Stuhles. Wir verlangen Delegierte. Wir fordern den Rat von Sachverständigen, um, wenn nötig, unseren Appell zu korrigieren und ihn in rechtskräftige Form zu fassen. Wir verlangen, daß man uns auf die Güter des Tempels die nötigen Summen leiht, damit unser Appell wirksam unterstützt und rechtzeitig und mit aller Sicherheit durchgeführt werden kann.«[2]

Nach kirchlichem Recht tritt bei einer Appellation an den Papst sofortige Sistierung eines Verfahrens ein. Aycelin hätte den feierlichen Appell annehmen und als Vorsitzender eines päpstlichen Gerichtes den Zeugen seines Tribunales tatsächlich eben jenen Schutz garantieren müssen, den er immer versprochen hatte. Eigentlich hätte er Gott dafür danken müssen, daß er nunmehr eine Waffe in die Hand bekommen hatte, die ihm, dem gewieften Juristen, entscheidende Hilfe gegen die Synode brachte. Doch was tat er? Mit der in dieser historischen Stunde geradezu grotesken Ausrede »Jetzt muß ich zur Messe gehen«[3] glaubte er zum zweiten Mal, seine Hände pilatusgleich in Unschuld waschen zu können, wenn er nur anderen das blutige Handwerk überließ.

Inzwischen hatte Erzbischof Marigny seinen Amtseifer bereits unter Beweis gestellt und noch vor Beginn der Synode die Sorbonne – dieselbe Universität also, die auch Philipp schon einmal um ein Gutachten ähnlicher Provenienz angegangen hatte – befragt, ob er diejenigen Templer, die Zeugen vor dem päpstlichen Tribunal gewesen waren, vor sein Gericht fordern dürfe.

Neunzehn Professoren verneinten diese Befugnis und nur drei urteilten positiv. Aber das kümmerte Marigny nicht im geringsten; drei Zustimmungen waren nun einmal drei Zustimmungen, und wer interessierte sich schon für die Ansicht der Mehrheit? Mit dieser Vorausgabe beeilten sich die Bischöfe unter dem Vorsitz Marignys, bereits am ersten Tag ihrer Synode vierundfünfzig Templer, allesamt Zeugen vor dem päpstlichen Tribunal, zum Tod am Feuerpfahl zu verurteilen. Es war mehr als ein Signal; die übrigen Templer würden sich jetzt hüten, für den Orden auszusagen.

Mit viel gutem Willen und unter sturer Auslegung des juristischen Wortlautes kann man den Bischöfen der Synode, diesen außerordentlichen Dienern Christi, einen schwachen Schein von Recht zugestehen: Die Templer hatten die Schuld des Ordens vor der Inquisition bekannt, danach als Zeugen vor dem päpstlichen Tribunal die Verbrechen aber wieder geleugnet. In diesem Zusammenhang sei noch einmal auf den mittelalterlichen Rechtsgrundsatz verwiesen: Wer einmal Häresie eingestanden hatte, sie später aber wieder in Abrede stellte, war ein rückfälliger Ketzer und wurde dem Feuertod überantwortet. Doch genau hier setzt eine schwerwiegende Frage an: Woher wußte die Synode von der gewandelten Haltung vieler Templer? Sah so etwa die feierliche Geheimhaltung der päpstlichen Untersuchung aus?

Aycelin erfuhr die furchtbare Nachricht vom Urteil

der Synode während eines Verhörs in der Abtei Sainte-Geneviève. Man wundert sich schon nicht mehr: Weder wurde er bei Papst Clemens vorstellig, um ihn aufzufordern, die Schlächterpläne seines Kollegen in Christo zu verhindern, noch ging er selbst mit aller Schärfe vor. Stattdessen schickte er die beiden Kerkermeister der Templer, den Probst von Poitiers, Messire Philipp de Voet (man entsinne sich seines berühmten Briefs), und den königlichen Schreiber, Maître Amisius, zum Erzbischof von Sens.

Was hatten diese beiden Boten wohl zu überbringen? Etwa doch noch einen feierlichen Protest, die Drohung einer Beschwerde beim Papst? Aber nein: Wenn Marigny es für gut halte, dann möge er so freundlich sein, die Exekution der vierundfünfzig Templer zu verschieben. Denn das Seelenheil der Templer stehe auf dem Spiel, da ihnen als Ketzer die Hölle drohe, falls sie so schnell vom Leben zum Tode befördert würden.[4]

Marigny befand dergleichen engagiertes Mitgefühl für Häretiker als höchst überflüssig. Die vierundfünfzig Templer wurden erbarmungslos an den Feuerpfahl gebunden und verbrannt. So lautete schließlich der Wille des Königs, und der Bruder eines seiner Minister wußte genau, warum er Erzbischof von Sens geworden war. Man hat sich im Laufe der Kirchengeschichte an manch fragwürdige Pfründenvergebung gewöhnt. Bei der Verteilung von kirchlichen Ämtern spielten nicht selten Geld, königliche Protektion oder Nepotismus eine widerliche, aber effektive Rolle. Doch Marigny dürfte einer der wenigen Fälle sein – wenn nicht sogar der einzige –, der für den Preis von vielen Menschenleben die Würde eines Erzbischofs erlangte.

Würde wenigstens Papst Clemens dieses grauenvolle Unrecht, begangen an den Zeugen seiner Untersuchung, bestrafen? Würde er den verbrecherischen Erzbischof absetzen oder wenigstens seiner Funktion entheben? Mit diesem Massenmord war schließlich die ganze päpstliche Justiz, die Arbeit seiner Kommission, in Frage gestellt, das Tribunal zur Komödie herabgewürdigt.

Doch der Heilige Vater schwieg, wie so oft. Er nahm nicht einmal den Appell der Prokuratoren an, ließ die Henker weiterhin ihre Arbeit tun und seine Leibärzte die ihre. Die hatten sich wieder einmal um päpstliche Aderlässe und Magenbeschwerden zu kümmern. In seinem Gesundheitsbewußtsein sah sich der Papst neuerdings zu der Überlegung veranlaßt, ob sich nicht eine Luftveränderung positiv auf seinen Allgemeinzustand auswirken könnte. Er hatte den Eindruck, die Nähe des »vielgeliebten Sohnes« Philipp sei für seine Gesundheit momentan wenig bekömmlich. In Avignon herrschte ein viel besseres Klima als in Poitiers, und für die abgekühlte Liebe zwischen dem König und ihm war eine gewisse Distanz vielleicht sogar förderlich.

Ungeachtet der vierundfünfzig Feuerpfähle von Paris erschienen weiterhin Templer vor dem Tribunal des Papstes. Am Mittwoch, dem 13. Mai, erklärte Aymeri de Villiers-le-Duc (Langres): »Meine Seele und mein Leib sollen auf der Stelle von der Hölle verschlungen werden, wenn ich lüge! [...] Gewiß, ich habe unter der Qual der Folter einige Fehler zugestanden, als ich von den Rittern des Königs verhört wurde. Ich habe gestern vierundfünfzig Brüder auf dem Karren gesehen, die lebendig verbrannt wurden. Ach, ich habe zu große Angst vor dem Feuertode. Ich ertrüge das nicht. Ich gäbe wieder nach, vor Euch oder vor anderen. Ach, gebt das, was ich jetzt aussage, nicht den Gens du Roi preis, damit sie mich nicht auch dem Feuer ausliefern.«[5]

Aymeri begleitete die Beteuerung der Unschuld des

Ordens mit allen Zeichen der Erregung, er kniete vor dem Altar nieder, breitete die Arme aus und schlug sich an die Brust. Die Gerichtsschreiber beobachteten und notierten seine Gesten und Äußerungen gewissenhaft. Offenbar brachten diese einfachen Männer den Unglücklichen mehr Gefühl entgegen als die geistlichen Richter.

Nach einer Woche endlich verloren die päpstlichen Kommissäre doch etwas ihre christliche Geduld. Wiederum sandten sie die beiden Kerkermeister Voet und Amisius zu den Bischöfen der Synode, um darum zu bitten, die Untersuchung zur Verteidigung des Ordens nicht weiter zu hindern.[6] Marigny antwortete kurz und unverschämt, er verstehe nicht, was das heiße, die Untersuchung der Kommissäre zu hindern. Diese habe doch, weiß der Himmel, nichts mit seinem Gericht zu tun, da dieses nur die einzelnen Personen des Ordens betreffe. Aycelin gab verstimmt zur Antwort, daß seine Botschaft klar und ohne Zweideutigkeit gewesen sei. Der Erzbischof von Sens und seine Suffragane seien gelehrt genug, um zu wissen, was sie zu tun hätten.

Doch Aycelin würde sich hüten, mehr zu tun, als Botschaften zu senden. Er wußte, daß hinter Marigny der König stand. Aber der Erzbischof von Sens sollte sich bereits wenige Jahre später seines Richteramtes entsinnen, als er die Wandelbarkeit der Königsgunst am eigenen Leibe erfahren mußte. Denn kaum war Molay verbrannt, waren Papst und König tot, erfaßte eine Lawine des Hasses seinen Bruder, den Minister und Günstling Philipps. Nur konnte man den Verteidiger des Glaubens, der sich im Templerprozeß so vortrefflich ausgezeichnet hatte, nicht gut als Ketzer verbrennen. Daher fand man ein anderes todeswürdiges Verbrechen, die Zauberei; Enguerran de Marigny endete als Hexenmeister am Galgen, nachdem der Erzbischof von Sens ohnmächtig hatte zusehen müssen, wie man seinem Bruder ohne das Recht auf Verteidigung den Prozeß machte.

Im Prozeß vor dem Tribunal brachte der 18. Mai eine neue Überraschung: Nachdem Pièrre de Bologne feierlich die Verteidigung niedergelegt hatte, war es ihm gelungen zu entfliehen. Dem gewieften Juristen war klar geworden, daß jegliche Verteidigung unter den gegebenen Umständen völlig sinnlos geworden war. Man kann sich nur darüber freuen, daß der kluge Italiener seinen Henkern entkommen konnte. Nie mehr hat man von ihm gehört. Auch die übrigen Prokuratoren gaben auf.

Die päpstliche Kommission unterbrach ihre Untersuchungen bis zum 3. November 1310. Ein gutes halbes Jahr brachte Ruhe und gab Zeit, neue Zeugen zu finden. Papst Clemens und seine Vertreter in Paris mußten wenigstens den Schein wahren; die Welt sollte glauben, der Papst verteidige den Orden und gebe sich Mühe, die Wahrheit herauszufinden.

Unter welchem Terror auch diese Untersuchungen dagegen wirklich standen, dafür gibt das Verhör vom 18. Januar 1311 ausführlich Auskunft. Jean de Pollencourt betonte zunächst, daß er seine früheren Aussagen zu bekräftigen wünsche[7]: »Ich hatte gestanden, bei der Aufnahme Gott verleugnet zu haben.« Die Kommissäre erwiderten: »Sagt die Wahrheit beim Heil Eurer Seele! Das, was hier zählt, das sind nicht Eure früheren Geständnisse. Ihr geht kein Risiko ein, wenn Ihr die Wahrheit sagt. Wir halten uns an das Amtsgeheimnis, auch die Schreiber hier.«

Der Zeuge überlegte und sagte dann unter Eid: »Also nein! Ich habe Gott nicht verleugnet, noch Jesus, noch den Gekreuzigten. Ich habe den Meister nur auf die Lippen geküßt. Niemand hat dies alles verlangt. Ja, gewiß, ich habe es zugegeben vor der Inquisition. Ich hatte Angst vor dem Tode. Bruder Qilles de Rontangi (ein Dominikaner, Vertreter der Inquisition) hatte uns unter Tränen im Gefängnis von Montreuil (Amiens) gesagt, daß wir das Leben verlieren werden, wenn wir nicht mithelfen, den Orden durch das Eingeständnis der Verleugnung Gottes und der Bespeiung zu vernichten. Ich wollte dann dem Bischof von Amiens beichten, aber er gab mir zur Antwort, er könne mich nicht hören, denn er müsse sich mit den anderen Brüdern befassen. Ich beichtete dann einem Franziskaner, der mir den Rat gab, keine falschen Aussagen mehr zu machen.«[8]

Am folgenden Tag erschien Pollencourt auf eigenen Wunsch und Ersuchen wieder vor dem Tribunal. Er behauptete nun, gelogen zu haben und meineidig geworden zu sein. Er bitte inständig und kniefällig um Vergebung. Die Kommissäre fragten: »Habt Ihr von Eurer Aussage irgend jemandem etwas erzählt, oder hat man Euch dazu gebracht zu widerrufen?«

Pollencourt entgegnete: »Nein, ich habe nachgedacht, daß ich Unrecht tat und log. Ich habe dann die Wärter und Jean de Janville gebeten, mich zurückzuführen, um das zu sagen, was ich vergessen hatte. Ich schwöre, daß ich bei meiner Aufnahme Gott verleugnete, auf ein Kreuz von Silber spuckte, gemäß dem Befehl dessen, der mich aufnahm.«[9]

Es braucht hier wohl nur angedeutet zu werden, daß höchstwahrscheinlich erst dieser letzte Schwur den wahren Meineid darstellte. Denn nur ungeheurer Druck, die Aussicht auf eine zu erwartende Folterung konnte Pollencourt über Nacht zu seiner neuerlichen Kehrtwendung bewogen haben.

Noch ein letztes Zeugnis sei angeführt.[10] Ein Dominikaner aus der Diözese Lyon gab zu Protokoll: »Ich bin beim Verhör von einer großen Anzahl von Templern gegenwärtig gewesen. Die einen anerkannten den großen Teil der Irrungen, die im Fragebogen aufgezählt sind, andere leugneten alles. Sehr viele Anzeichen gaben mir den Eindruck, daß man jenen, die leugneten, mehr glauben mußte, als jenen, die gestanden haben. Von anderen Inquisitoren hörte ich vieles über diese Geständnisse. Ich bin überzeugt, daß die unanständigen Praktiken üblich waren, aber nach der Aufnahme einzelner Brüder in diesen Orden, und daß bei anderen nichts geschah.«[11]

Dieser Dominikaner, Pièrre de Palu, offenbarte mehr, als man von einem Angehörigen des Ordens, der die Inquisitoren stellte, erwarten konnte. Wenn schon ein Zeuge, der von Amts wegen gegen den Templerorden hätte eingenommen sein müssen, für diesen eintrat, denn darf ganz allgemein an der Unschuld so vieler Opfer dieses Prozesses nicht mehr gezweifelt werden.

Das päpstliche Tribunal arbeitete nun ganz offensichtlich mit den bischöflichen Lakaien des Königs Hand in Hand. »So sehen wir den Bischof von Paris im Frühjahr 1310 in vollster Tätigkeit, auch nach dem Konzil von Sens, bis in den Winter hinein. Der Bischof verhört Dutzende der früher geständigen, jetzt für die Verteidigung eintretenden Pariser Templer von neuem und söhnt sie aus, d.h., er macht sie der Verteidigung abspenstig und greift in die Geschäfte der päpstlichen Kommission ein. Planmäßig war die Auswahl der Zeugen, planmäßig auch die Beeinflussung der Aussagen. [...] Man vergleiche den Umfall der gemachten Aussagen des Sergeanten Pollencourt, der dem immensen psychischen wie physischen Druck nicht standgehalten hat und zwischen völliger Verteidigung des Ordens und seiner vernichtenden Selbstanklage hin und her pendelte.«[12]

Letztlich ging es den Verantwortlichen wohl darum,

ein erdrückendes Schuldmaterial für das kommende Konzil von Vienne bereitzustellen, das sich vor allem mit der Templerfrage befassen sollte. Bischöfliche und päpstliche Richter waren sich hierin einig. Die kurze Periode einer unparteiischen Untersuchung zur Verteidigung des Ordens war mit dem Autodafé an Pfingsten gründlich zu Ende gegangen.

Die Schuld an dieser neuerlichen Tragödie trifft einmal mehr den Papst. »Nichts hinderte, daß er die Tätigkeit der Provinzialkonzilien – nachdem er früher den Bischöfen ein halbes Jahr die Hände gebunden – bis nach der allgemeinen Synode zu Vienne aufschob.«[13] Doch er tat auch das nicht.

Im Oktober 1307 hatten die königlichen Beamten ihre Opfer mit der Folter für die Inquisition vorbereitet, 1310 präsentierten die bischöflichen Gerichte der päpstlichen Untersuchung die Ankläger des Ordens und machten dessen Verteidigung damit unmöglich.

In der päpstlichen Untersuchung waren insgesamt zweihunderteinunddreißig Templer verhört worden, die Hälfte der erschienenen Zeugen. Die Herren des Tribunals waren jetzt der Überzeugung, daß diese Zahl genüge, um ein Bild von Schuld oder Unschuld zu geben. Der Bischof von Bayeux legte dem Papst das Ergebnis vor, nach dessen Begutachtung Clemens die Arbeit des Tribunals für beendet erklärte.

Da sowohl der Erzbischof von Narbonne als auch der Bischof von Bayeux an den Sitzungen des Parlaments in Pontoise teilzunehmen hatten, entschied man im Anschluß daran auf Wunsch des Königs, die Dokumente vor Ort zu siegeln und zu verschließen, ohne nochmals nach Paris zu reisen. Die Kirchenfürsten waren der ehrlichen Überzeugung, daß der Abschluß eines Prozesses, der ihnen vom Papst übertragen worden war, nicht einmal die Reise von ein paar Stunden, die Mühe mehrerer Meilen Wert sei. Eine Parlamentssitzung war ihnen wichtiger als die Pflicht, Tausende von Rittern, von Ordensleuten zu verteidigen, die ihnen schließlich und letztlich Gott selbst anvertraut hatte. So steht die finstere Gestalt des Herrschers von Frankreich symptomatisch auch am Ende der päpstlichen Untersuchung.

Den Templern blieb jetzt nur noch die Hoffnung auf das allgemeine Konzil in Vienne. Aber auch dieses sollte von Clemens, dem französischen Papst, geleitet, von französischen Teilnehmern beherrscht und durch den König von Frankreich erpreßt werden.

Anmerkungen

[1] Ich folge in meiner Schilderung nun *Oursel*, a.a.O., S. 153ff.
[2] Ebd., S. 153.
[3] Ebd., S. 155.
[4] Ebd., S. 160.
[5] *Lizerand*, a.a.O., S. 138.
[6] *Oursel*, a.a.O., S. 92.
[7] Ich zitiere im folgenden nach *Michelet*, a.a.O., II., S. 368 und 377.
[8] Ebd., S. 381.
[9] Ebd., S. 382.
[10] *Lizerand*, a.a.O., S. 192ff.
[11] *Oursel*, a.a.O., S. 303f.
[12] *Finke*, a.a.O., I., S. 249
[13] Ebd., S. 253.

XIII. Unschuldsbekundungen aus dem Ausland

Im Falle Frankreichs erscheint Papst Clemens klar von der königlichen Politik dominiert. Man hat den Eindruck, als ob der König und seine weltlichen wie geistlichen Trabanten mit aller nur denkbaren Rücksichtslosigkeit die Vernichtung des Ordens betrieben, während der zögerliche Clemens wenigstens den Schein des Rechts zu wahren versuchte.

Im Ausland stellte sich die Sache anders dar (vgl. auch Kapitel VI). Zwar versuchte die französische Politik über die Kurie auch hier Einfluß zu gewinnen, aber in England, Spanien und Zypern standen keine Gens du Roi bereit, konnten die Minister Philipps nicht einfach, wenn es ihnen gerade beliebte, ungerügt einem Tribunal beiwohnen.

Der Papst ernannte die Kommissionen, welche die Templer im nichtfranzösischen Ausland verhören sollten. Daß Philipp daran interessiert war, auf ihre Zusammensetzung für sein eigenes Land Einfluß zu gewinnen, scheint aus seiner Sicht sogar begreiflich. Als starkes Stück aber muß gelten, daß er nun auch die Ernennung der Inquisitoren für andere Länder in die Hände zu bekommen suchte: »Mit größter Vorsicht sind Dir, Heiliger Vater, wie wir wissen, die Persönlichkeiten (für die Inquisition im Ausland) ausgewählt; darum unterlasse es, Veränderungen vorzunehmen, wenn es nicht unbedingt notwendig ist.«[1] Seine mahnenden Worte verfehlten nicht den gewünschten Erfolg: »Jedenfalls hat der König erreicht, daß fast in jeder Kommission, ob sie nun nach England, Sizilien, Deutschland oder Kastilien ging, französische Prälaten und Mönche eine Rolle und wohl die entscheidende Rolle spielten.«[2]

Angesichts der Tatsache, daß Clemens dem Druck, dem er neuerlich ausgesetzt war, wieder einmal nachgab, erscheint es umso erstaunlicher, daß seine Briefe an das Ausland einen völlig anderen Papst zeigen. In ihnen präsentierte sich der in Frankreich so unentschlossene, das Schlimmste nur ängstlich zu verhüten suchende Lenker der Christenheit eher als ein Verfolger des Ordens. So schrieb er an die Könige von Spanien und Portugal: »Die Gerechtigkeit verlangt, daß man sicherer und klarer die Wahrheit von den Templern erfahren, sie [...] der Folter übergeben muß. Aber Bischöfe und Delegierte haben unklugerweise diese Mittel vernachlässigt. Wir verlangen ausdrücklich gegen die Ritter jene Art von Folter anzuwenden, die rasch und vollständig die Wahrheit offenbart. Die Heiligen Canones verlangen, daß unter ähnlichen Umständen die Personen, welche so klare und eindeutige Verdachtsmomente anklagen (vehementi praesumptione suspectas personas), dem Henker des kirchlichen Gerichtes auszuliefern seien.«[3]

Doch die entschlossenen, autoritären Worte Clemens' machten nur geringen Eindruck: Die von ihm erwähnten Heiligen Canones fanden in Portugal überhaupt keine Anwendung, in Kastilien und Aragón nur in abgemilderter Form. Alles in allem führte die im Frühjahr 1311, also wenige Monate vor dem Konzil, erlassene päpstliche Aufforderung auf der Iberischen Halbinsel nur zum Beweis der Unschuld des Ordens.

Tragischer waren da schon die Folgen in England.

Hier kannte man den Einsatz der Folter als legitimes Mittel zur Wahrheitsfindung überhaupt nicht. »Wie unerhört dieses Schreckmittel in England war, bekundet der Fragebogen, den der Erzbischof von York an alle Klöster und Lehrer in seiner Provinz versandte. Darin heißt es: ›Muß man die Templer, da sie gar nichts gestehen, der Folter unterziehen, obwohl dies in England niemals gesehen und gehört ist? Wer muß eventuell foltern, Kleriker oder Laien? Und wenn man in ganz England keinen Folterknecht finden kann, muß man sich da vielleicht an das Festland wenden?‹ «[4] Man mußte; Clemens schickte bewährte Henker über den Kanal. So wurde ein Papst Urheber der Tortur in England.

Trotz aller Marter gaben die englischen Templer keine Schuld zu. William de la Moore, Großprior von England und Schotte, weigerte sich, irgendeine Schuld anzuerkennen. Weder Versprechungen, noch Drohungen bewegten ihn zum Nachgeben; er starb im Gefängnis.[5] Ein weiterer Großwürdenträger Englands, Humbert Blanke, hielt ebenfalls stand. »Er wollte keinesfalls Irrtümer abschwören, die er nie begangen habe. Daher ordnete das Konzil an, daß er mit doppelten Eisen gefesselt in den schmählichsten Kerker geworfen und dort festgehalten werde. Nur von Zeit zu Zeit sei er aufzusuchen, um zu sehen, ob er bei seiner Haltung bleibe.«[6]

Daß die päpstliche Aufforderung – so sie denn überhaupt befolgt wurde – aber auch anders umgesetzt werden konnte, zeigt der Bericht über das Provinzialkapitel von Ravenna im Juni 1311: »Erzbischof Rainald vernahm dort als ›inquisitor contra singulares personas et ordinem militie Templi‹ einige Templer, die nicht gestanden hatten, und befragte sodann die Synode, ob sie gefoltert werden sollten. Die Anwesenden verneinten dies mit Ausnahme zweier Dominikaner und beschlossen dann, das Urteil nicht dem Papst zu überlassen, sondern von den Templern eine kanonische Reinigung zu verlangen. Tags darauf entschied man, daß die Unschuldigen freigesprochen, die Schuldigen ex lege bestraft werden sollten. Und dann folgt die höchst bemerkenswerte Erklärung: ›Unschuldig sind die, die aus Furcht vor der Folter gestanden und später widerrufen haben, oder den Widerruf nicht wagen aus Furcht vor neuen Foltern, wenn letzteres nur feststeht.‹

Wäre diese so menschliche und vernünftige Auffassung vorher auch im französischen Klerus herrschend gewesen oder selbst damals noch allgemein durchgedrungen, ein Meer von Elend und Unglück wäre nicht über den Orden hereingebrochen!«[7]

Das Ansehen des Heiligen Stuhles war durch Clemens' Haltung tief gesunken. Nicht nur eine Kirchenprovinz wie Ravenna setzte sich ungerührt über päpstliche Befehle hinweg; ganze Länder wie eben Portugal oder auch Deutschland kümmerten sich nicht mehr um päpstliche Verordnungen, die sie als ungerecht empfanden. So litt durch diesen Prozeß nicht nur der Orden, sondern auch das Papsttum selbst: Clemens wurde zum Zerstörer des Tempels und untergrub dabei die Stellung des Papstes als Schiedsrichter der Völker, als letzte Rechtsinstanz der Nationen.

Für die reale Schuldfrage des Ordens wurde die in Zypern durchgeführte Untersuchung von größter Bedeutung. »Dies ist bemerkenswert: Hier, am Zentralpunkt des Ordens, wird von den Hauptvertretern – nach den in Frankreich gefangenen Großwürdenträgern –, von sämtlichen Mitgliedern des angesehensten Konventes, aber auch von zahlreichen hochstehenden Laien und Geistlichen, die zum Teil politische Gegner der zyprischen Templerpolitik sind, die vollste Unschuld des Ordens proklamiert. Alle europäischen Länder sind im Orden vertreten (mit Ausnahme des Hohen Nordens): Frankreich, Burgund, Provence überwiegend. Sie bilden mit ihren achtunddreißig Brüdern die Hälfte, aber auch England ist mit vier, Aragón mit sieben, Italien mit acht, Deutschland mit zwei Templern dort vertreten. Und keiner hat auch nur das Geringste gestanden.

Mit Entrüstung weisen sie die Anschuldigungen zurück, und sie können an den Verrat Molays nicht glauben. Vielleicht ist noch wichtiger, daß sie in durchaus einheitlicher Weise über die Aufnahme aussagen, verständige Erklärungen über auffallende Erscheinungen, wie z.B. Nachtkapitel, die Verehrung des Kopfes der Heiligen Euphemia (aus dem die Gerüchte dann, wie gesehen, ein obskures Idol machten), geben.«[8]

Unter den Zeugen für den Orden befand sich der greise Erzbischof Robert von Beirut. »Vierzig Jahre hat er mit Templern verkehrt; er weiß nichts Schlechtes zu berichten. Er glaubt unbedingt an ihr Festhalten an den Sakramenten, denn sehr oft hat er den Templern die Kommunion gereicht und sie demütig zum Tisch des Herrn gehen sehen.«[9]

Ein ähnlich günstiges Urteil über den Orden ergab die Untersuchung in Deutschland. Der Präzeptor von Oberdeutschland, Graf Friedrich von Savoyen, versicherte, er habe lange Zeit mit dem Großmeister zusammengelebt, jedoch nie etwas Unrechtes gesehen. Molay sei ein guter Christ, so gut, wie man nur sein könne.[10] Am 1. Juli 1311 fällte der Mainzer Erzbischof das für die Templer positive Urteil. Peter Aspelt von Mainz, ein persönlicher Freund des Papstes, scheute sich zudem nicht, in der Güterfrage eigene Wege zu gehen, sehr zum Zorn Philipps des Schönen.[11]

Doch Papst Clemens berücksichtigte diese noch vor

dem Konzil außerhalb Frankreichs gesammelten wichtigen Aussagen nicht. Anstatt sie anzunehmen, reagierte er mit zunehmender Verärgerung. Mehrfach ordnete er eine Wiederholung der Verhöre an, notfalls unter Anwendung der Folter. Ein Wort des Papstes gibt uns den Schlüssel für sein Verhalten: »Tatsächlich dürfte die Äußerung des Papstes doch gefallen sein, ›wenn man den Orden nicht durch eine Verurteilung vernichten kann, so muß er durch eine Sentenz der Verwaltung aufgehoben werden, damit unser lieber Sohn, der König von Frankreich, kein Ärgernis nehme‹ (ne scandalizatur carus Filius noster rex Franciae).«[12] Mit anderen Worten: Zuerst versuchte der Papst, die Templer mit allen Mitteln als Verbrecher zu verurteilen. Als dieses Vorhaben scheiterte, erinnerte er sich, um wenigstens auf dem Konzil das Gewünschte zu erreichen, an seine bürokratischen Möglichkeiten. Denn der allerchristliche König von Frankreich sollte schließlich keinen Anstoß nehmen. Das war die Einstellung des damaligen obersten Richters des christlichen Abendlandes!

Anmerkungen

1 *Finke*, a. a. O., I., S. 233.
2 Ebd., S. 234.
3 *Raynouard*, a. a. O., S. 165.
4 *Finke*, a. a. O., I., S. 316.
5 *Raynouard*, a. a. O., S. 171.
6 Ebd., S. 171 f.
7 *Finke*, a. a. O., I., S. 321 f.
8 Ebd., S. 323.
9 Ebd., S. 324.
10 *Schottmüller*, a. a. O., S. 444.
11 *Finke*, a. a. O., I., S. 319.
12 Ebd., S. 110.

XIV.
Das Konzil von Vienne und die Aufhebung des Ordens

Noch vor Beginn des Konzils[1] dürfte so gut wie sicher gewesen sein, daß Clemens den Orden vernichten wollte. Nur über die Art und Weise der Durchführung hatte er noch nicht entschieden. Durch sein zögerliches Verhalten war der Papst de facto schon seit dem 22. November 1307 zum Feind des Ordens geworden. Alle seine Schritte zu dessen Gunsten waren letztenendes offenbar nur Scheingefechte, Maßnahmen, um der Mitwelt den Eindruck einer gerechten Untersuchung vorzutäuschen.

Das Konzil begann mit seiner ersten Sitzung am 16. Oktober 1311. Es waren im Vergleich zu anderen Konzilien des Mittelalters nur wenige Teilnehmer erschienen. Auch keiner der Könige war anwesend.[2] Der einzige Monarch, der sein Kommen angekündigt hatte, war Philipp, doch auch er würde erst später eintreffen. Was war der Grund für die »Unlust« der Bischöfe und Fürsten, am Konzil teilzunehmen?

»Bei einem Teile hatte sich sicher ein allgemeines Mißtrauen gegen den Papst und die Konzilsverhandlungen festgesetzt. Man glaubte besonders in den nichtfranzösischen Ländern nicht recht an eine wirkliche Schuld der Templer.

Auch die Chronisten jener Tage – ausgenommen natürlich die französischen – sprechen offen aus, daß nur

Philipps (einige fügen sogar hinzu: und des Papstes) Habsucht nach den Gütern der reichen Templer den Untergang des Ordens herbeigeführt habe.

Die Einberufungsbulle wie auch die anderen päpstlichen Bullen in der Templerfrage haben zweifelsohne Philipp vorgelegen oder wurden von seinen Vertrauten beeinflußt, wenn nicht zum Teil redigiert. Philipps Gewalttaten und sein Einfluß in der ganzen Affäre sind so abgeschwächt, daß man einen ganz anderen Eindruck vom Verlauf des Geschehens erkennen müßte, wenn nicht aus anderen Quellen genügend Nachrichten vorlägen, die den wahren Sachverhalt schildern.«[3]

Der Ablauf des Konzils war dementsprechend gesteuert. Nicht die Vollversammlung des Konzils wurde mit der Templeraffäre befaßt, sondern zwei Ausschüsse. Offenbar hoffte Clemens, auf diese kleinen Gruppen leichter Einfluß nehmen zu können. Zunächst war ein großer Ausschuß bestimmt worden, in dem alle großen Nationen vertreten waren; wir wissen im einzelnen aber nicht genau, wer Mitglied war. Aus dieser Gruppe wurde dann ein kleiner Ausschuß gewählt. Clemens begründete dieses Prozedere in seiner Einleitungsrede damit, das Prozeßmaterial sei viel zu groß, um ein rasches Durcharbeiten zu ermöglichen. Eine Verhandlung in der Vollversammlung sei zu schwerfällig und zeitraubend.

Aus der späteren Aufhebungsbulle des Papstes wissen wir, daß die große Mehrzahl der Ausschußmitglieder für die Verteidigung des Ordens stimmte. Vor allem wehrte sich die Kirchenversammlung gegen eine Verurteilung des Ordens, ohne diesem das Recht auf ein ordentliches Verfahren eingeräumt zu haben. Zu Beginn des Konzils hatte der Papst dem großen Ausschuß das gesamte Prozeßmaterial zur Einsicht übergeben. Der Eindruck, den diese Dokumente auf die Väter machten, fiel für den Orden günstiger aus, als dem Papst lieb sein konnte. Man war der Überzeugung, daß in keiner Weise von einer Schuld des ganzen Ordens gesprochen werden konnte. Es bildete sich eine starke Fraktion heraus, die sich der Sache der verfolgten Ritter annahm. Die Angelegenheit drohte eine für Papst Clemens und den König von Frankreich gefährliche Wendung zu nehmen.

Die Templer müssen von der für sie positiven Stimmung auf dem Konzil sichere Nachrichten erhalten haben. Während man in der Kathedrale Saint-Maurice zu Vienne die Prozeßakten verlas, erschienen sieben Ritter in voller Rüstung unangekündigt vor der Versammlung. Sie verlangten in ihrer Sache im Namen der unterdrückten Ritterschaft ein ordnungsgemäßes, juristisch einwandfreies Vorgehen sowie das Recht auf Verteidigung, das ihnen nach kirchlichem Kanon als Angeklagte zustand.

Man kann sich denken, welches Aufsehen dieser mutige Schritt der Templer bei den anwesenden Bischöfen erregte. Leider war Clemens selbst nicht anwesend. Die Ritter schlossen mit dem Hinweis, in den Wäldern der Umgebung seien an die zweitausend Templer versammelt, bereit, den Orden zu verteidigen. Die Zahl mochte übertrieben sein, aber sicher schien die Gruppe manchem stark genug, um nötigenfalls einen Überfall auf Vienne wagen zu können. Jedenfalls muß auch Clemens über diese Nachricht nicht wenig erschrocken sein, denn augenblicklich umgab er sich mit einer stärkeren Wache.

So beruhigt, galt seine Sorge nunmehr dem »vielgeliebten Sohn« Philipp, der im Augenblick in Lyon residierte. Der König hatte diese reiche Handelsmetropole dem Fürstbischof abgekauft und seinem Reich einverleibt. Nun warnte ihn der Papst: Was, wenn die Templer den König ausgerechnet jetzt überfielen, wo man sich des endgültigen Sieges über die Templer erfreuen wollte?

Doch seine Sorge war reichlich überflüssig; Philipp hatte ein starkes Aufgebot von Soldaten nach Lyon mitgebracht. Angesichts der relativ geringen Entfernung nach Vienne war er mit seinen Leuten eine viel größere Gefahr für ein widerspenstiges Konzil als die flüchtigen Templer in den Wäldern. Denn wie Philipp den Papst in Poitiers mit seiner Polizei »geschützt« hatte, so hatte er sich auch jetzt abgesichert: Sollten die Konzilsväter allen Ernstes auf die verwegene Idee kommen, in der Templersache anderer Meinung zu sein als er, der »königliche Bischof«, so würden seine Ritter von Lyon aus nur wenige Stunden brauchen, um vor Ort nach dem Rechten zu sehen. Den Teilnehmern des Konzils war diese Tatsache bewußt. Wir besitzen die Berichte der Gesandten von Aragón, die ihrem König nach der Ankunft Philipps in Vienne schrieben, man sei durch die Anwesenheit des Königs von Frankreich aufs höchste beunruhigt.

Nein, die bettelarmen und halbverhungerten Templer, die sich wie Räuber in den Wäldern versteckt hielten, hatten nicht jene finsteren Absichten, die der Papst ihnen unterstellte. Dennoch wurde das Häuflein der sieben Aufrechten, die es gewagt hatten, den Dom von Vienne zu betreten, auf seinen Befehl hin schleunigst in Haft genommen. Sie hatten wieder einmal die Unklugheit begangen, auf die Kirche zu vertrauen, und es gewagt, vor versammeltem Konzil an einer böse Wunde zu rühren: Der König von Frankreich sei schuld an ihrem Unglück, seine Habsucht sei die einzige Ursache für das Verfahren gegen ihren Orden. Vielleicht klagten sie auch den Papst persönlich an, wir wissen es nicht.

Bis zum Dezember zeigte Clemens wieder einmal seine altbekannte Entscheidungsfreude. Erst, als Philipps Ankunft in Vienne immer näher rückte, bezog er unmißverständlich Position gegen den Orden: Er verlangte von den Mitgliedern der großen Kommission eine eindeutige Entscheidung. Aber er wagte nicht, den Ausschuß als ganzen einzuberufen, sondern ließ die Konzilsväter vielmehr einzeln in seine Residenz kommen und dort ihr Votum abgeben. Offenbar hoffte er, sie durch diese Maßnahme für seine Meinung gewinnen zu können. Aber er täuschte sich; fast alle verlangten Verteidiger für den Orden, die der Papst allerdings selbst bestimmen könne. Nur fünf Prälaten – natürlich Franzosen – stimmten gegen jede Verteidigung. Der englische Gesandte berichtete im Anschluß daran nach London, wie sehr Seine Heiligkeit gegen die Konzilsväter aufgebracht sei.

Es kann nicht oft genug gesagt werden: Clemens stellte die Politik Frankreichs über kirchliche Satzung und klerikales Recht. In seiner Einberufungsbulle hatte er die Templer aufgefordert, nach Vienne zu kommen, um ihren Orden zu verteidigen. Sieben Mutige hatten die Einladung anzunehmen gewagt, die übrigen hielten sich mißtrauisch in der Umgebung von Vienne versteckt. Mit welchem Recht ließ der Papst nun eben jene Ritter einsperren, die bloß seiner Weisung gefolgt waren? Wie sagte später Dante: »Clemens, der Hirte, der nicht Recht und Gesetz achtet.«

Ab Ende Dezember ließ das Konzil die Templersache ruhen. Clemens wollte offenbar die Ankunft Philipps abwarten, um die letzte Entscheidung zu fällen. Von Januar bis März wurden die anderen Punkte des Konzilsprogramms behandelt, die Reform der Kirche, die Überlegungen zu einem neuen Kreuzzug. In dieser Zeit, Mitte Februar, kamen Gesandte des Königs vom nahen Lyon herüber. Sie verhandelten mit dem Papst hinter verschlossenen Türen[4], ohne die Konzilsväter, denen Clemens offensichtlich nicht mehr traute. Von diesen Treffen sind keinerlei Dokumente erhalten; wir wissen nicht, wie das Geschäft abgewickelt wurde. Wie dem auch sei, die Gespräche dauerten vom 17. bis zum 29. Februar, dann war der Handel perfekt. König und Papst schrieben sich noch kurze, für Konzilsväter und Nachwelt bestimmte Briefchen:

Philipp trug dem Heiligen Vater die fromme Bitte vor, den Templerorden wegen der großen Häresien und Verbrechen, deren er überführt sei, aufzuheben. Der König versäumte nicht, den Grund für seinen Wunsch anzugeben: die Liebe zum rechtmäßigen Glauben und das Verlangen, das Christus angetane Unrecht möge nicht ungesühnt bleiben. In der Folge legte Clemens als Hüter des reinen Glaubens eine bemerkenswerte Eile an den Tag, den frommen Bitten eines so christlich fühlenden Monarchen Folge zu leisten. Im Klartext hieß das: Philipp sah ein für allemal von einer Fortsetzung des Prozesses gegen das Andenken Papst Bonifaz' VIII. ab und Clemens opferte definitiv die Templer.

Somit waren die Weichen unabänderlich gestellt. Zwar wußte der Papst, daß er die Templer nicht verurteilen konnte, ohne die große Mehrzahl der Konzilsväter durch ein solches, jedem Rechtsempfinden hohnsprechenden Verdikt zu brüskieren. Aber für diesen Fall hatte er schon vorgesorgt. Jetzt war es an der Zeit, jenen stichkräftigen Trumpf aus dem Ärmel ins Spiel zu mogeln: Der Orden würde auf dem Verwaltungswege aufgelöst werden. Dazu hatte Clemens als Papst das Recht. Und da die Templer bei dieser Lösung nicht verurteilt wurden, brauchten sie auch keine Verteidigung. Man konnte die Akten still und verschwiegen in den Archiven verschwinden lassen und die Konzilsväter friedlich nach Hause schicken.

Der Papst spekulierte im weiteren sehr geschickt darauf, daß die Konzilsväter froh darüber wären, die Rhônestadt bald wieder verlassen zu können. Die bevorstehende Ankunft Philipps in Vienne lag vielen sicherlich im Magen. Auch bot die Kleinstadt für die Bischöfe und ihr Gefolge erwiesenermaßen keinerlei Bequemlichkeit. Die Konzilsteilnehmer mußten Gott dafür danken, wenn sie in einem Konvent eine dürftige Zelle erhalten hatten und ihr Gesinde im Stall untergekommen war. Zudem hatten die meisten Prälaten weder Zeit noch Geld zu einem längerwährenden Aufenthalt in dieser unkomfortablen Stadt. Diese allgemeine Konzilsmüdigkeit paßte Clemens bestens ins Konzept.

Endlich, am 20. März, kam der König von Frankreich mit großem Gefolge nach Vienne. Er wurde von seinen beiden Brüdern, seinen drei Söhnen und Vertretern der Stände von Lyon begleitet. Damit war Philipp der einzige Monarch, der dem Ruf des Papstes nach Vienne Folge geleistet hatte. Da die Konzilsstadt zum Heiligen Römischen Reich gehörte, also nicht französisches Gebiet war, residierte der Franzose in Sainte-Colombe, das durch eine Brücke mit Vienne verbunden war.

Der König nahm an der nächsten feierlichen Sitzung des Konzils in der Kathedrale Saint-Maurice teil. Der Papst schlug den Konzilsvätern zwei Möglichkeiten in der Templersache vor: Die eine sei, daß man den Templern eine Verteidigung zugestehe, was aber ein neues Verfahren, endlose Verhandlungen und eine nicht abzusehende Fortdauer des Konzils in dieser unfreundlichen Kleinstadt bedeute. Die zweite sei die Aufhebung des Ordens auf dem Verwaltungsweg. Durch apostolische Verfügung, nicht durch richterliche Sentenz, könne der

Heilige Stuhl alle Probleme lösen. Gründe für diese Maßnahme seien mehr als genügend vorhanden, die zahlreichen Geständnisse der Templer und der allgemeine Skandal offenkundig.

Einer juristischen Verurteilung des Ordens hätten sich die Teilnehmer des Konzils sicherlich widersetzt. Diese bürokratische Formel aber, an deren Legitimität es nichts zu rütteln gab und die die wahren Hintergründe geschickt verschleierte, konnte nicht verhindert werden. Nur eine einzige verlorene Stimme erhob sich gegen die fadenscheinige Methodik des Papstes: Der Erzbischof von Valencia legte im Namen der Kirchenprovinz von Tarragona, als Kanzler des Königreiches von Aragón, mit Nachdruck Wert auf folgende Feststellung: Man müsse zuerst wissen, welche Templer gut und welche schlecht seien, damit nicht auch die Guten bestraft würden. Die verbrecherischen Ritter sollten bestraft werden, den unschuldigen aber müsse man helfen, denn in ihnen bestehe der Orden weiter. Nicht der Orden als solcher sei schlecht, im Gegenteil, er sei gut und recht in seiner Organisation; die Mängel lägen nur in der nachlässigen Beachtung der Regel und Ideale, die sich bei einzelnen durchgesetzt habe.[5]

Doch seine Stimme verhallte ungehört. Nachdem das Konzil den zweiten päpstlichen Vorschlag mit großer Mehrheit gebilligt hatte, blieb noch der letzte Schritt zu tun – die formelle Aufhebung des Ordens vor versammeltem Konzil.

Am 3. April 1312 fand in der Kathedrale von Vienne feierlich die entsprechende Sitzung statt. Anwesend waren der König, seine drei Söhne, seine Brüder, Papst und Bischöfe sowie eine große Menge Volk aller Stände. Die Bulle »Vox in excelso« wurde verkündet und allen nochmals die ganze Affäre in Erinnerung gerufen. Schamhaft verschwieg das päpstliche Dokument alle Rechtsbrüche des Königs, dagegen wurden die Geständnisse der Ritter, vor allem die der Großwürdenträger, gebührend betont. Dann folgten die entscheidenden Worte des Papstes: »In Anbetracht des schlechten Rufes der Templer, des Verdachtes und der Anklagen, die gegen sie bestehen, in Anbetracht der geheimnisvollen Aufnahme in diesen Orden, der schlechten und unchristlichen Lebensführung vieler Mitglieder, in Anbetracht des Eides, nichts über die Aufnahme zu offenbaren oder aus dem Orden auszutreten, in Anbetracht des Skandals, der nicht mehr gutzumachen ist, in Anbetracht der Häresie, der Glaube und Seelen ausgesetzt sind, der schrecklichen Untaten einer großen Anzahl der Mitglieder des Ordens, in Anbetracht, daß die Römische Kirche andere berühmte Orden wegen geringerer Motive auflöste, lösen Wir nicht ohne Ritterlichkeit und inneren Schmerz, nicht kraft einer richterlichen Sentenz, sondern durch apostolische Verfügung den genannten Orden der Templer mit allen Institutionen auf.«[6]

Sicherlich wußten die Konzilsväter, daß die Würfel für diese Entscheidung bereits in den Verhandlungen zwischen Papst und König gefallen waren. Wer konnte den Papst demnach noch daran hindern, seine Amtsvollmacht regulär auszuüben und den Orden aufzuheben? So stimmten vier Fünftel der Bischöfe für diese Lösung; in »Vox in excelso« ist dieses Zahlenverhältnis genau niedergelegt.

Am 2. Mai folgte dieser Bulle, die den Orden der Templer faktisch auslöschte, eine weitere: »Ad providam Christi Vicarii«. Sie betraf die Bestimmung der Güter[7]. Clemens überschrieb das Eigentum der Templer den Johannitern. In diesem Zusammenhang wagte übrigens niemand, vom Tempelschatz zu sprechen oder nach seinem Verbleib peinliche Fragen zu stellen. Clemens erkundigte sich lediglich nach der Zahl der Pferdelasten (mittelalterliches Goldmaß), die Molay von Zypern nach Paris habe schaffen lassen. Man nannte ihm den Betrag von einer halben Million Florins. Wie groß aber die Summe war, die schon vorher im Tempel zu Paris deponiert gewesen war, wußte man nicht.

Da man nun ohnehin auf Geldfragen zu sprechen gekommen war, nutzten Philipp und sein Finanzminister die Gelegenheit, um ohne mit der Wimper zu zucken eine Rechnung für den Unterhalt der gefangenen Templer zu präsentieren. Nach langem Feilschen, Schachern und Handeln erhielt der König (d.h. in diesem Fall Philipps Nachfolger, Philipp selbst starb schon im Herbst 1314) eine Million Pfund von den Johannitern.[8] Diese ungeheure Summe dürfte den Wert der gesamten Güter, die gemäß der päpstlichen Bulle den Besitzer wechselten, überschritten haben. Der eigentliche Erbe der Templer war also nicht das Hospital, sondern Philipp.

Wie nahmen die Johanniter das selbstlose Geschenk des Papstes an ihren Orden auf? Die Gesandten des Königs von Aragón schilderten den Empfang des Großpräzeptors Albert von Schwarzenburg: Zuerst entschuldigte dieser den zwar geladenen, aber leider unabkömmlichen Großmeister. Daraufhin rechtfertigte der Papst die Vereinigung der beiden Besitzungen, denn die Johanniter machten im Namen des Ordens sicher den besten Gebrauch von den Schenkungen. In seiner Entgegnung dankte der Großwürdenträger im Namen des Ordens und hob hervor, eine größere Schenkung sei seit den Tagen Konstantins nicht gemacht worden. Aber er wolle eine gewisse Besorgnis nicht verleugnen; deshalb nehme er auch nur jene Güter an, die er ohne Zwist mit den Fürsten erhalten könne, alle anderen nicht.

Die Wirklichkeit fiel dann letztenendes doch etwas anders aus. Die Johanniter sahen sich gezwungen, energisch zu kämpfen, um nicht leer auszugehen.

So fiel also die ganze Habe der Templer in fremde Hände – sofern sie dort nicht ohnehin schon angekommen war: Die Burgen gingen an die Johanniter, soweit sie nicht von Fürsten oder gar vom König selbst mit Beschlag belegt wurden, der ganze bewegliche Besitz – man denke an die wertvollen Kirchenschätze – verschwand endgültig und völlig legitim in den Truhen des Königs von Frankreich. Ganz einfach löste der junge König von Kastilien die Güterfrage: Er verkaufte einen Teil der Besitzungen an seinen Adel.

Es versteht sich von selbst, daß die christlichen Monarchen sich für die Konfiszierung der ehemaligen Güter des verblichenen Templerordens die päpstliche Absolution verschafften. Der Nachfolger von Clemens, Johannes XXII., war ein gütiger Seelenhirte. Er absolvierte verständnisvollen Herzens und legte den königlichen Sündern nur finanzielle Bußen auf. Denn konnte es ein gottgefälligeres Werk geben, als den Ausbau der Kurie in Avignon zu finanzieren?

So erhielt auch der eher unbedeutende König von Mallorca vom Papst für alles Indemnität, was er dem Orden bislang genommen hatte, während er den Hospitalitern bei dem endgültigen Vertrag von 1314 eine Rente von 9000 Solidi von Mayorca, eine zweite von 2000 Solidi von Barcelona und außerdem eine einmalige Abfindung von 22 500 Solidi zubilligte. Eine schöne Beute.[9]

Der einzige ehrliche Verwalter des Templerbesitzes war König Diniz von Portugal. Am 5. Mai 1319 gründete er den Christusorden und übergab die bisher mustergültig verwalteten Besitzungen der Templer in unversehrter Gesamtheit dem neuen Institut.[10]

In Zypern wurden den Johannitern außer dem Tafelsilber 120 000 weiße Byzantiner übergeben, womit sie in Frankreich bezahlen konnten.

In Mainz ließ sich der Erzbischof von den Johannitern am 2. August 1317 eine Urkunde ausstellen, worin diese die templerischen Besitzungen herauszugeben versprachen, falls der aufgehobene Orden wiederhergestellt würde.[11]

Alles in allem dürfte das Wort des hl. Antonin der Wahrheit entsprechen: Die Johanniter sind durch die Übergabe der Tempelgüter statt reicher ärmer geworden.[12]

Entgegen aller Absichten und Erwartungen mußte aber auch Frankreich die Erfahrung machen, daß unrechtes Gut nicht gedeiht. Der Falschmünzerkönig konnte den gewonnenen Raub nicht so verwalten, wie es notwendig gewesen wäre; er war schon 1313 wieder bankrott. Die aus stetiger Geldnot resultierende Unersättlichkeit des französischen Fiskus dürfte auch der Grund gewesen sein, warum Clemens keinen neuen Orden gründen wollte. Er mußte mit Recht befürchten, daß Philipp für sich oder einen seiner Söhne die Großmeisterwürde des neuen Institutes gefordert hätte. Dann wären die Güter der Templer auf dem Umweg über den neuen Orden restlos in die Hände des Königs von Frankreich gefallen.[13]

Weniger Mühe verursachten da die Personen des Ordens. Der Papst entschied: Die für unschuldig Erklärten seien aus Ordensmitteln zu unterhalten und dürften in ihren eigenen Häusern oder in Klöstern leben, wenn auch nicht zu viele im selben Haus.[14] Dagegen seien Unbußfertige oder Rückfällige streng zu bestrafen und die trotz der Folter noch immer nicht Geständigen nach kirchlichem Recht abzuurteilen. Flüchtige müßten sich binnen Jahresfrist den Behörden stellen.

Wie die päpstliche Weisung in die Realität umgesetzt wurde, zeigt ein Bericht aus Südfrankreich: »Gemäß einem Schreiben vom 25. Oktober 1313 begab sich im Auftrag des Bischofs Bertrand von Nîmes der Pfarrer Wilhelm von St-Laurent nach dem Schloß Alais, wo er auf speziellen Wunsch Clemens' V. noch im August 1311 gefolterte Tempelbrüder, die aber in der Zeit von vierzehn Monaten von neunundzwanzig auf einundzwanzig zusammengeschmolzen waren, befragte, ob sie bei ihrem letzten erfolgten Geständnis bleiben wollten. Er erteilte ihnen auf die bejahende Antwort hin die Absolution, behielt aber die Bestimmung der Buße dem Bischof vor, der dann die lebenslängliche Einschließung erkannte.«[15]

Wie reagierten die überlebenden Templer auf das tragische Schicksal ihres Ordens?

Nach der Legende organisierten sie sich als Geheimgesellschaft. Kreise innerhalb des Freimaurertums behaupten, die Loge sei Nachfolgerin des alten Tempels. Beweise für eine wie auch immer geartete Fortdauer der Ordensgemeinschaft gibt es jedoch keine: Mit dem Konzil von Vienne war der Templerorden als katholische Institution vernichtet. Wenn etwas von den Templern den Untergang ihres Ordens überlebte, dann waren dies ihr Geist, ihre Ideale. Der Christusorden in Portugal führte stolz das alte Templerkreuz im Wappen und überwand unter Heinrich dem Seefahrer, seinem Vizegroßmeister, auf den Meeren den Islam. Die Christusritter – aber auch der Orden von Montesa in Spanien – hatten keinerlei Nachwuchssorgen und straften somit die Behauptung Papst Clemens' Lügen, es werde niemand mehr in einen so übel beleumundeten Orden eintreten wollen. Bis heute zeigt sich der Ruhm des portugiesischen Templerablegers in den Monumenten von Batalha und Sagres, Jeronimos und Tomar.

Anmerkungen

[1] In der Darstellung des Konzils folge ich *E. Müller*, Das Konzil von Vienne. Münster 1934.
[2] *Carl Joseph Hefele*, Histoire des conciles d'après les documents originaux. Nouvelle traduction. Corrigée et augmentée de notes critiques et bibliographiques par H. Leclercq. Paris 1914, Bd. VI, 1, S. 508 ff. *Ders.*, Conciliengeschichte, a. a. O.
[3] *E. Müller*, a. a. O., S. 39.
[4] Ebd.
[5] *Finke*, a. a. O., S. 363.
[6] *Oursel*, a. a. O., S. 343.
[7] Ebd., S. 344 ff.
[8] *Haller*, a. a. O., S. 200.
[9] *Finke*, a. a. O., S. 381.
[10] Ebd., S. 380.
[11] *Schottmüller*, a. a. O., S. 385.
[12] *Finke*, a. a. O., S. 375.
[13] Ebd., S. 371.
[14] Ebd., S. 369. *Schottmüller*, a. a. O., S. 557.
[15] Ebd., S. 560.

XV.
Der Tod des Großmeisters

Für Papst Clemens war mit dem 2. Mai 1312 der Schlußstrich unter eine Affäre gezogen, die ihn während seines ganzen Pontifikates beschäftigt und ihm gehörig zugesetzt hatte. Der schwerste Teil der Arbeit war geleistet, der Orden aufgehoben. Auf dem Konzil hatten die Vertreter der Weltkirche ihre Siegel unter das Todesurteil des Ordens gesetzt. Das Erbe der Ritter war schon friedlich verteilt, die Kosten für das Begräbnis erstattet. Clemens konnte sich nicht beklagen.

Auch Philipp hatte sich die ersehnte Beute gesichert, war von Papst und Konzil keinerlei Schuld bezichtigt worden. Wieder und wieder hatte Clemens vor der Mitwelt betont, der »vielgeliebte Sohn« habe die Templer nicht aus Habgier verfolgt. Somit war alles in bester Ordnung, die Dokumente als Anlage fein säuberlich in die Akten geheftet, damit auch die Nachwelt noch von dem gerechten Urteil Kenntnis erhalten konnte.

Aber noch galt es, den Großwürdenträgern des Tempels, die als lebendig Begrabene – ungefährlich für Papst und König – in den Verliesen Philipps vermoderten, den Prozeß als häretische Einzelpersonen zu machen.[1] Clemens hatte sich das Urteil über Molay und seine Mitgefangenen vorbehalten. Aber er fand nicht einmal jetzt den Mut, diese Unglücklichen persönlich noch einmal anzuhören. Wie bereits erwähnt, hatte er es die ganzen sieben Jahre hindurch nicht gewagt, Molay zu sehen oder ihn anzuhören.

Der Wunsch nach Abwechslung hielt sich bei Clemens in Grenzen. Nach gewohntem Muster übertrug er das Urteil über die Personen einer Kommission, die in seinem Namen Recht sprechen sollte. In derselben Manier erfolgte auch die Auswahl ihrer Mitglieder: Arnold de Farges, Kardinalbischof von Albano und Neffe des Papstes, Kardinal Novelli, Kardinal Nicolaus de Freauville, ein Verwandter der Marignys, sowie schließlich und endlich der Erzbischof von Sens, Philipp de Marigny, höchstselbst. Wie allein die Berufung des Letztgenannten vermuten läßt, gehörten die Mitglieder der Kommission schwerlich einem Freundeskreis zum Erhalt des Templerordens an. Man traf sich wieder in Paris.

Dem Schreiben des Papstes folgend, wurde den Angeklagten, die man aus Gisor kommen ließ[2], keinerlei Gehör geschenkt oder gar eine Verteidigung gestattet. Sie wurden, ohne überhaupt vernommen worden zu sein, auf Grund jener Protokolle, die von früher vorlagen, zu lebenslänglicher Haft verurteilt – muro et carceri perpetuo retrudendi.

Zwar hätte Molay, dem sonstigen Prinzip der katholischen Kirche gemäß, nach der in Chinon erhaltenen Absolution darauf hoffen dürfen, daß die leidige Angelegenheit für seine Person abgetan sei und er die Freiheit endlich wiedererlangen werde.[3] Doch die Kommission hatte den Plan zu einem Vorgehen entworfen, das die Schuld des Ordens vor aller Welt doch noch außer Zweifel stellen sollte. Denn die Politik Philipps konnte in dieser Angelegenheit erst dann für abgeschlossen erachtet werden, wenn die im Jahre 1307 durch eine Schaustellung Molays vor der Universität begonnene Tragikomödie durch eine ebenso öffentliche Theateraufführrung, in der die definitive Verurteilung des Großmeisters verkündet wurde, beendet war: Durch eine öffentliche Gerichtssitzung vor den Toren von Notre Dame sollte aller Welt noch einmal vor Augen geführt werden, daß der Orden schuldig, die Verbrechen der Großwürdenträger verabscheuungswürdig und verurteilenswert seien.

Der Schauplatz für diese letzte Stunde des einst so ruhmreichen Ordens war gut gewählt. Man schrieb den 18. März 1314. Philipp de Marigny und der Kardinalbischof von Albano nahmen mit den Angeklagten auf einer erhöhten Tribüne Platz. Die übrigen Kardinäle, Prälaten und Würdenträger auf einem anderen Podest bildeten mit dem Volk von Paris die Zuschauer. Man verlas nochmals die Hauptanklagepunkte und sprach dann das Urteil: lebenslängliche Haft für die Verbrecher. Von einem hatte man allerdings von vornherein abgesehen: den Verurteilten ein letztes Wort einzuräumen. Die hohen Richter waren sicherlich der Meinung gewesen, ein derartiges Entgegenkommen werde ohnehin nur mit trotzigem Schweigen quittiert. Sie hatten sich gründlich getäuscht. Zwei Augenzeugenberichte über den Widerruf Molays sind überliefert.

Wilhelm von Nangis beschreibt den Hergang folgendermaßen: »Aber siehe, als die Kardinäle schon glaubten, der ganzen Sache ein Ende gemacht zu haben, traten plötzlich und ganz unerwartet zwei von jenen, nämlich der Großmeister und der Großpräzeptor der Normandie, gegen den Kardinal auf, der dort geredet hatte, und den Erzbischof von Sens, verteidigten sich auf das hartnäckigste und kehrten zu der Ableugnung sowohl des eignen, als auch des Bekenntnisses aller anderen zurück, indem sie nicht ohne Verwunderung der anwesenden Menge alle Ehrerbietung beiseite ließen.«[4]

Nach der Ursperger Chronik soll Molay gesagt haben:

»Auf der Schwelle des Todes, wo auch die leiseste Lüge schwer wiegt, gestehe ich im Angesicht des Himmels und der Erde, daß ich große Sünde gegen mich und die Meinigen begangen und mich des bitteren Todes schuldig gemacht habe, weil ich mich, um mein Leben zu retten und dem Übermaße der Martern zu entgehen, vor allem durch Schmeichelworte des Königs und des Papstes verlockt, gegen meinen Orden und mich erhoben habe. Jetzt aber, wiewohl ich weiß, welches Los meiner harrt, will ich keine Lüge zu den alten häufen und, indem ich erkläre, daß der Orden stets rechtgläubig und rein von Schandtaten war, verzichte ich freudig auf mein Leben.«[5]

Diese Worte erinnern an einen anderen Ausspruch Molays, den er vor der päpstlichen Kommission machte, und können als sehr wahrscheinlich gelten. Von den weiteren anwesenden Großwürdenträgern hatte nur Geoffroy de Charnay den Mut, dem Beispiel des Großmeisters zu folgen, die anderen endeten im Kerker. Für die Nachwelt bleibt das letzte Wort Molays ein erschütternder Beweis für die Unschuld der Templer, der Widerruf bedeutete den sicheren Tod. Der Großmeister hatte endlich zu jener Größe gefunden, die seinem Amt, seiner Würde entsprach.

Der Eindruck dieses Widerrufs auf die Versammlung war sicher sehr groß. Das ursprünglich als Schauprozeß gemeinte Spektakel wandelte sich zum Gericht über die Ankläger. Die Mitglieder der Kommission zeigten sich nach außen hin wenig beeindruckt; die beiden Kardinäle übergaben die rückfälligen Molay und Charnay dem Prévôt von Paris, der sie sofort im nahen Palais Royal in eine Kapelle sperrte. Es ist anzunehmen, daß er die beiden Ritter dem König selbst zur Verfügung stellen wollte, auch wenn auf den ersten Blick der Eindruck entsteht, man habe es nicht gewagt, die beiden Gefangenen durch die Straßen von Paris zum Tempel zurückzuführen, weil man das Volk fürchten mußte, das vielleicht von der Unschuld der Ritter überzeugt war.

Philipp machte tatsächlich den kürzesten aller Prozesse: Er berief augenblicklich einen Staatsrat; die Kirche wurde nicht mehr gefragt. Der »Bischof von Frankreich«, nebenberuflich König, ließ sofort das Todesurteil fällen. Noch am Abend desselben Tages wurden die beiden Würdenträger auf einer kleinen Insel der Seine auf der Rückseite von Notre Dame verbrannt. Eine ungeheure Volksmenge kam, um das Schauspiel dieses Autodafés zu erleben. Molay bat zuletzt, man möge seine Fesseln etwas lockern, damit er die Hände zum Gebet falten könne.

Natürlich verbreiteten sich sehr schnell verschiedene Legenden über seinen Tod. Eine überliefert, daß der Mantel des Großmeisters nicht verbrannte. Nach einer anderen sammelten mutige Leute Reste des Scheiterhaufens ein, um sie als Reliquien eines Märtyrers mit nach Hause zu nehmen. Zudem sei es kein Zufall, daß der Orden, der unter dem Schutz der heiligen Jungfrau gegründet wurde, bei Notre Dame auch sein Ende gefunden habe. Auch wurde erzählt, Molay habe auf dem Scheiterhaufen den Papst und König Philipp im Laufe eines Jahres vor den Richterstuhl Gottes gefordert. Molay hat den berühmten Fluch aus den Flammen jedoch nicht gesprochen. Er dachte nicht an Rache, sondern nur an seine eigene Schuld und das Unrecht, das er seinem Orden zugefügt hatte. Die Bitte, man möge seine Fesseln lokkern, damit er die Hände zum Gebet falten könne, paßt nicht zu dieser Haßlegende, welche die Wissenschaft im übrigen auf einen Templer aus Neapel zurückführt.

Wie dem auch sei, Tatsache ist auf der anderen Seite, daß Papst Clemens schon vier Wochen nach dem Großmeister starb und auch Philipp ihm im Herbst noch desselben Jahres folgte. So scheint es mehr als verständlich, wenn das Volk in diesen Ereignissen die rächende Hand Gottes sah.

Das übereilt ausgesprochene Todesurteil und das jedem Recht hohnsprechende Übergehen der Kirche hatten Gründe. Philipp fürchtete, der Widerruf des Großmeisters könne, wenn nicht sofort bestraft, alles bisher Erreichte in Frage stellen. Also mußten die mundtot geglaubten, mit einem Schlag aber wieder brandgefährlichen Zeugen der Wahrheit aus dem Weg geräumt werden. Eine letzte Geste sollte das Aufkeimen eines Heldenmythos im Ansatz ersticken: Die Asche der Toten wurde in die Seine gestreut.

Die päpstlichen Delegierten, die Richter des höchsten kirchlichen Tribunals, waren offenbar froh, daß der König ihnen – wenn auch widerrechtlich – die Last eines neuen Verfahrens abgenommen hatte. Feige duckten sie sich vor der öffentlichen Meinung, ängstlich sahen sie hinüber zum königlichen Schloß – und schwiegen.

Bleibt wieder einmal zu fragen, ob Papst Clemens gegen dieses Todesurteil aktiv wurde, das vom König unter Mißachtung des Kirchenrechts ausgesprochen worden war. Doch dieses eine Mal wenigstens kann man dem Papst eine Entschuldigung für sein Schweigen zubilligen. Clemens befand sich in jenen Tagen bereits im letzten Stadium seiner Krankheit; man vermutet, er habe an Magen- und Darmkrebs gelitten. Der Papst erhoffte sich in seinen letzten Tagen und Wochen durch eine Luftveränderung Linderung von seiner Qual, vielleicht wollte er auch den nahen Tod in seiner Heimat erwarten. Jedenfalls verließ er Avignon. Aber sein Weg führte ihn nur bis zum nahen Roquemaure, wo er bereits am 20. April starb.

Wie schon seine Krönung in Lyon Unheil angekündet hatte, so war auch sein Begräbnis von einem Unglück überschattet. Man hatte den päpstlichen Leichnam mit allem Pomp in der Kirche aufgebahrt, da stürzte ein Leuchter um und steckte den Katafalk in Flammen. Dieses überlieferte Geschehen wurde im Volksmund nach kurzer Zeit zum Strafgericht Gottes: Der Großmeister und sein Henker seien in gleicher Weise verbrannt.

Nicht weniger tragisch als sein Ende war auch das Erbe des problematischsten Papstes der mittelalterlichen Kirchengeschichte: Das Geld, das Clemens mit Zähigkeit und zum Ärger der ganzen Christenheit zusammengerafft hatte, sollte der Kirche wenig nützen. Sein Schatz wurde von seiner Dienerschaft sowie seinem Neffen, dem Grafen Bertrand de Lomagne, geplündert.[6] Kardinal Ehrle hat nachgerechnet, daß die Kurie beim Tod Clemens' nominell 1 040 000 Florins besaß. 320 000 hatte der Papst den Königen von England und Frankreich geliehen, 300 000 seinem Neffen Bertrand mit der Auflage übertragen, fünfhundert Ritter für einen Kreuzzug auszurüsten. In seinem Testament vermachte Clemens 200 000 Florins frommen Stiftungen und dieselbe Summe nochmals seiner Familie sowie Freunden und Verwandten. Die Kirche wurde dagegen nur mit 70 000 Florins aus der ganzen Hinterlassenschaft beerbt.[7]

Des Papstes frommer Neffe führte allerdings keinen Kreuzzug. Vielmehr heuerte er Banden an und überfiel die Stadt Carpentras, wo das Konklave tagte. Die Horden des Vicomtes stürmten in die Paläste der geistlichen Würdenträger, raubten und mordeten nach Herzenslust und bedrohten die italienischen Kardinäle mit dem Tod. Diese ließen in ihrer Todesangst eine Lücke in eine Gartenmauer reißen und entkamen.

Auch das Ende Philipps nährte die Gerüchteküche der

Volksfrömmigkeit: Im besten Mannesalter stürzte er bei einer Jagd vom Pferd und starb nach wochenlangem Todeskampf, wohlwissend, daß er einem kranken und unfähigen Sohn, dem späteren Ludwig X., sein Reich hinterließ. Schon bald sollte Ludwig die Regierungsgeschäfte an Charles de Valois übergeben, der zeitlebens nach einer Krone gesucht und keine gefunden hatte.[8]

Anmerkungen

1 *W. Schwarz*, Die Schuld des Jakob von Molay, des letzten Großmeisters der Templer. In: Welt als Geschichte 17, 1957, S. 258–279.
2 *Schottmüller*, a. a. O., S. 623. Sie blieben von März 1311 bis zum 11. März 1314 in Gisor in Haft.
3 Ebd., S. 567.
4 Ebd., S. 568 f.
5 Ebd., S. 570.
6 Ebd., S. 574.
7 *Mollat*, a. a. O., S. 36.
8 Charles de Valois war nur Titularkaiser von Byzanz.

XVI.
Freunde in der Not?

Eine noch zu beantwortende Frage wirft der Umstand auf, daß kein anderer der mächtigen Ritterorden seine Stimme zugunsten der Templer erhob. Warum blieben Johanniter und Deutschherren stumm?

Gerade letztere hätten ihren Einfluß in die Waagschale werfen können. Die an der Templeraffäre Beteiligten brauchten sie nicht zu fürchten: Der König von Frankreich wäre nicht imstande gewesen, dem mächtigen Ordensstaat im Osten Europas zu schaden, und auch der Papst hielt keine wirksame Maßnahmen gegen die Deutschen in Händen. Die Deutschherren schwiegen also nicht aus Furcht vor einem den Templern vergleichbaren eigenen Schicksal.

Die beiden Orden standen im Grunde nie freundschaftlich zueinander.[1] Bei ihrer Gründung hatten die Deutschen die Regel der Templer und auch den weißen Mantel ihrer Vorbilder übernommen. Die an und für sich unbedeutende äußerliche Nachahmung der Ordenstracht führte in der Folgezeit zu schweren Konflikten. Zunächst beschwerten sich die Templer beim Papst; der große Gönner und Freund, Innozenz III., verbot den Deutschen zwar das Tragen des Mantels, überließ aber dem Patriarchen von Jerusalem die letzte Entscheidung in dieser Frage. Der versuchte einen Kompromiß: Der Mantel der Deutschen durfte seine weiße Farbe behalten, nur der Stoff mußte ein anderer als bei den Templern sein. Mit dieser für sie unbefriedigenden Lösung gaben sich diese auf lange Sicht jedoch nicht zufrieden. Noch nach Jahrzehnten mußte Papst Gregor IX. die Templer mahnen, die Deutschen nicht weiterhin wegen der Kopie des Ordenskleides zu belästigen.

Aber auch in der großen Politik kam es zwischen den beiden Orden zu Schwierigkeiten. Die Deutschherren hielten im Kampf zwischen Papst und Kaiser zu den Hohenstaufen, während die Templer die Welfen unterstützten. Als der vom Papst gebannte Friedrich II. nach Palästina kam, wurde der Hochmeister der Deutschen sein wichtigster Ratgeber und der Orden seine Hauptstütze. Die Templer dagegen mieden und bekämpften den Kaiser; sie waren vor allem darüber erbost, daß Friedrich den Muslimen ihr stolzes Großmeisterschloß beließ, als Jerusalem wieder an die Christen zurückgegeben wurde. Doch nach der Niederlage der Hohenstaufen in Italien sahen die Templer die Möglichkeit zur Revanche gegeben; 1241 brachen sie gegen die Deutschherren einen regelrechten Krieg vom Zaun. Die Deutschen unterlagen und verloren fast alle Besitzungen im Heiligen Land. Ihr Einfluß im Orient schrumpfte zur Bedeutungslosigkeit herab, auf den zweiten Blick übrigens nicht einmal zu ihrem Nachteil, denn von jetzt an vermochten sie ihre ganze Macht auf den Norden Europas zu konzentrieren. Der endgültige Verlust des Heiligen Landes schadete ihrem Ansehen somit weit weniger als den beiden anderen großen Orden, den Templern und Johannitern.

Man versteht nun, daß die Deutschherren während des Prozesses keinen Grund hatten, ihre vormaligen Gegner, die sie aus Burgen und Städten Palästinas hinausgeworfen hatten, gegen König und Papst zu verteidigen. Es kann sehr wohl sein, daß die Deutschen im Unglück der Templer eine gerechte Strafe für begangenes Unrecht sahen. Außerdem dürften die Deutschen in Sorge um die Situation im eigenen Land gewesen sein; es gab dort genug Wölfe, die auf Beute warteten. Vielleicht sah man das Haus des Nachbarn brennen, kümmerte sich aber nur darum, die eigene Scheune vor einem Übergreifen des gefährlichen Brandes zu schützen.

Der dritte der großen Ritterorden waren die Johanniter. Auch ihre Beziehungen zu den Templern waren keineswegs brüderlich. Die Kämpfe zwischen den Orden zogen sich durch die gesamte Geschichte des christlich beherrschten Heiligen Landes, seit jener Zeit, als beide durch ihre Privilegien Macht erhalten hatten und reich geworden waren. Ihre Feindschaft zueinander wirkte sich für die Situation in Palästina verhängnisvoll aus. Bei vielen Streitigkeiten waren die Orden auf entgegengesetzten Seiten zu finden, wodurch sich im Grunde unbedeutende Konflikte wegen der Polarisation der Orden verschärften und die Verteidigungskraft des Landes geschwächt wurde. »1179 gelang es Papst Alexander III., einen Friedensschluß zwischen den beiden Orden zustande zu bringen, als ob es sich um zwei feindliche Staaten handelte. 1242 belagerten die Templer die Johanniter in ihrer Ordensburg zu Akkon und erlaubten ihnen nicht einmal, ihre Toten zu bestatten. Wenige Jahre später rieben die Johanniter die Templer in einem Kampf in Akkon fast bis zum letzten Mann auf. Dann tobte später nochmals ein blutiger Kampf der Orden untereinander, während von außen her der Untergang näherrückte.«[2] Der ewige Streit der beiden Orden wurde zum ständigen Ärgernis für die Christenheit. Man schrieb den Untergang des Königreiches Jerusalem nicht zuletzt diesem Hader und Streit der Orden untereinander zu.

Trotz dieser unerfreulichen Vergangenheit zeigten sich die Johanniter in einem gewissen Rahmen durchaus ritterlich. Nach einer Überlieferung nahmen sie mit dem in Chinon gefangenen Templergroßmeister Kontakt auf. Aber Molay habe davon abgeraten, etwas zugunsten der Templer zu wagen, es sei ohnehin alles verloren. Diese Haltung würde gut zu seiner Persönlichkeit passen, wie wir sie kennengelernt haben: ein verzagter, niedergeschlagener und verzweifelter Mann, der nicht mehr an die Rettung glaubte. Er soll den Johannitern sogar ein Testament übergeben haben, das sie als Erben des Tempels einsetzte. Hierüber weiß man allerdings nichts Sicheres.

Das Schicksal der Templer muß den Johannitern wie eine warnende Mahnung vorgekommen sein. Auch ihr Ruf war keineswegs der beste. Man erinnere sich nur einer Anklage des später heiliggesprochenen Papstes Gregor X. (1271–1276): »Sie enthielt die verschiedensten Vorwürfe, angefangen von der Unterhaltung von Dirnen, der Asylgewährung von Verbrechern, der Unterstützung des griechischen Gegenkaisers Vataces und der Fälschung von Testamenten bis zum Verdacht der Ketzerei.«[3] Man versteht nun die Vorsicht der Johanniter. Wenn sie sich zu offen für die unglücklichen Templer eingesetzt hätten, wäre auf sie möglicherweise der Verdacht gefallen, sie verteidigten letztlich nur ihre eigene Sache.

Anmerkungen

[1] *Matthias Stephanus*, Hospitales, seu milites S. Johannitae, itemque Templarii et Teutonici sive Mariani. In: *Matthias Stephanus*, Discurs juris publ. Köln 1769, Bd. II, S. 32–37.
[2] *Mollat*, a. a. O., S. 129.
[3] Ebd., S. 130.

XVII.
Ein Verlust für die Christenheit

Den größten Schaden durch die Aufhebung des Ordens erlitt, neben den Templern selbst, ohne Zweifel die Kirche, insbesondere das Papsttum. Die heimkehrenden Konzilsväter verkündeten die bittere Nachricht, der Papst sei dem König von Frankreich untertan geworden. Die Öffentlichkeit hörte das böse Wort, ein schwacher Papst habe einem habgierigen König einen ganzen Orden geopfert. Das Ansehen des Heiligen Stuhles war auf das Schwerste geschädigt. Man war jetzt weit entfernt von jener Größe des Papsttums im Hochmittelalter, als Rom noch die uneingeschränkte Rolle des Schiedsrichters zwischen den christlichen Königen innegehabt hatte. Inzwischen war die Kurie von Avignon zum Werkzeug des französischen Königs herabgesunken.

Der große Innozenz III. und seine Nachfolger hatten den Orden des Tempels als eine Art stehendes Heer der Kirche betrachtet, das man im Interesse des Heiligen Stuhles überall einsetzen konnte. Im Albigenserkreuzzug z.B. standen die Templer treu zur Kirche. Ebenso bezeugte der Orden seine Loyalität im Kampf gegen Friedrich II. Zwar weigerte man sich, dafür eigens Truppen aus Palästina abzuziehen, aber die Templer in Italien kämpften wie selbstverständlich in den Reihen der päpstlichen Armee. Friedrich II. rächte sich und hielt sich an den Besitzungen des Ordens in Sizilien und Süditalien schadlos, die er beschlagnahmte.

Dieselbe Treue zum Papst bewies auch Molay. Er hätte sich, ebenso wie der Großmeister der Johanniter, weigern können, nach Frankreich zu kommen, als Clemens ihn rief. Doch der Templer folgte gehorsam der Weisung, erschien in Paris und Poitiers und geriet so in die Todesfalle.

Selbst für Frankreich hätte sich ein Fortbestehen des Templerordens mehr ausgezahlt als sein Untergang. Das Beispiel Portugals untermauert diese These: Die Templerprovinz in diesem kleinen Land am Rande Europas, die in der Neugründung der Christusritter die Katastrophe heil überstand, half später mit ihren Ideen, ihren Schiffen und ihrem Geld, eine Weltmacht zur See aufzubauen. Sie bewies, daß der Orden keineswegs dekadent, sondern voller Kraft und Ideale zu Großem fähig war.

Frankreich hatte viel mächtigere Ordensprovinzen in seinen Grenzen versammelt als das kleine Portugal. Die Idee des Tempels, den Islam von Süden her und zur See zu schlagen, wäre von der Provence aus ebenso zu verwirklichen gewesen. Philipp hätte die mächtige Mittelmeerflotte der Templer darüber hinaus einsetzen können, um dem Unwesen der Seeräuber ein Ende zu machen, die nicht nur die Handelsbeziehungen und Verbindungen Frankreichs nach Süden hin schädigten, sondern auch seine Küsten immer wieder plünderten.

Der König von Frankreich hätte sich auch zweier Vorfahren erinnern sollen, die den Templern ihr Leben verdankten. Während des zweiten Kreuzzuges wäre Ludwig VII. mit seinem ganzen Heer beinahe den Muslimen in die Hände gefallen, wenn ihn der Großmeister der Templer nicht gerettet hätte. Den Rittern war dabei ihre Erfahrung im Kleinkrieg mit den Mauren zustatten gekommen, sie wußten sich in unwirtlichem, weg- und wasserlosem Gebirge besser zu helfen als die übrigen Kreuzfahrer. Auch der heilige Ludwig verdankte seine Rettung aus ägyptischer Gefangenschaft und somit sein Leben den Templern. Denn der König wie seine Kreuzfahrer hätten Kerker und Krankheit niemals überlebt, wenn sie auf die Zahlung des geforderten Lösegeldes aus der Heimat hätten warten müssen. Die Templer zahlten die hohe Summe, wenn auch nach einer kurzen, wohl mehr formellen Weigerung.

Philipp hätte sich für seine eigene Person jener Zeiten entsinnen können, als er noch voll des Lobes über die Templer war. Damals hatte er einen Krieg mit dem Papst zu fürchten und hoffte auf die militärische Unterstützung des Ordens. Hugue de Pairaud sagte sie ihm zu. Das Versprechen, für einen König gegen den Papst, die einzige übergeordnete Gewalt des Ordens, zu kämpfen, mag fragwürdig sein. Auf der anderen Seite beweist es aber, daß die Templer keineswegs »vaterlandslose Gesellen« waren, denen das Schicksal der Heimat und der Krone Frankreichs gleichgültig war. Philipp und seine Ratgeber irrten letztlich, als sie glaubten, das Gold des Tempels von Paris sei mehr wert als die Loyalität des Ordens.

Die nicht in kirchenpolitischen und finanziellen Zwängen denkenden Hohenstaufen wußten das Pendant der Templer im eigenen Land, die Deutschherren, besser für ihre Politik einzusetzen. Der Hochmeister Hermann von Salza eroberte dem Reich große und weite Provinzen im Osten.[1]

Der religiös-kulturelle Schaden, den die Aufhebung des Templerordens auslöste, ist da schwerer zu bestimmen. Der Skandal des Prozesses, die schändlichen Geständnisse der Ritter mußten sich konsequenterweise auf eine ganze Gesellschaftsschicht auswirken: Die hohen Ideale des mittelalterlichen Adels wurden zur Farce; die so kunstvoll konstruierte Welt ritterlicher Existenz, Ehrverständnis, Tapferkeit, Treue, Zucht und Minnedienst – alles erschien plötzlich fragwürdig. Dies mag nicht unerheblich gewesen sein in einer Zeit, in der ein allgemeiner Verfall der Sitten zu beobachten war, wovon die Schilderungen eines Boccaccio beredtes Zeugnis geben.

Noch ein weiterer negativer Aspekt für die Christenheit sei erwähnt: Der Raub des Templervermögens beschränkte die Möglichkeit der Kirche, neue soziale Einrichtungen zu schaffen. In jene Zeit fielen zahlreiche Stiftungen für Spitäler, Kollegien von Hochschulen und Zünfte. Molay erwähnte im Prozeß die großzügigen Almosen der Templer. Der Großmeister hatte gewiß nicht aus Geiz der Verschwendung innerhalb des Ordens Einhalt zu gebieten versucht. Da ein Kreuzzug vorerst nicht in Frage kam, wären soziale Ziele ein zeitgemäßes Betätigungsfeld für den Orden gewesen.

Diese Vorstellung ist keine Fiktion, kein Wunschdenken: Die portugiesischen Christusritter stifteten in Coimbra ein Kolleg für arme Studenten, die Ritter von Santiago sorgten in Südportugal mit ihrem Vermögen für die religiöse Betreuung einer ganzen Provinz.

Natürlich kann man sich heute fragen, warum die reichen Templer nicht schon früher und mehr im sozialen Bereich tätig waren. Die alte Generation des Ordens, die nur zum Kampf geschult war, wäre im Lauf der Jahre durch jüngere Ritter ersetzt worden, die dem Orden sicherlich ein zeitgemäßes Ideal hätten geben können. Doch die Umstellung auf neue Aufgaben war eine Frage eben jener Zeit, die dem Orden nicht mehr blieb. Es gehört mit zur Tragik des Tempels, daß die Besinnung auf damals moderne Aufgaben nicht mehr vollzogen werden konnte. Auch hier trifft den zögernden Großmeister, der unentschlossen und skrupulös abwägte, ein gewisses Maß an Schuld, weil er es mit den führenden Männern seines Ordens versäumte, neue Wege zu gehen.

Anmerkung

[1] *E. Maschke*, Geistliche Ritterorden. In: Die Religion in Geschichte und Gegenwart V, 1961, Sp. 1121 f.

XVIII.
Plädoyer für eine Revision des Prozesses

Die Aufhebung des Templerordens durch Papst Clemens entsprach ohne Zweifel den vorliegenden Rechtsgrundsätzen. Aber seine Begründung für diesen Verwaltungsakt war alles andere als stichhaltig. Der vorausgehende Prozeß, überhaupt die ganze Affäre, verstießen gegen so viele Bestimmungen des Kirchenrechts, die Templer wurden so unmenschlich behandelt, mit solch gewalttätigen Mitteln und Methoden zu ihren Geständnissen erpreßt, daß die Kirche die Pflicht hat, das mit Füßen getretene Recht durch eine Revision des Verfahrens wiederherzustellen, den Orden zu rehabilitieren.

1. Illegal war die Untersuchung gegen den Orden durch die königlichen Beamten und die Inquisition von Frankreich. Der Papst hatte das Verfahren selbst in die Hand genommen. Damit erlosch jede Jurisdiktion untergeordneter Organe. Der Großinquisitor hatte keinerlei Recht, sich in eine päpstliche Amtshandlung einzumischen.

2. Illegal war die Verhaftung der Templer. Der Großinquisitor von Frankreich hatte keinerlei Vollmacht, ganze Ordensprovinzen unter Anklage zu stellen und ihre Mitglieder zu verhaften. Selbst wenn die französische Inquisition einzelne Häretiker, selbst exemte Ordensleute, vor ihr Tribunal ziehen konnte, so galt dies doch niemals für einen ganzen Orden. Der Großmeister

und die Regierung der Templer waren keine Untertanen des Königs, sondern Herren eines souveränen Institutes. Aus diesem Grund durften sie auf keinen Fall vom König oder vom Inquisitor in Haft genommen werden. Das Vorgehen des Königs war ein Rechtsbruch größten Ausmaßes.

3. Illegal war das erste Verhör der Ritter durch die Agenten des Königs. Die Verhaftung war im Namen der Inquisition vorgenommen worden; folglich war allein sie zuständig für die Untersuchung. Die Anwendung der Folter bei den staatlichen Verhören machte ein unparteiisches Befragen der Gefangenen, eine unvoreingenommene spätere Untersuchung unmöglich. Durch die Tortur waren die Aussagen der Templer vor den kirchlichen Richtern beeinflußt.

4. Illegal war die Einmischung der königlichen Polizei in das kirchliche Verfahren. Durch zahlreiche Aussagen vor kirchlichen Richtern wissen wir von den skrupellosen Versuchen königlicher Beamten, die Templer auch noch zu Zeiten des päpstlichen Tribunals zu falschen Aussagen oder Geständnissen zu bewegen.

5. Illegal handelte Papst Clemens, weil er einen Großinquisitor, der so offensichtlich die eigenen Kompetenzen überschritt, viel zu spät zur Ordnung rief und absetzte. Der Papst ließ Wilhelm Imbert monatelang gewähren.

6. Illegal war die päpstliche Duldung des Vorgehens von Nogaret. Der von drei Päpsten Gebannte stand als Exkommunizierter außerhalb der Kirche. Warum aber durfte er, im Auftrag eben dieser Kirche, den Großmeister eines Ordens verhaften, zu allem Überfluß auch noch aus Gründen der Häresie? Clemens fand gegen diesen Zuträger der Inquisition nicht ein Wort des Protestes.

7. Illegal verfuhr Clemens, indem er Molay niemals selbst verhörte. Immer wieder betonte der Papst, daß selbst der Großmeister die Schuld des Ordens eingestanden habe. Warum aber verzichtete er auf eine persönliche Befragung des so wichtigen Zeugen, obwohl er dessen Aussage nachweislich große Bedeutung zumaß?

8. Illegal war die Mißachtung des Rechts der Angeklagten auf unvoreingenommene Richter. Clemens ernannte für seine Kommission erklärte Feinde des Ordens. Es konnte gar nicht im Interesse derart vorbelasteter Richter wie Aycelin von Narbonne oder dem Erzbischof von Bourges liegen, die Wahrheit objektiv zu erkunden.

9. Illegal war das Todesurteil über die vierundfünfzig Templer durch den Erzbischof von Sens. Durch diesen Massenmord wurde zudem das päpstliche Tribunal beeinflußt, da die Zeugen erkennen mußten, daß ihre Aussagen nicht geheim blieben.

10. Illegal war das päpstliche Tribunal in Paris selbst, weil sich seine Untersuchung allein auf Frankreich beschränkte, obwohl über den gesamten Orden befunden werden sollte. Von den fünfhundertundsechzig Zeugen – alles Franzosen, keine Vertreter des Ordens aus Spanien, Portugal, England oder dem Deutschen Reich – wurden nur zweihundertundvierzig verhört. Der beiläufige Abschluß des Verfahrens in Pontoise, in Gegenwart des Königs, spricht deutliche Bände, wer auch im päpstlichen Verfahren das letzte Wort zu sagen hatte.

11. Illegal war die Einmischung der königlichen Beamten in die päpstliche Untersuchung. Was hatten Nogaret und Plaisians im bischöflichen Palais zu suchen?

12. Illegal war das Abwürgen jeder Verteidigung auf dem Konzil von Vienne, ebenso die Verhaftung der sieben Templer, die sich in der Kathedrale für den Orden

einsetzten. Selbst wenn Clemens längst entschlossen war, den Orden auf dem Verwaltungsweg aufzulösen, so hätte er den Templern irgend eine Form von Verteidigung zugestehen müssen – zumal er sie selbst zum Konzil geladen hatte. Die Weltkirche hatte ein Recht darauf, beide Parteien zu hören, Kläger wie Angeklagte. Audiatur et altera pars!

13. Illegal war die Koppelung der Templeraffäre mit der Androhung eines Verfahrens gegen den vormaligen Papst Bonifaz VIII. Clemens ließ sich von Philipp vor die Alternative stellen, entweder die Ritterschaft zu opfern oder das Andenken seines Vorgängers mit Schande zu bedecken.

14. Illegal war die Behandlung der Güterfrage. Die zu hohe Forderung von einer Million Pfund überschritt mit Sicherheit den Wert der übertragenen Besitzungen. Die Zuwendung von einhunderttausend Pfund, die der König dem Papst am Schluß für die gehabte Mühe schenkte, kommt einer Bestechung gleich. Dasselbe gilt für die Summe, die der Papst von den Johannitern annahm.

15. Illegal war schließlich auch die Verurteilung des Großmeisters durch den Kronrat des Königs. Wie durfte ein Gericht des Staates den Großwürdenträger eines exemten Ordens in den Tod schicken? Der König maßte sich wieder einmal kirchliche Rechte an und überging das Oberhaupt der Kirche, den obersten Richter der Christenheit in einer Potenzierung von Rücksichtslosigkeit und Verachtung.

Angesichts dieser Thesen muß man sich fragen, was an diesem Prozeß denn überhaupt rechtens war, sieht man einmal von dem formellen Recht des Papstes zur Aufhebung eines Ordens ab.

Jenseits der Paragraphen des Kirchenrechts, die man, wie sich gezeigt hat, den Buchstaben nach zwar befolgen, dem Sinn nach aber mißachten kann, stehen die Gebote Gottes. Der augenscheinlich legalen Entscheidung von Vienne muß ein wahrer, regulärer Rechtsspruch folgen. Ein kirchliches Urteil, das mit soviel Unrecht zustande kam, darf nicht auf ewig Bestand haben. Zwanzigtausend Tote, die der Orden im Kampf für das Kreuz verlor, fordern allein schon eine Ehrenrettung ihres Institutes. Aber natürlich haben vor allem die Opfer des ungerechten Prozesses ein Anrecht auf Rehabilitierung.

Die Amtsträger der Kirche, allen voran Papst Clemens mit seinen französischen Kardinälen, Bischöfen und Inquisitoren, haben im Templerprozeß größtes Unrecht begangen. Der größte Justizmord des Mittelalters fordert Gerechtigkeit; ein solches Verbrechen an Tausenden von Unschuldigen kann nicht verjähren. Eine Revision des Prozesses, der bei allem Einfluß des Königs von Frankreich allein im Namen der Kirche geführt wurde, ist durchaus möglich. Der Fall der heiligen Jeanne d'Arc kann als Beispiel herangezogen werden: Frankreich verlangte die Rehabilitierung der als Hexe verbrannten Nationalheldin – und bekam sie. Die katholische Kirche hätte somit allen Grund, den Templerorden als ganzen – ungeachtet möglicher Verfehlungen einzelner Mitglieder – von Schuld freizusprechen.

Vor allem die französische Kirche müßte das größte Interesse daran haben, das alte, aber noch keineswegs »veraltete« Unrecht wiedergutzumachen. Auch die römische Kurie hätte allen Grund, das Urteil zu revidieren. Insbesondere hätte das Sanctum Officium als Nachfolger der Inquisition die Pflicht, das alte Unrecht auszulöschen. Auch die beiden Christusorden – der päpstliche wie der portugiesische – hätten als legitime Nachfolger der Templer die Ehrenpflicht, ihren Vorgängerorden von Schuld und Schande freisprechen zu lassen.

Abschließend sei mir folgendes Votum gestattet: Papst Paul VI. hat durch seine Bitte um Verzeihung an die evangelischen Christen den Weg geebnet, historische Schuld zu sühnen und zu begleichen. Pius VII. hob die Dekrete Clemens' XIV. auf und stellte den Jesuitenorden wieder her. Johannes Paul II. könnte mit ähnlichen Gründen das ungerechte – und als solches auch erkannte – Urteil Clemens' V. annullieren und das Verbot zurücknehmen, den Templerorden wiederzugründen.

Fiat justitia, fiat pax.

Anhang

1. Die Geschichte der Templer im Licht der Forschung

Einführung

Die Ritterorden haben im Gedächtnis der Völker eine besondere Stellung inne. Es gibt aufgrund der guten Quellenlage zahlreiche Werke zu ihrer Geschichte. Dabei fällt auf, daß manche Publikationen mit einer solch leidenschaftlichen Anteilnahme verfaßt sind, wie wir sie in historischen Abhandlungen sonst nicht zu finden gewohnt sind. Und gerade die Templer spielen eine besonders herausragende Rolle – vor allem auch in Dichtungen, Erzählungen und Legenden. Die in diesen literarischen Genres nachskizzierten Bilder der mittelalterlichen Militärorden weichen naturgemäß weit voneinander ab; man vergleiche nur den Templer in Lessings »Nathan der Weise« mit dem Gralsritter Wolframs von Eschenbach, »Schwanensee« von Richard Wagner oder den Rittern von Walter Scott. Alle diese Dichtungen haben jedoch gemeinsam, daß sie sich derselben geschichtlichen Tatsachen erinnern und sie weiterverarbeiten.

Das Ordensrittertum war im zeitgenössischen Bewußtsein schon in den Zeiten seiner Blüte sehr lebendig. Der Templerprozeß erregte durch die völlige Diskreditierung und definitive Auslöschung eines Ordens, der im Abendland als das ritterliche Ideal schlechthin gegolten hatte, ein ungeheures Aufsehen. Mehrere Gründe sprechen dafür, daß die Ordensritterschaften im Ansehen der Menschen über anderen religiösen Gruppen der damaligen Zeit standen. In den Anfängen ihrer Orden hatten die Ritter das Ideal der tätigen Nächstenliebe zur alleinigen Richtschnur ihres Lebens gemacht und das Problem der öffentlichen Fürsorge bereits im Mittelalter in den Mittelpunkt gestellt, wobei die Hospitalritter des hl. Johann (später auch: Malteser) in der Krankenpflege, andere – allen voran die Templer – als Schutz reisender Pilger fungierten. Insbesondere Borst, Burman und Bulst-Thiele erwähnen die Hochschätzung der Ritterorden durch die mittelalterliche Gesellschaft.

Doch eine andere Aufgabe, vor allem der Templer, prägte damals ihr Ansehen in noch größerem Maße und ist auch heute noch das Hauptkriterium, unter dem Ritterorden betrachtet werden. Daß ausgerechnet der Kampf um das Heilige Land zu einer derartigen zeitgenössischen Wertschätzung führte, ist für uns nur noch schwer nachzuvollziehen, besitzt in unserer Zeit doch jede Art religiös motivierter Gewalt einen schalen Beigeschmack. Unter diesem Aspekt war der Ordensritter der »Gottesstreiter« schlechthin, der Prototyp und Urvater des Kreuzfahrers, dessen Aufgabe der Dienst für Gott in der Befreiung des Heiligen Landes war. Diesem Dienst, der sich in permanentem Kampf gegen die Muslime ausdrückte, wurde von den Ritterorden selbst, gerade auch bei den Templern als dem – wie wir noch sehen werden – Ritterorden in Reinkultur, ebenfalls besonders hohes Ansehen entgegengebracht.

Es ist auf der anderen Seite aber auch bekannt, daß sich Frömmigkeit und der Wunsch nach Befreiung des Heiligen Landes in den Kreuzzügen mit anderen Motiven politischer oder wirtschaftlicher Natur vermischten.

So war es mehr als nur verständlich, daß sich ein Großteil der Aufmerksamkeit den Ordensrittern zuwandte, bei denen man noch die wahre Auffassung von echtem Gottesrittertum zu finden glaubte. Die Templer und die anderen Ordensritter erschienen somit als die Verkörperung der »militia christi« schlechthin. Nicht die gesamte Kreuzzugsbewegung, sondern nur die Ritterorden wurden als uneingeschränkte Vertreter des Gottesstreitertums bezeichnet. Vor allem die kleine Schrift Bernhards von Clairvaux, »De laude novae militiae«, aus dem Jahr 1128 kennzeichnet die zeitgenössische Meinung, die das neuentstehende Werk der Ritterorden als sichtbar gewordenes Zeichen der in den Kreuzfahrern wirksamen neuen Frömmigkeit begrüßte.

In allen neueren wissenschaftlichen Arbeiten über die Templer wird das Werk Bernhards als entscheidend für die weitere Entwicklung des Templerordens bewertet. Darauf weisen besonders Jean Leclercq[1], Maria Melville[2], Gilette Ziegler[3], David Carlson[4] und Josef Fleckenstein[5] hin. »De laude novae militiae« kann am treffendsten als eine Art Werbeschrift für den neugegründeten Orden bezeichnet werden, die sich mit einer Regel- und Statutenfindung für die Tempelritter verband. Bernhard von Clairvaux spricht einerseits von der weltlichen Ritterschaft und andererseits von den christlichen Ritterorden (die große Masse der einfachen Kreuzritter bleibt unbeachtet). Das weltliche Rittertum beschreibt er in düsteren Farben; Mord, Diebstahl und Verbrechen sind dafür charakteristisch. Ihm stellt er den christlichen Ordensritter als Ideal des für die Sache Gottes kämpfenden Reiters gegenüber[6].

Diese qualitative Aufteilung des Rittertums scheint eine extreme Darstellung der damaligen Verhältnisse zu sein. Die Position Bernhards läßt sich aber verstehen: Er war Mönch und mit dem Mönchtum eng verwachsen, so daß er die Frömmigkeit eines Ordens, auch die eines Ritterordens, der ungeordneten, nicht institutionalisierten Form der Frömmigkeit vorzog. Zeitzeugen nannten die Templer so denn auch die einzigen Menschen, die gerechte Kriege (legitima bella) führten[7].

Es soll allerdings nicht verschwiegen werden, daß den Ritterorden Lob fast ausschließlich von kirchlicher Seite gespendet wurde. Migne führt ein Wort des Petrus Venerabilis an: »Wer sollte sich nicht mit der ganzen Macht seines Geistes freuen in Gott seinem Retter, daß die Ritterschaft des ewigen Königs, das Heer des Herrn Zebaot, zu neuen Kämpfen gleichsam von himmlischen Heerlagern herabgestiegen ist, um den Fürsten dieser Welt zu schlagen und die Feinde des Kreuzes Christi zu besiegen.«[8] Bei selbem zitiert, betont auch eine Urkunde Papst Clemens' III. aus dem Jahre 1191, daß die Templer »dem Dienst des allmächtigen Gottes geweiht, zu der himmlischen Ritterschaft zuzurechnen sind«[9]. Auch nach Meinung mehrerer jüngerer Autoren wie Addison, Baigent und Bordonow haben alle Ritterorden durch einen großen Teil des Klerus die unumschränkte Anerkennung als ritterliche Gottesstreiter erfahren.[10]

Mehrere Autoren setzen sich näher mit dem Ordenscharakter der Templer auseinander[11]. Es wird die Auffassung vertreten, daß hier die Vereinigung der ritterlichen mit den geistlich-mönchischen Frömmigkeitsidealen, die vor dem Hintergrund der Kreuzzüge zu sehen ist, in Einklang stand. Insbesondere bei Petrus Venerabilis ist dieser Umstand mehrfach vermerkt, indem er von einem zweifachen Kampf spricht, den der Ordensritter zu führen habe: gegen die Fehler des geistlichen Lebens einerseits und die Feinde der äußerlichen Welt andererseits. »Ihr seid Mönche in euren Tugenden, Ritter in euren Taten, das eine erfüllt ihr in geistlicher Weise, das andere übt ihr mit den Kräften des Körpers aus«.[12]

Erst die Schrift Bernhards von Clairvaux begründete die Übernahme der Ideen eines ritterlichen Gotteskämpfertums in die offizielle Propaganda, welche die Amtskirche für die Kreuzzüge entfaltete.[13] Nach Meinung moderner Templerforscher wie Marion Melville[14] und Jean Leclercq[15] hat insbesondere die positive Stellungnahme Bernhards dem Templerorden den entscheidenden Auftrieb verliehen, weil hierin die Frömmigkeit der ritterlichen Welt in Gestalt der Ritterorden anerkannt wurde.

Im folgenden sollen nun vor dem Hintergrund neuerer Publikationen und Forschungsergebnisse die einzelnen Abschnitte des Bestehens und Wirkens des Templerordens, von seinen Anfängen bis zum Untergang im Jahr 1314, untersucht werden.

Die Anfänge

a) Die ersten Jahre

Nach Meinung der meisten neueren Veröffentlichungen, insbesondere in den Arbeiten von Finke[16], Pernoud[17] und Picar[18], waren die Anfänge des Templerordens recht unscheinbar: Ein französischer Ritter, Hugue de Payens, nahm sich im Jahre 1118 oder 1120 mit einer Gruppe von Gesinnungsgenossen des Schutzes der Jerusalempilger an. In der älteren Literatur, wie beispielsweise bei Hans Prutz[19], wird der Ausgangspunkt für die Aktionen dieser Ritter an eine Zisterne vor den Toren Jerusalems gelegt, an der häufig Überfälle stattfanden. Diese Ortsbenennung mag zwar einer Legende entsprechen, ändert jedoch nichts an der Tatsache, daß eine kleine Schar von

Idealisten die Notwendigkeit des Schutzes der Pilger in die Hand nahm. Zu einer Schlüsselfigur beim weiteren Aufbau des Templerordens wurde König Balduin II., welcher der anfänglich noch kleinen Gemeinschaft Häuser in Jerusalem anbot. Daraufhin erbat man sich einen Teil des Palastes auf dem Boden des alten Tempels. Aufgrund dieses Ortes wurde die Gemeinschaft zunächst »militia templi« genannt, woraus sich später der Name Templer entwickelte. Ursprünglich war auch die Bezeichnung »pauperi milites christi« bekannt.

Nach neueren Arbeiten von Dailliez[20] legten die Templer ihr erstes Gelübde der Keuschheit, der Armut und des Gehorsams gegenüber dem Patriarchen von Jerusalem ab. Ihr damaliges Leben bestimmte sich zunächst nach den Vorschriften der sogenannten Regularkanoniker von Jerusalem, zu denen sie in enger Verbindung standen. Die kleine Gemeinschaft erhielt damals reiche Schenkungen, durch welche sie schnell zu Ansehen gelangte. Die Ritter waren jedoch noch kein Orden und trugen somit auch keine Ordenstracht.

b) Die Ordensregel

Im Jahr 1126 reisten zwei Mitglieder der neuen Gemeinschaft zu Bernhard von Clairvaux nach Frankreich, um von ihm die Ausarbeitung einer geeigneten Regel zu erbitten. Beide Templer werden uns mit Namen genannt, es handelte sich um Andreas von Montberry, einen Onkel Bernhards von Clairvaux, und um Gundemar, der einen Brief König Balduins II. an Bernhard mit sich führte. Neuere Forschungen haben ergeben, daß Hugue de Payens 1128 selbst zu der Provinzialsynode von Troyes reiste, um über die Zukunft seiner Gemeinschaft zu beraten. Allein an dieser Tatsache kann abgelesen werden, wie sehr sich die kleine Gemeinschaft bereits als ein Zusammenschluß französischer Ritter empfand, dessen Angelegenheiten nur in Frankreich beraten werden konnten.

In Troyes reichte Hugue de Payens einen Entwurf zu einer Regel ein, die später dem Papst und dem Patriarchen von Jerusalem vorgelegt werden sollte; von diesem Umstand wird in der verbindlichen Form der Regel später selbst berichtet. Von Dailliez wissen wir, daß sie von der ersten bis zur endgültigen Fassung verschiedene Redaktionen durchlief; neuere Forschung geht von mindestens drei Entstehungsstufen aus: der Vorlage, die Hugue zum Konzil nach Troyes mitbrachte, den Ergebnissen der darauf anschließenden Beratungen sowie den Vorschlägen Bernhards und schließlich den Zusätzen des Patriarchen Stephan von Jerusalem.[21] Unter Bernhards Einfluß wurde die neue Regel eng an die der Benediktiner angelehnt; letztendlich war sie eher von mönchischen und weniger von ritterlichen Grundsätzen geprägt.

Die Ordensregel der Templer ist sowohl in lateinischer als auch in französischer Sprache erhalten. Aufgrund der eingehenden Untersuchung von Dailliez[22] muß angenommen werden, daß die lateinische Fassung die ältere ist. Vergleicht man sie mit »De laude novae militiae«, die zur gleichen Zeit entstanden ist, kann man eine Ähnlichkeit der beiden Schriften nicht leugnen. Der Charakter des neuen Ordens ist vor allem im Abschnitt »De conversatione militum christi« beschrieben. Wesentliche Teile der Regel sprechen von Disziplin und drängen auf eine Einfachheit in der Lebensführung. Insbesondere werden Warnungen vor übertriebenen Ehrbegriffen, einem Wettstreit um Ehre ausgesprochen. Das Schach- und Würfelspiel, Jagd und Falkenzucht, die Anwesenheit von Schauspielern und Gauklern sowie humoristische Lieder und Spiele werden verboten. Außerdem sind unflätige Worte oder ungezügeltes Lachen untersagt. Darüber hinaus werden eingehende Bestimmungen über Rüstungen, Pferde und vor allem über die Art und Weise des Kampfes aufgeführt. Letztere dürften wohl weniger auf den Mönch Bernhard zurückgehen, als vielmehr unmittelbaren Erfahrungen aus dem Kampf gegen die Sarazenen entspringen, wie Hugue de Payens sie persönlich gemacht hatte.[23]

Die Templer waren also kein Mönchsorden, der sich den Idealen des kreuzfahrenden Rittertums verschrieben hatte, sondern ein Ritterorden, der seine Lebensformen auf der Regel eines Mönchsordens begründete. Die Kraft, aus der die Templer lebten, war die Kreuzfahrerfrömmigkeit, das Bewußtsein der Kämpfer Gottes, nicht die Frömmigkeit der Mönche. Dies scheint im übrigen für alle Ritterorden wesentlich zu sein.

c) Konsequenzen und Charakteristika

Entscheidend für die weitere Entwicklung des Ordens war die Exemtion aus der Jurisdiktion des Patriarchen von Jerusalem, die in der Regel niedergelegt wurde. Im gleichen Maße aber, in dem der Orden mächtiger wurde und begonnen hatte, sich aus den Bindungen zu Jerusalem und dem Heiligen Land zu lösen, wurde diese Entwicklung auch problematisch.[24] Wir werden dies zu einem späteren Zeitpunkt noch sehen.

Seit dem Konzil von Troyes stand auch die Tracht des Ordens fest; der die Templer jahrhundertelang kennzeichnende weiße Mantel war ihnen zusammen mit der Regel verliehen worden. Es gilt als außerordentlich wahrscheinlich, daß ihre Ordenstracht derjenigen Bernhards nachempfunden wurde, der ebensfalls einen weißen Habit trug. Und das zusätzlich auf den Mantel aufgetragene rote Kreuz galt schon jahrzehntelang, seit dem ersten Kreuzzug, als Zeichen der Kämpfer der Kirche. Auch diese Tatsache ist bezeichnend dafür, wie sehr die zeitgenössische Öffentlichkeit die Templer damals schätzte: Das allgemeine Abzeichen aller Kreuzfahrer wurde den Templern als eigenes und besonderes Merkmal verliehen – sie galten inzwischen als Kreuzfahrer schlechthin.[25]

Was charakterisierte nun eigentlich diese Neugründung im Vergleich zu den Johannitern oder den Deutschherren? Die neuere Forschung ist sich in diesem Punkt im großen und ganzen einig[26]: Dem Templerorden fehlte das eigentlich caritative Element. Der Schutz von Pilgern und die Sicherung von Pilgerstraßen war eine militärische Aufgabe und keine caritativ-organisatorische, wie sie die Johanniter und Deutschherren – zumindest anfänglich – noch erfüllten. Dessenungeachtet hat der Templerorden etwas originär Neues geschaffen: den organisierten Zusammenschluß der allgemein gültigen Kreuzfahrerfrömmigkeit unter den typischen Ordensgelübden der Armut, der Keuschheit und des Gehorsams.

In der Forschung divergieren diesbezügliche Ansichten jedoch. Während Autoren wie Bordonowe, Kempel und Charpentier bei den Templern mehr auf allein politische Motive abheben, verbinden Finke, Guggenberger und Howard politische mit religiösen Intentionen. Ausgehend von dem Verlangen nach unbedingter Nachfolge Christi, die nach damaliger Auffassung nur im mönchischen Leben ihre höchste Vollendung fand, mußte der neuen Vereinigung, die dem Gottesstreitertum im reinsten Sinn am nächsten war, eine mönchische Regel zugeordnet werden, um sie auch mit dem religiösen Ideal zu verbinden.

Neuere Arbeiten sehen in der Gründung des Templerordens auch einige Parallelen zu morgenländischen Entwicklungen. Auch dort habe es Zusammenschlüsse von Glaubenskämpfern gegeben, deren Absichten mit dem Templerideal in etwa vergleichbar seien, so z.B. die Ghasi. Letztlich können die Ritterorden, und somit auch die Templer, aber nicht als Nachahmung eines arabischen Vorbildes angesehen werden. Aufgrund ihrer Entstehungsgeschichte in Palästina besitzen die Ritterorden eine eigene Tradition, eine eigene Quellenlage.

Die Blüte des Templerordens

a) Machtstellung und Geldgeschäfte

Die weitere Entwicklung der Templer ist insbesondere aus den Quellen abzulesen, welche die Privilegien des Ordens überliefern. In diesem Zusammenhang ist vor allem Papst Innozenz II. zu nennen, der zu einem Neuorganisator des Ordens wurde. Hierfür maßgebend war seine Bulle »Omne datum optimum« aus dem Jahr 1139.[27] Nach Auffassung auch der neueren Geschichtsforschung wurde mit dieser Bulle nach der Exemtion vom Jerusalemer Patriarchen der nächste Schritt auf dem Weg zur völligen Lösung des Tempels von aller übergeordneten Gewalt mit Ausnahme der des Papstes vollzogen. Der Orden sollte dadurch in eine von allen weltlichen und geistlichen Mächten unabhängige Stellung hineinwachsen, die ansonsten keiner anderen Glaubensgemeinschaft oder Organisation zugestanden wurde. Hierin war in fast zwingender Konsequenz auch der Grund für den Neid und die Mißgunst gelegt, mit der nun viele geistliche und weltliche Stellen dem Templerorden begegneten. Diese neuentstandene Gegnerschaft, die Polarisierung der Templer auf der einen und die ihrer

Neider auf der anderen Seite, sollte mit eine der Ursachen für den späteren Untergang des Ordens darstellen, als sich keinerlei »Freunde in der Not« fanden.

Die Bulle »Omne datum optimum« bildete die eigentliche Grundlage für die Regelung des Lebens im Orden und kann als eine Art erweiterter Regel angesehen werden. Neben ihr sind noch weitere päpstliche Urkunden mit wichtigen Privilegien bekannt, so Bullen von Innozenz III., Honorius III., Innozenz IV., Urban IV. und Clemens IV.[28] Von der ursprünglichen Vorgabe, wie sie uns die Templerregel von Troyes und die Schrift Bernhards von Clairvaux zeigten, gab es nun wesentliche Abweichungen:

Der Templerorden besaß jetzt eine ganze Reihe von Ordenshäusern in verschiedenen Ländern, mit dem Sitz der Großmeisterei in Jerusalem. Zu den Entscheidungsträgern in Jerusalem gehörten im Konvent ausschließlich die Templerritter, die auch den Kern des Ordens bildeten und sozusagen als Herren zu denken sind. Über ihre Zahl bestehen in der vorliegenden Literatur unterschiedliche Ansichten. Die Angaben differieren, jedoch scheint festzustehen, daß nach 1144 mit etwa dreihundert Rittern im Ordenshaus von Jerusalem gerechnet werden kann.[29] Für alle Länder des Ordens geschätzt, belief sich nach Addison, Chaumeil, Demurger, Finas und Howard die Gesamtheit der kämpfenden Truppe zwischen 1150 und 1250 auf vier- bis fünftausend Mann. Hierbei ist jedoch zu bedenken, daß die Summe aller Angehörigen des Templerordens die der Ritter um ein Vielfaches übersteigt. Denn neben diesen gab es eine noch größere Zahl von sogenannten Servientes, dienenden Brüdern. Dann gehörten dem Orden im weiteren Sinne auch noch die Pächter und Bediensteten auf den großen Ordensgütern sowie angeworbene Söldner an. Ebenfalls erwähnt werden müssen die Beteiligten des ganzen Verwaltungsapparats für die großen Geld- und Handelsgeschäfte der Templer im Abendland.

Mir scheint, daß sich seit den Tagen des Konzils von Troyes auch die Leitung des Tempels entscheidend verändert hatte. Von der ursprünglich idealistischen Begeisterung der ersten Tempelritter und ihrer geistigen wie geistlichen Sympathisanten, Bernhard von Clairvaux an ihrer Spitze, hatte sich die Entwicklung hin zu einer realen Machtpolitik vollzogen.

Die Situation des Ordens war konkurrenzlos: Jede geistliche und weltliche Gewalt, mit Ausnahme des Papstes, hatte Einfluß und jegliche Macht über die Ritter verloren. Außer dem Papst selbst wäre keine administrative Kraft – weder im Abendland, noch in den besetzten Gebieten Palästinas – befugt gewesen, den Orden notfalls in seine Schranken zu weisen.

Der besaß nun selbst zahlreiche Kirchen, die er auf dem Land erbauen ließ, das er teils durch Schenkungen erworben, teils den Sarazenen abgenommen hatte. Daneben fanden sich seit dieser Zeit auch eigene Ordensgeistliche, die noch einmal die beinahe völlige Unabhängigkeit von kirchlicher Überwachung demonstrierten. Im Zusammenhang mit der Übereignung von Patronatsrechten für viele ihrer Kirchen und Besitzungen (was in jedem Fall zu erheblichen Auseinandersetzungen und Schwierigkeiten führen mußte) stellte sich den Templern auch die Frage, ob Ordensobere ihren Untergebenen beispielsweise die Beichte abnehmen oder in den Kirchen eigene Gottesdienste feiern durften.

Die Templerregel war vom Papst anerkannt worden, konnte aber vom Ordensmeister zusammen mit der »Senior pars« seines Kapitels abgeändert werden, womit faktisch eine Quasi-Autonomie des Ordens bestand. Die

Wahl eines neuen Großmeisters erfolgte durch den Konvent der Ordensritter und konnte durch keine weltliche Macht verhindert werden.[30] Die Autonomie wurde zudem noch durch ein Verbot verstärkt, das die Anforderung von Ordenstruppen zu irgendwelchen anderen Kämpfen untersagte. Die Bulle »Omne datum optimum« enthält die Passage: »Auch verbieten wir und untersagen in aller Weise, daß eine geistliche oder weltliche Macht Treueide, Gefolgschaftseide, Gelöbnisse oder andersartige Sicherheitsgelübde, so wie sie unter weltlichen Gewalten üblich sind, von dem Meister und den Brüdern dieses Ordens fordern darf.«[31]

Die privilegierte Sonderstellung des Templerordens mündete im Lauf der nächsten hundert Jahre sowohl im Abendland als auch in Palästina in eine finanzielle Großmachtstellung. Prutz und Finke schätzen das Vermögen der Templer zum damaligen Zeitpunkt als immens.[32] Die Besitzungen des Ordens wurden durch die bereits erwähnte Bevorzugung natürlich noch wesentlich vergrößert, da alle Abgaben entfielen – für damalige Verhältnisse ein absolutes Novum.

Worin sieht nun die moderne Geschichtsforschung die Ursachen für diese unglaubliche Machtfülle? Warum räumten die Päpste den Templern von Beginn an solche Privilegien ein? Grundsätzlich sind sich die wichtigen Autoren in dieser Frage einig; es gilt als sicher, daß die Templer, wie überhaupt alle Ritterorden, als Kreuzfahrer par excellence die besondere Gunst der Päpste genossen. Ein weiteres Motiv wird ebenfalls immer wahrscheinlicher: Die Ritterorden waren von Anfang an als militärische Elitetruppe für die Kirche gedacht und sollten deshalb mit größtmöglicher Macht und autonomer Entscheidungsgewalt ausgestattet werden. Dieser Grund wird bei der aufmerksamen Lektüre von »Omne datum optimum« deutlich. Dort geht die Akzentuierung der Pflicht zur Verteidigung der Kirche weit über das hinaus, was in anderen Papsturkunden nachzulesen ist. Ein Beweis hierfür ist die Tatsache, daß der Templerorden in den Jahren 1220 bis 1250 beim Kampf gegen Kaiser Friedrich II. eingesetzt wurde, und zwar nicht im Heiligen Land, sondern in Italien.

Die außerordentliche Machtfülle, die Unabhängigkeit von weltlichen Fürsten sowie der große Reichtum haben den Charakter des Ordens im Laufe des 14. Jahrhunderts deutlich verändert. Dies wird am ehesten daran erkennbar, daß der Orden nun Geldgeschäfte in großem Stil übernahm, was zunächst eine befremdliche Vorstellung bedeutete: Für einen idealistisch gesinnten Kreuzritter spielte Geld keine Rolle. Das ursprüngliche Ideal des Ordens – von Templern geprägte Münzen zeigten als Symbol für die Armut der Ritter zwei Reiter auf einem Pferd – hatte sich in einschneidendem Maße gewandelt; Geld bedeutete zusätzliche Macht.

Die großen Summen, welche Päpste und weltliche Herren zur Finanzierung der Kreuzzüge benötigten, mußten erst einmal gesammelt, aufbewahrt, verbucht und danach weithin verschickt werden, von der Stelle ihrer Erhebung bis zu den aufbrechenden Kreuzfahrern und schließlich ins Heilige Land selbst. Den Heerführern wie den einzelnen Rittern, die für eine gewisse Anzahl von Menschen in ihrem Troß aufzukommen hatten, mußten beträchtliche Summen nach Palästina überführt werden. Der Zwang der Realitäten machte den Ruf nach einer Organisation für eine solche Aufgabe laut. Die Notwendigkeit nach einem sicheren Transport von Geldern ins Heilige Land wurde immer dringlicher. Die Templer verfügten über große Besitzungen und Geldmittel diesseits und jenseits des Meeres. Sie allein waren in der Lage, relativ rasch die gewünschten Zahlungen zu leisten, und richteten in Europa den ersten in der Geschichte bekannten bargeldlosen Zahlungsverkehr ein. Aus den idealistischen Kreuzfahrern und Gottesstreitern der ersten Stunde wurden geschickte Geldwechsler, mit allen daraus erwachsenden Nachteilen. Ein Prozeß war eingeleitet, in dem neben den Templern später auch die Johanniter und die großen italienischen Kaufmannsgilden die ersten europäischen Großbankiers hervorbrachten, denen besonders die Päpste zur Erhebung von Kreuzzugssteuern das Vertrauen aussprachen.

Der Wandel vom ursprünglichen Templerideal hin zu finanzschwerem Geschäftsgebaren wird insbesondere bei Bordonove[33], Delisle[34], Guinguand[35], Robinson[36] und Thomas Bisson[37] thematisiert. Ergebnisse mit anderslautenden Meinungen sind in der moderneren Templerforschung nicht vertreten. Im wesentlichen werden die Geldgeschäfte der Templer in vier Kategorien eingeordnet:

1. Deposition von gesammelten Steuern und Geldbeträgen eines kreuzfahrenden Fürsten;
2. Überführung dieser Summen ins Heilige Land;
3. Einsammlung der päpstlichen Kreuzzugszehnten oder anderer Kreuzzugssteuern;
4. Anleihen an Fürsten, die einen Kreuzzug planen.[38]

Wie sehr die ursprüngliche Templeridee bereits der Mentalität einer Kaufherrengesellschaft gewichen war, zeigt die Tatsache, daß die Templer für verliehene Geldbeträge sogar Zinsen nahmen, was Christen damals verboten war. So wurden Geldgeschäfte immer mehr zu einem Bestandteil des Templerordens, große Transaktionen waren keine Seltenheit.[39] Bei dem sich immer weiter ausdehnenden Pilgerwesen ins Heilige Land waren

Templer und Johanniter auf dem Mittelmeer mit einer eigenen Handels- und Personenflotte im Geschäft.

Meines Erachtens konnte es nicht ausbleiben, daß die starke Einbindung des Ordens in Geldgeschäfte oft auch dort sein Verhalten bestimmte, wo rein religiöse Gesichtspunkte hätten maßgebend sein sollen. Aus dieser Tatsache wird verständlich, daß den Templern im späteren Prozeß immer wieder Stolz, Hochmut und Habgier vorgeworfen wurde. Die moderne Templerforschung verweist auf mehrere Umstände, die tatsächlich den Verdacht eines bedenklichen moralisch-ideologischen Zerfalls des Ordens nahelegen: Die Assasinen etwa, eine Sekte schiitischer Ismailiten, die zum Christentum übertreten wollte und den Templern bis dato tributpflichtig war, wären nach erfolgter Christianisierung davon befreit gewesen, weshalb die Templer nach Überzeugung von Prutz[40] den Übertritt vereitelten, um sich die Tributzahlungen nicht entgehen zu lassen.

b) Erste Risse im Machtgefüge

Auch wenn bei allen Forschungsergebnissen die einhellige Meinung zur außerordentlichen Tapferkeit auffällt, der die Templer trotz ihrer Hinwendung zu Geld und Reichtum scheinbar nie abschworen: Daß der Orden nach dem Verlust von Akkon als letztem Bollwerk im Heiligen Land nichts Sinnvolles mehr leistete, daß seine ursprüngliche Kraft also nach dieser Niederlage verbraucht zu sein schien, ist ein weiteres Steinchen im Gesamtmosaik, das seinen Untergang darstellt.

Doch selbst die Tapferkeit der Templer und ihr opferbereiter Einsatz bei der Verteidigung des Königreiches Jerusalem und Akkons fand bei den Zeitgenossen offenbar keine ungeteilte Anerkennung. Von negativen Aussagen Friedrichs II. gegen den Orden berichtet Finke. Die

Vorwürfe, die man gegen die Templer erhob, steigerten sich in den Jahren 1160/61 sogar zu öffentlichen Ausbrüchen des Hasses. Der Papst mußte gegen solche vorgehen, »die Tempelritter von ihren Pferden herabstießen, sie ehrenrührig behandeln und mit Schmähworten behandeln«[41]. Das zeigt, wie verhaßt die Templer in den Augen der Öffentlichkeit waren, und das zu einer Zeit, die noch zur Blütezeit des Ordens gerechnet wird.

Einen ähnlichen Eindruck gewinnt man aus der zeitgenössischen erbaulichen Literatur. In dem Roman »Le renard« von Jacquemar Jelée wird der Fuchs, der als Eremit lebend den Ruf seiner Heiligkeit bis ins Heilige Land zu verbreiten wußte, gleichzeitig von Templern und Johannitern begehrt.[42] Der Roman zeichnet zwar kein allzu negatives Bild der Tempelritter, jedoch wird ihnen der dauernde Streit mit den Johannitern und die enge Freundschaft mit den Sarazenen zum Vorwurf gemacht.

So begegnete man den Templern in weiten Kreisen mit Ablehnung oder gar Haß. Aber wenn als Ursachen dafür in der gesamten neueren Literatur nur die Geldfrage, der Vorwurf der persönlichen Bereicherung und der Neid über die Machtstellung des Tempels angeführt werden, ist dies meines Erachtens nicht genügend.

c) Feindschaft mit den anderen Ritterorden

Zunächst einmal ist die Tatsache wenig bekannt und in der modernen Templerforschung auch nicht aufgearbeitet, daß Templer und Johanniter untereinander blutige und langjährige Streitigkeiten ausfochten. Neuere Forschungen zeigen darüber hinaus, daß die Templer mit den Deutschherren ebenfalls im Streit lagen[43]. Die Ritterorden stellten ihre kleinlichen, blutigen Privatkriege über das gemeinsame Interesse zur Verteidigung des Heiligen Landes (vgl. oben, Kapitel XVI).

d) Opposition gegen den König

In den Zeiten des äußersten Existenzkampfes führte es zu einer weiteren schweren Schädigung des Heiligen Landes, als die Templer auch dem König von Jerusalem gegenüber eine feindselige Haltung einnahmen. Ihr Reichtum – und auch jener der übrigen Ritterorden – war inzwischen so groß geworden, daß sie in Akkon größere Macht besaßen als der König. Aufgrund der bereits erwähnten Tatsache, daß die Orden dem König keine Abgaben oder Dienste zu leisten hatten, bildeten sie letztlich eigene Staaten im Staat. Die Ordensheere waren dem König nicht unterstellt und im besten Fall mit assoziierten Bundesgenossen vergleichbar. Die päpstlichen Privilegien ermöglichten es auch hier, daß ein solch fragwürdiger Zustand von den Orden juristisch verteidigt werden konnte. In diesem Punkt lag der Keim einer Gegnerschaft zwischen königlicher Politik und den Ordensrittern. Nach Überzeugung der neueren Forschung hätte die Eingliederung der Ritterorden unter den Oberbefehl des Königs von Jerusalem in Akkon dem Vordringen der Sarazenen sehr lange Einhalt gebieten können. Schwere Folgen hatte für die Templer auch ihre jahrelange Opposition gegen Kaiser Friedrich II., die sich in vielen kleinen Nadelstichen gegen dessen Obrigkeit ausdrückte.

Die eigenmächtige Haltung der Templer setzte sich in der gesamten Geschichte des Königreichs Jerusalem fort. 1278 konnte König Hugo von Jerusalem und Zypern sein Amt nicht weiter ausüben, da es ihm Templer sowie Johanniter unmöglich machten, das Heilige Land zu regieren.

Die Templer traten einmal sogar in Opposition zum Papst: Der Ordensmarschall Stephan von Sissi verweigerte sich 1265 dem päpstlichen Befehl, König Manfred von Sizilien in Italien zu bekämpfen. Als Folge der verlustreichen Auseinandersetzungen mit dem Papst sank das Ansehen der Templer noch weiter.[44] Doch all die geschilderten negativen Verhaltensweisen der Templer waren später freilich nur ein Vorwand, um den Vernichtungsprozeß in Gang zu bringen. Ein direkter kausaler Zusammenhang zwischen den politischen Vorwürfen zum Verhalten des Templerordens im Heiligen Land und den Vorwürfen des Templerprozesses ist nach neueren Forschungsergebnissen nicht herstellbar.[45]

Der Untergang des Ordens

Der Templerprozeß ist in der älteren wie neueren Forschung nach wie vor nicht vollständig aufgearbeitet. Die urkundlichen Quellen sind jedoch verhältnismäßig reichhaltig, so daß aus heutiger Sicht ein einigermaßen sicheres Urteil gefällt werden kann. Zunächst aber muß festgehalten werden, daß auch im Licht der neueren Forschung allein aus den Prozeßakten keine Rückschlüsse auf die Templer früherer Jahrzehnte und Jahrhunderte zu ziehen sind.

In der Templerforschung herrscht einhellig die Meinung vor, daß sich die französischen Ordensritter beim Ablegen ihrer Geständnisse samt und sonders in der Hand König Philipps des Schönen befanden, der als Feind des Ordens zielbewußt und unübersehbar dessen Vernichtung betrieb.

Ein Inquisitionsprozeß, wie er in diesen kirchenhistorischen Abschnitten üblich war, wäre sicherlich Sache der Kirche gewesen, aber Philipp der Schöne war einem solchen Prozeß durch sein schnelles Eingreifen zuvorgekommen. Einhellige Meinung ist auch, daß sämtliche klerikalen Richter, und ihnen voran der Papst, Werkzeuge des Königs darstellten. Die gefangenen Templer blieben immer unter der Jurisdiktion des Königs, auch wenn sie sich angeblich in direkter päpstlicher Obhut befanden. Durch diese fatale Konstellation waren alle Phasen des Verfahrens von Beginn an wertlos in sich und können als Ganzes historisch nur als Schauprozeß gewertet werden.[46]

Quellen weisen die Inhalte der Templergeständnisse als stereotype Wiederholungen der immer wieder selben Delikte aus, wie es typisch für erpreßte oder suggerierte Aussagen ist. Nicht nur deswegen herrscht in der neueren Forschung ebenfalls Einigkeit darüber, daß die dem Tempel zur Last gelegten Verbrechen letztlich unsinnig sind. Denn den Angeklagten weiterer uns bekannter Ketzerprozesse wurden ganz andere Vorwürfe gemacht, beispielsweise die Leugnung der Gottheit Christi, der Dreieinigkeit, der Unsterblichkeit, der Sakramente oder generell schwerwiegende Auslassungen gegen die Kirche. Dergleichen findet sich im Fall der Templer nicht. In diesem Sinne sind die neueren Arbeiten über den Verlauf des Templerprozesses identisch[47].

Auch fällt es auf, daß Inquisitionsprozesse in fast allen Nachbarländern die Unschuld des Ordens ergaben. Für schuldig befunden wurden die Tempelritter nur in Frankreich und im Kirchenstaat. Auch in der Beurteilung dieses Sachverhaltes sind sich die Geschichtsforscher derzeit einig: Die Absurdität der Geständnisse im französischen Templerprozeß können in keiner Weise zur Beurteilung des geistigen und religiösen Lebens der Templer vor dem Prozeß sowie im Resteuropa herangezogen werden. Man verweist hierbei auf die Hexenprozesse: Auch diese in der Regel wertlosen und lächerlichen Geständnisse – u. a. Reiten auf einem Besen und Kopulieren mit dem Teufel – lassen vergeblich nach einem

Substrat suchen, auf das sich die Beschuldigungen hätten ernsthaft beziehen lassen. Über die vorliegenden Geständnisse ist also kein Zeugnis für eine potentielle Entartung oder gar die Ketzerei des Templerordens zu erhalten.

Auch die Klagen und Beschwerden über den Orden seitens der Päpste und anderer Würdenträger führen hier nicht entscheidend weiter. Übergriffe der Ritterorden sind ja bekanntermaßen bereits im Laterankonzil von 1179 oder durch das Schreiben Papst Innozenz' III. von 1212 angeprangert worden[48]. Einzelne Äußerungen der Unzufriedenheit lassen jedoch per se noch lange keinen Schluß auf die Gesamtsituation im Orden zu. Neben den bekannten Vorwürfen des übertriebenen Stolzes, der Hochmut und Habgier richten sich die Papsturkunden insgesamt vor allem gegen den Mißbrauch der päpstlichen Privilegien, keine aber enthält einen Vorwurf der Ketzerei. Insbesondere Prutz[49] betont, daß in den Briefen Urbans V. und Clemens' IV. allein die Verweigerung zum Kampf gegen Manfred von Sizilien der Grund für den Unmut und das Drohgebaren der Päpste ist.

Als einen denkbaren seriösen Grund für den Vorwurf der Ketzerei nannte die frühere Geschichtsschreibung die Herkunft einer freien französischen Bibelübersetzung aus der Mitte des 12. Jahrhunderts, die aus Templerkreisen stammt. Doch auch sie enthält nichts Ketzerisches, sondern weist nur eine freiere Darstellung der Schöpfungsgeschichte auf[50]. In der gesamten moderneren Forschung ist keinerlei Zeugnis für die vermeintliche Ketzerei des Ordens aufgetaucht. Wir wissen vielmehr, daß die Templer selbst scharf gegen Ketzereien vorgingen[51].

Über den äußeren Ablauf des Templerprozesses herrscht in nahezu allen Punkten Einigkeit[52]; auch die

Schilderung in diesem Buch folgt der allgemeinen Einschätzung der Ereignisse. Zusammenfassend nennt die neuere Forschung vier Faktoren, die den Untergang des Templerordens herbeigeführt oder zumindest stark beschleunigt haben:

1. Es bestand von Seiten des französischen Königtums ein außerordentlich starkes Interesse an der Beseitigung der Templermacht. Diesen Sachverhalt betonen insbesondere Burrows[53] und Marie Bulst-Thiele[54].

2. Die Schwäche der in Frankreich residierenden Päpste während des sogenannten Avignoner Exils dem französischen König gegenüber war eklatant.

3. Die öffentliche Meinung war weitgehend gegen die Templer eingestellt, wobei das Volk in seinem Urteil durch die Propaganda Philipps und Nogarets bestätigt und manipuliert wurde.

4. Das Vorgehen der französischen Politik traf einen Orden, der seine innere Kraft nach dem Rückzug aus dem Heiligen Land verloren hatte.

Diese Faktoren nennen nahezu alle Publikationen der letzten zehn Jahre. Insbesondere die Arbeit von Bulst-Thiele macht auf die Tatsache aufmerksam, daß die Templer im Jahre 1291 ihre Position im Heiligen Land mit dem Fall von Akkon einbüßten und ohne Perspektive blieben, während die anderen Ritterorden es verstanden, sich neuen Aufgaben zuzuwenden: Der Johanniterorden konnte sich mit Rhodos über die Zwischenstation Zypern einen neuen, gut ausgebauten Stützpunkt für seine Aktivitäten einrichten; die Deutschherren fanden im deutschen Osten eine neue Aufgabe. Die Tatkraft der Templer schien damals entscheidend gelähmt, wenn man einen Vergleich mit den Energien zum Maßstab nimmt, die der Orden im Heiligen Land immer wieder an den Tag gelegt hatte.

In der Einschätzung der beteiligten Personen stimmen die modernen Geschichtsschreiber ebenfalls überein: Da war auf der einen Seite Philipp, ein kühler Rechner, der für die Staatsraison sehr viel, wenn nicht alles zu opfern gewillt war und sein Ziel mit großer Rücksichtslosigkeit durch alle Gefahren hindurch verfolgte. Hatte er sich erst einmal entschlossen, konnten keine moralischen Hemmungen sein Vorgehen aufhalten. Philipp wußte sich mit skrupellosen Räten zu umgeben, die seinen Willen ohne jeden Abstrich ausführten und die Öffentlichkeit mit einer für die damalige Zeit beispiellosen Propaganda für die königlichen Pläne zu gewinnen suchten. Auch der Einsatz von Terror erschien dem König durchaus als probates Mittel.[55]

Ihm gegenüber stand als Kontrahent Papst Clemens V., der das Wort Kontrahent eigentlich gar nicht verdient. Er war insgesamt ein »schwächlicher Gefühlsmensch, kleinlich, einseitig, stets in erster Linie seiner Verwandten gedenkend, dem weniger Mächtigen gegenüber oft von erfolgreicher Hartnäckigkeit. Philipp dem Schönen gegenüber war er nachgiebig wie kaum ein Papst einem weltlichen Herrscher«[56]. Er hatte sich mit seiner Weigerung, nach Rom zu gehen, dafür entschieden, in Philipps Machtbereich zu leben und war sich seiner Abhängigkeit stets bewußt. Es wird von ihm übereinstimmend berichtet, daß er ein kranker Mann war, dessen Energie durch körperliche Gebrechen gelähmt war. Bis heute ist nicht mit letzter Bestimmtheit zu sagen, ob Clemens sich der Unschuld der Templer bewußt war. Umstritten bleibt auch die Tatsache, daß er sich entschloß, den Orden selbst aufzulösen.

Ein wesentlicher Punkt für den Untergang des Templerordens dürfte nicht zu unterschätzen sein: Das Schicksal der Templer war unlösbar mit dem der Kreuzzüge verbunden, deren Scheitern im Abendland zu schweren inneren Konflikten führte. Warum ließ Gott den Mißerfolg seines Werkes zu? Warum versagte er der europäischen, der abendländischen Idee der Christianisierung des Heiligen Landes den Erfolg? Die anfänglich von Bernhard von Clairvaux idealisierten Kreuzfahrer und mit ihnen auch ihre sublimste Form, der Orden der Templer, hatten ihren Auftrag nicht ausführen können. Dies provozierte bohrende Fragen und Zweifel, so daß der Orden nicht in gleichem Maße unbeschadet in die alte Heimat zurückkehren konnte, als wenn nichts geschehen wäre.

Sicher kamen auch bei den Templern selbst nicht geringe Zweifel zum Tragen, die ihnen mehr schadeten als die ganzen Kämpfe im Heiligen Land mit ihren bekannt hohen Verlusten. Vielleicht gerade deswegen – nicht weil er entartet war, sondern noch an den alten Kreuzfahreridealen festhielt – mußten die Fragen nach dem Sinn seines zweihundertjährigen Kampfes den Orden im Kern seiner Existenz treffen. Es mag sein, daß Philipp der Schöne mit dem Orden aus diesem Grund so wenig Mühe hatte. Diese These findet in mehreren kunstgeschichtlichen sowie dichterischen Werken ihren Niederschlag. Raynouard überliefert in seinem Werk »Choix de Poésie des Troubadours« ein aufschlußreiches Gedicht, das sich »Chevalier du Temple« nennt. Das Gedicht ist 1265 verfaßt, somit noch vor dem Fall Akkons, also noch ehe die Katastrophe der Kreuzzüge ihren Schlußpunkt erreichte. Es entstand unter dem Eindruck des dauernden Vorrückens der Muslime gegen die Christen. Das Gedicht lautet in seinen wichtigsten Teilen in freier Übersetzung:

»Ein rechter Tor ist also, wer den Kampf noch sucht
gegen die Türken,

da Gott denen ja alles erlaubt.
Ist es dann noch zu verwundern, daß sie alles besiegen
und uns Templer jeden Tag von neuem schlagen?
Gott, der ehemals wachte, schläft jetzt.
Mohammed aber entfaltet seine ganze Kraft.«[57]

Wenn sich diese defätistische Stimmung bereits im Jahr 1265, also noch auf dem Höhepunkt ihrer Macht, in den Herzen der Templer breitgemacht hatte, wie muß es mit ihrem Selbstverständnis dann erst beim Durchleben der eigenen Vernichtung ausgesehen haben? Der Templerorden war in seinem Nerv getroffen, er war in dem Teil seines Glaubens irre geworden, der ihn bis dato mit Vehemenz angetrieben hatte. Die Beschuldigungen König Philipps waren völlig aus der Luft gegriffen, aber der Orden war ausgelaugt, hatte seine innere Kraft verloren. So konnten die alten Frontkämpfer auf dem neuen Schlachtfeld der Bösartigkeit nicht mehr standhalten.

Anmerkungen

1 *Jean Leclercq*, Un document sur les débuts des Templiers. In: Revue d'histoire ecclésiastique Vol. 52, 1957, S. 81–91. *Ders.*, Saint Bernard's attitude towards war. In: Studies in medieval Cistercian history II, hrsg. v. *J. Sommerfeldt.* Oxford 1976, S. 1–39.
2 *Maria Melville*, La vie des Templiers. Paris 1951. *Dies.*, Les débuts de l'Ordre du Temple. In: Die geistlichen Ritterorden Europas, hrsg. v. *Josef Fleckenstein*. Berlin 1980.
3 *Gilette Ziegler*, Les Templiers. Paris: Culture, art, loisirs 1973.
4 *David Carlson*, The practical theology of St. Bernard and the date of the De laude novae militiae. In: Erudition at God's service, hrsg. v. *J. Sommerfeldt.* Oxford 1987, S. 133–147.
5 *Josef Fleckenstein*, Die Rechtfertigung der geistlichen Ritterorden nach

der Schrift »De laude novae militiae« Bernhards von Clairvaux. In: Die geistlichen Ritterorden Europas, hrsg. v. *Josef Fleckenstein.* Berlin 1980, S. 9–22.

[6] Vgl. *John Cleland,* Bernardian ideas in Wolfram's Parzival about Christian war and human development. In: The chimaera of his age, hrsg. v. *E. Elder.* Oxford 1980, S. 39–61.

[7] *Jacques Paul Migne,* Patrologiae cursus completus. Patrologia latina (PL) 199, Paris 1844–1855, S. 695.

[8] *Ders.,* PL 189, Brief 26, S. 434.

[9] *Prutz,* Malteserurkunden, a. a. O. 32/44 von 1191.

[10] Vgl. *M. Baigent,* Holy blood, holy grail. New York 1982. *G. Bordonove,* Les Templiers: histoire et tragédie. Paris 1977. *Ders.,* La vie quotidienne des Templiers au 13e sciècle. Genf 1978.

[11] Vgl. *J. Chaumeil,* Lue du premier au dernier Templier. Paris 1985. *Laurant Dailliez,* Les Templiers, ces inconnus. 1972. *Ders.,* Les Templiers et les règles de l'Ordre du Temple. Paris 1972. *Ders.,* La règle des Templiers. Nizza 1977. *Ders.,* Histoire de l'Ordre du Temple. Nizza 1980. *Ders.,* Les Templiers, gouvernement et institutions. Nizza 1980. *A. Demurger,* Vie et mort de l'Ordre du Temple: 1118–1314. Paris 1985.

[12] *Migne,* PL 189, Brief 26, S. 434.

[13] Neuere Forschungen, insbesondere durch Finas, Froude und Guggenberger, bestätigen dies. Vgl. *M. Finas,* Vive Dieu, Templiers! Paris 1978. *James A. Froude,* The Knights Templars. New York 1886. *Alfred Guggenberger,* Die Templer im Wandel der Zeit. Augsburg 1977.

[14] *Melville,* a. a. O.

[15] *Leclercq,* a. a. O.

[16] *Finke,* Papsttum und Untergang des Templerordens, a. a. O.

[17] *R. Pernoud,* Les Templiers. Paris 1974.

[18] *M. Picar,* Les Templiers. Paris 1985.

[19] *H. Prutz,* Christentum und Islam während des Mittelalters und die kulturgeschichtlichen Ergebnisse der Kreuzzüge. In: Historisches Taschenbuch. München 1878. *Ders,* Geheimlehre und Geheimstatuten des Templerordens. Berlin 1879. *Ders.,* Ein zeitgenössisches Gedicht auf die Belagerung von Akkon. Versus magistri Ricardi. In: Forschungen zur deutschen Geschichte 21, 1881. *Ders.,* Die Besitzungen des Johanniter-Ordens in Palästina und Syrien. In: Zeitschrift des Palästina-Vereins 4, 1881. *Ders.,* Kulturgeschichte der Kreuzzüge. Berlin 1883. *Ders.,* Studien über Wilhelm von Tyrus. In: Neues Archiv der Gesellschaft für ältere deutsche Geschichtskunde 8, 1883, S. 91–132. *Ders.,* Entwicklung und Untergang des Templerherrenordens. Berlin 1888. *Ders.,* Kritische Bemerkungen zum Prozeß des Templerordens. In: Deutsche Zeitschrift für Geschichtswissenschaft Bd. 11, 1894. *Ders.,* Die exemte Stellung des Hospitaliter-Ordens. In: Sitzungsberichte der königlich-bayerischen Akademie der Wissenschaften zu München, Philosophisch-philologische und historische Klasse 1904. *Ders.,* Die

Autonomie des Templerordens. In: Sitzungsberichte der königlich-bayerischen Akademie der Wissenschaften zu München, Philosophisch-philologische und historische Klasse 1905. *Ders.*, Zur Genesis des Templerprozesses. In: Sitzungsberichte der königlich-bayerischen Akademie der Wissenschaften zu München, Philosophisch-philologische und historische Klasse 1907, S. 5–67. *Ders.*, Die geistlichen Ritterorden. Ihre Stellung zur kirchlichen, politischen, gesellschaftlichen und wirtschaftlichen Entwicklung des Mittelalters. Berlin 1908.

[20] *L. Dailliez*, Histoire de l'Ordre du Temple. Nizza 1980. *Ders.*, Les Templiers, gouvernement et institutions. Nizza 1980.

[21] Vgl. ebd.

[22] Vgl. ebd.

[23] *J. Duez*, Rituels secrets des Templiers: initiations, écuyer-novice, écuyer du Temple, chevalier-novice, rituels de recéption. Villeneuve-sur-Bellot 1985. *B. Blandre*, L'Ordre des Chevaliers du Temple, du Christ et de Notre Dame: association ou ordre religieux ésotérique? Praxis Juridique et Religion In: Semi-annual review of law and religion Vol. 3 Nr. 2, 1986, S. 158–163. *A. J. Forey*, The Templars in the Corona de Aragón. London: Oxford University Press 1973. *Ders.*, The military orders in the crusading proposals of the late-thirteenth and early-fourteenth centuries. In: Traditio: Studies in ancient and medieval history, thought and religion Vol. 36, 1980, S. 317–345. *Ders.*, The military orders and the Spanish reconquest in the 12th and 13th centuries. In: Traditio: Studies in ancient and medieval history, thought and religion Vol. 40, 1984, S. 197–234. *Ders.*, The emergence of the military order in the 12th century. In: The journal of ecclesiastical history Vol. 36, April 1985, S. 175–195. *Ders.*, Novitiate and instruction in the military orders during the 12th and 13th centuries. In: Speculum: a journal of medieval studies Vol. 61 Nr. 1, 1986, S. 1–17. *Ders.*, The military orders and holy war against Christians in the thirteenth century. In: The English historical review Vol. 104, Januar 1989, S. 1–24.

[24] Vgl. *Fleckenstein*, a. a. O., sowie *Leclercq*, Bernard's attitude, a. a. O.

[25] Vgl. *Prutz*, Entwicklung und Untergang des Templerherrenordens, a. a. O.

[26] Vgl. *E. Simon*, The Piebald standard; a biography of the Knights Templars. London: Casell 1959. *R. Maikowski*, Auf der Suche nach dem lebendigen Geist. Persönlichkeiten und Kulturimpulse der abendländischen Geschichte. Freiburg i. Br. 1971. *J. Becquet*, Les religieux. In: Le Troisième Concile de Lateran (1179), hrsg. v. *J. Longere*. Paris 1982, S. 45–51.

[27] Vgl. *Migne*, PL 200, 1842, S. 919.

[28] Vgl. *Prutz*, Malteserurkunden, a. a. O.

[29] *Finke*, Papsttum und Untergang, a. a. O.

[30] Vgl. *Finas*, a. a. O., *Finke*, a. a. O. und *Froude*, a. a. O.

[31] *Migne*, PL 200, 1842, S. 919.
[32] *Prutz*, Kulturgeschichte der Kreuzzüge, a.a.O., S. 282. *Finke*, Papsttum und Untergang des Templerordens, a.a.O., S. 77.
[33] Vgl. *Bordonove*, a.a.O.
[34] *L. Delisle*, Memoire sur les opérations financières des Templiers. Genf 1975.
[35] *M. Guinguand*, L'or des Templiers: Gisors ou Tomar? Paris 1973.
[36] *J. J. Robinson*, Born in blood: the lost secrets of freemasonry. New York 1989.
[37] *T. N. Bisson*, Credit, prices and agrarian production in Catalonia: a Templar account (1180–1188). In: Order and innovation in the middle ages, hrsg. v *W Jordan*. London 1976, S. 87–102.
[38] *Delisle*, a.a.O., S. 1 ff.
[39] *Prutz*, Ritterorden, a.a.O., S. 530f.
[40] *Ders.*, Kulturgeschichte, a.a.O., S. 281.
[41] *Ders.*, Malteserurkunden 4, S. 38; *ders*, Entwicklung und Untergang, a.a.O., S. 32.
[42] *Ders.*, Kulturgeschichte, a.a.O., 254.
[43] *Fleckenstein*, a.a.O. *L.A. Gotny*, Croisés et Templiers. Paris 1974.
[44] *Prutz*, Entwicklung und Untergang, a.a.O., urkundliche Beilage II, 17/289. *Finke*, a.a.O., S. 51f.
[45] *K. Bercovici*, The crusades. New York 1929. *J. Loiseleur*, La doctrine secrète des Templiers. Genf 1975. *Forey*, a.a.O.
[46] *Finke*, Papsttum und Untergang, a.a.O., S. 151.
[47] *M.-L. Bulst-Thiele*, Der Prozeß gegen den Templerorden. In: Die geistlichen Ritterorden Europas, hrsg. v. *J. Fleckenstein*. Berlin 1980, Bd. 1, S. 375–402. *A. Borst* (Hrsg.), Das Rittertum im Mittelalter. Darmstadt 1976. *E. J. Martin*, The trial of the Templars. New York 1978. *Barber*, a.a.O. *Demurger*, a.a.O. *Bordonove*, a.a.O.
[48] *Migne*, PL 216, Innocentii III, Opera III, S. 870.
[49] *Prutz*, Entwicklung und Untergang, a.a.O., urkundliche Beilage II, 17/289 und 18/290 von 1265.
[50] Ebd., S. 121.
[51] Ebd., urkundliche Beilage II, 12/286 von 1262.
[52] *Barber*, a.a.O. Lavocat, a. a. O. *Legman* et al., a.a.O. *T. Burrows*, The Templar's case for their defence in 1310. In: The journal of religious history (Australia) Vol. 13, Juni 1985, S. 248–259. *Bulst-Thiele*, a.a.O.
[53] *Burrows*, a.a.O., S. 248–259.
[54] *Bulst-Thiele*, a.a.O., S. 375–402.
[55] *Barber*, a.a.O., S. 40–44.
[56] *Finke*, a.a.O.
[57] *Raynouard*, Choix de poésie des troubadours V. Paris (o.J.), S. 131. *Melville*, Templiers, a.a.O., S. 230f.

2. *Was blieb von den Templern?*

Die mittelalterliche Frömmigkeit zeigte seltsame Auswüchse wie Kinderkreuzzüge, Geißlerbruderschaften oder gar Ketzervereinigungen, die trotz ihrer Unterschiedlichkeit alle dem intensiven Bedürfnis nach Gottesnähe entsprangen; die Frömmigkeit der Templer gehörte in diese Welt und darf nur vor diesem Hintergrund gesehen werden. Auch wenn der Orden durch das Konzil von Vienne als Institution aufgelöst wurde, konnte die große abendländische Idee des Templertums durch einen kirchlichen Verwaltungsakt nicht einfach vom Tisch der Geschichte gefegt werden. Das Templertum im weiteren Sinne schrieb sich im Laufe der Jahrhunderte seine eigene Tradition.[1]

Die Templer nach dem Prozeß und der Aufhebung des Ordens

Es ist bekannt, daß sich außerhalb Frankreichs viele Templer der Verfolgung entziehen konnten, insbesondere auf der Iberischen Halbinsel, in Deutschland und England. Was geschah mit ihnen? Einige vermuten, daß sie den Orden am Leben erhielten. So etwa sah man im 16. Jahrhundert in der Bruderschaft der Rosenkreuzer eine Nachfolgeorganisation des Ordens, und es waren insbesondere die Freidenker wie Descartes und Leibniz, die sich um diese Bruderschaft bemühten. Deren Ideen waren wohl deshalb so attraktiv, weil sie eine Aura des Geheimnisses um sich legte. In der Aufklärung ist ein Einfluß ihrer Ideen auf die Gründung der englischen »Royal society« nicht zu leugnen. Doch de facto war dies alles weit entfernt von einer wirklichen Neuorganisation des Templerordens. So wird man denn auch vergeblich nach entsprechenden Zeugnissen aus dieser Zeit suchen.

Die »Templerrenaissance« des 18. Jahrhunderts

Die Templerideen wurden in großem Umfang im 18. Jahrhundert wiederentdeckt. Das Umfeld dieser Zeit ist durch den Niedergang der Feudalordnung, die beginnende Auflösung absolutistischer Herrschaftsstrukturen, Aufklärung und Orthodoxie sowie aufkommenden Säkularismus und Pietismus gekennzeichnet. In diesen Jahren der geistigen Umstürze kamen die Templerkreuze als Symbole einer kraftvollen ideellen »Wiedervereinigung« wieder in Mode.

Die Jesuiten von Clermont bei Paris versuchten, »templerische Ideen« in die Freimaurerei einzuschleusen, um letztlich katholisches Gedankengut in diese für die Kirche verlorene Vereinigung zurückzubringen. Als Anfang dieser Unterwanderungsversuche gilt eine auf das Jahr 1737 datierte Schrift des schottischen Chevaliers Ramsay, der »Discours«, eine Art Kultschrift in Freimaurerkreisen.

In dieser Schrift wird das angebliche Weiterbestehen des Ordens nach seiner Aufhebung beschrieben: Im Jahr 1314 hätten sich Ritter nach Schottland retten können und dort heimlich ihre Ideen weiterverbreitet. Eine geheime Commanderie – Herodom-Kilwinning – sei gegründet worden, wobei die Tempelritter ihre Aktivitäten aus Angst vor neuerlicher Verfolgung unter dem Deckmantel des Freimaurertums ausgeübt hätten.

Die in dieser Zeit immer zahlreicher werdenden Freimaurervereinigungen beinhalteten alle ein sogenanntes Hochgradsystem, das an Templertraditionen anknüpfen sollte. Das Aufnahmeritual zum Kadosch-Rittergrad (Hebr. kadosch = heilig) verlangt auch heute noch die obligatorische Verfluchung Clemens' V. und Philipps des Schönen. Im höchsten Grad des Systems wird den Zöglingen ein Skelett mit der Templerfahne und gezogenem Dolch gezeigt.

1754 wurden von Clermont aus die ersten Versuche unternommen, um den Templerorden wiederzubeleben, was letztlich jedoch mißlang. Ausgangspunkt der geplanten Neugründung war die Bewahrung des Rittertums, das die Französische Revolution allerdings nicht überlebte. In nachrevolutionärer Zeit wurde 1811 ein erstes Templerstatutenbuch bekannt, das aufklärerische Tendenzen zeigte und aufgrund dessen der erste bekannte Neu-Großmeister, Frabré Palaprat, mehrfach verhaftet wurde. Erst nach der Julirevolution 1830 gibt es wieder Nachrichten über die Templer: 1833 wurde in Paris ein »Maison du Temple« eingeweiht und gleichzeitig ein weiblicher Ordenszweig vorgestellt. Der neue Templerorden bezeichnete sich als kontinuierliche Tradition des ursprünglichen Ordens, konnte diesen Anspruch jedoch nicht nachweisen.

Das Wiederaufleben der Templeridee in Deutschland ist mit dem Namen Karl Gotthelf Reichsfreiherr von Hund und Altengrotkau verbunden. Hund bezeichnete sich als einen geweihten Templer und legitimen Nachfolger des angeblich in steter Kontinuität weiterexistierenden Ordens. Er selbst hätte im Jahr 1742 am Hof des englischen Prinzen Karl Eduard Stuart von einem »Ritter von der roten Feder« (cavaliere a penna ruba) unter der Anwesenheit Lord William Killmarnocks und Lord Cliffords die Weihen des in Schottland nach wie vor bestehenden Templerordens erhalten. Zugleich sei ihm die VII. Ordensprovinz, nämlich Deutschland, durch ein »Heeresmeisterpatent« als Ordensoberer übertragen worden. Nach Deutschland zurückgekehrt, hätte er hier den Orden mit den von ihm als ursprünglich bezeichneten Statuten neu ins Leben gerufen. Der »Ritter von der roten Feder« als die eigentliche höchste lebende Autorität hätte die »Ordensgeheimnisse«, die »geheimen Statuten«, den »Schatz der Templer«, die Regeln der »Magie und Alchimie« bis in die Gegenwart in lückenloser Folge tradiert.

Die genaue Identität dieses mysteriösen Ritters konnte nicht geklärt werden, und so blieb diese Persönlichkeit geheimnisumwittert und damit – wie wahrscheinlich von Hund beabsichtigt – für Spekulationen offen. Hund führte seinen Orden nach Templervorbild. Er brachte wichtige Begriffe wie beispielsweise »strikte Observanz«, die er aus dem Vasallengedanken des Hochmittelalters ableitete, in die neue Gemeinschaft. Dieser deutsche Templerorden des 18. Jahrhunderts war nach außen hin hauptsächlich durch ausgedehnte religiöse wie säkulare Zeremonien, stilvolle mittelalterliche Gelage, pompöse Gewänder und Rüstungen sowie eine hochtrabende ritterliche Namensgebung gekennzeichnet. Eigentliche geistige Ideen dieses neuen Ordens sind nicht erkennbar, und so ist es auch nicht verwunderlich, daß nach anfänglichen Erfolgen der Mitgliederwerbung – 1775 gehörten sechsundzwanzig deutsche Fürsten, unter ihnen der Herzog von Braunschweig, der »strikten Observanz« an – recht bald die Ernüchterung folgte: Als Freiherr von Hund starb, löste sich sein »Templerorden« wieder auf. Im Anschluß an die Französische Revolution mit ihren freiheitlichen Ideen gab es für ein mittelalterliches Relikt dieser Prägung einfach kein Fundament mehr. Zuweilen vermutet man, es könnte sich bei dem geheimnisvollen »Ritter von der roten Feder« um Kronprinz Karl Eduard Stuart selbst gehandelt haben, der nachweislich beabsichtigte, als Großmeister in Schottland Fuß zu fassen, worin er aber kläglich scheiterte. Der letzte legitime Nachfolger der Stuarts, der 1788 im römischen Exil starb, träumte vielleicht sogar von der Errichtung eines Templerreiches auf schottischem Boden.

Die neuen Templer in Literatur und Kunst

Gotthold Ephraim Lessing, selbst ein Mitglied der Freimaurer, war das Prinzip der »strikten Observanz« bekannt. Er ließ in »Nathan der Weise« den Orden in der Person des Tempelherrn wiederauferstehen. Goethe, Mitglied der Weimarer Freimaurerloge Amalia, nannte den wiedererstandenen Orden eine »weiß-rote Maskerade«. Im Denken der deutschen Klassik spielten mittelalterliche Ordensregeln und Ideale eine nicht unerhebliche Rolle. In Goethes Schrift »Geheimnisse« wird eine templerähnliche Bruderschaft gegründet, im »Wilhelm Meister« treten Mitglieder einer »Gesellschaft vom Turm« auf, die einem mittelalterlichen Schwertorden entspricht. Mozart verwendete in der »Zauberflöte« die Templeridee. Zacharias Werner schrieb das im letzten Jahrhundert gefeierte, heute weitgehend vergessene klassische Templerdrama »Die Söhne des Tales«. Als Handlung liegt ihm die Geschichte des Ordens von der Gründung über die unrechtmäßige Aufhebung bis zum heimlichen Weiterleben in Schottland zugrunde. Neben dem Großmeister Jacques de Molay gibt es in diesem Drama die sogenannten Söhne des Tales selbst, welche die Katastrophe bewußt inszenierten, um so fernab von politischen Realitäten die reine Ordensidee über alle Zeiten retten zu können.

Hugo von Hofmannsthal läßt in seinem Roman »Andreas oder die Vereinigten« einen Tempelritter erstehen, der in der unvollendeten Handlung eine sonderbare Mischung aus Magischem und Undurchsichtigem darstellt. Auch Stefan George und Ernst Jünger haben sich des Templersujets angenommen. So ist beispielsweise in »Der siebente Ring« von George ein häufig wiederkehrendes Motiv die idealisierte Bewunderung von Ordensideen der Templer oder Rosenkreuzer.[2] Joseph von Hammer-Purgstall steuerte zu dieser idealisierten, weltfremden Sicht des Ordens eine weitere Spekulation bei über die im Templerprozeß genannte Verehrung eines Idols, des »Baphomets«. Auch brachte er die Templer in Verbindung mit magischen Dingen, was die Spekulation noch anheizte.[3] Doch die Baphomet-Konzeption starb mit dem 19. Jahrhundert. Die Geschichte des Ordens und seine wuchernden Legenden sind inzwischen zwei deutlich divergierende Strömungen. Der Baphomet als Symbol des Reichtums und gleichzeitigen Untergangs der Templer entbehrt zwar jeder historischen Grundlage, wird jedoch selbst heute immer wieder neu durch haltlose Spekulationen in der Trivialliteratur aufgewärmt.[4]

Templeraktivitäten heute?

1900 gründete Adolf Lanz von Liebenfels den »Neutemplerorden«, indem er der alten Ordensidee neue Inhalte zusetzte, die wenig später im Nationalsozialismus von Hitler teilweise aufgegriffen wurden. Bekannt ist ein persönlicher Besuch Hitlers 1909 bei dem Ordensgründer sowie seine Vorliebe für die damalige Templerzeitschrift »Ostara«. Auch sind die Vereinigung des Templerkreuzes mit dem Hakenkreuz durch den Ordensgründer intendiert gewesen.

Heute gibt es in Westeuropa mehrere Templerorganisationen, die sich als eingetragene Vereine, basierend auf einer nicht genauer definierten christlich-humanistischen Idee, einer meist sozialen Aufgabe widmen. Im Gegensatz zu den Krankenpflegeorden wie den Maltesern oder Johannitern treten diese Nachfahren der Templer jedoch mehr auf dem Gebiet des Mäzenatentums oder der allgemeinen Förderung kulturellen Geisteslebens in Erscheinung. 1980 wurde in Rom eine »Confoederatio ordinis Templarii« gegründet, die von der Kirche weder anerkannt noch verboten wurde.

Anmerkungen

[1] Vgl. zu folgendem *Karlhans Kluncker,* Die Templer: Geschichte und Geheimnis. In: Zeitschrift für Religions- und Geistesgeschichte 41, 1989, S. 242–246.
[2] *Stefan George,* Der siebente Ring. Gesamtausgabe. Berlin 1931, S. 52 ff.
[3] *Joseph von Hammer-Purgstall:* Mysterium baphometis relevatum. In: Fundgruben des Orients VI, S. 3.
[4] *S. Rosenzweig/B. Dufosse,* Le secret des Templiers. Paris 1983. *J. Martin/J. Pleyers,* Le secret des Templiers. Paris: Castermann 1990.

3. *Vergleichende Zeittafel*

Kirchen- und Kulturgeschichte		Politische Zeitgeschichte	
ca. 900	Beginn des romanischen Baustils		
ca. 1000	Cluniazensische Kirchenreform		
		1024–1125	Salier
		1024–1039	Konrad II.
		1039–1056	Heinrich III.
		1056–1106	Heinrich IV.
1059	Papstwahldekret, Investiturstreit	1066	Normannen in England
		1077	Gang Heinrichs IV. nach Canossa
1073–1085	Papst Gregor VII.		
		1096–1099	1. Kreuzzug
1109	Tod Anselms von Canterbury	1106–1125	Heinrich V.
		1138–1254	Staufer
1142	Tod Abaelards	1142–1195	Herzog Heinrich der Löwe
		1146–1148	2. Kreuzzug
1153	Tod Bernhards von Clairvaux	1152–1190	Friedrich I. Barbarossa

ca. 1180	Beginn der franz. Gotik, Blüte der Troubadourkultur		
		1189–1191	3. Kreuzzug
		1190–1197	Heinrich VI.
1198–1216	Papst Innozenz III.		
		1202–1204	4. Kreuzzug
1215	4. Laterankonzil	1215–1250	Friedrich II.
1220	Tod Dominikus’	1217–1221	5. Kreuzzug
1226	Tod Franziskus’ von Assisi	1226–1270	Ludwig IX. (der Heilige) von Frankreich
		1248–1254	6. Kreuzzug
		1285–1314	Philipp IV. (der Schöne) von Frankreich
		1270	7. Kreuzzug
1294–1303	Papst Bonifaz VIII.		
1305–1314	Papst Clemens V.		
1309	Beginn des Avignoner Exils der Päpste		
1311–1312	Konzil von Vienne		

4. Chronik des Templerordens

1119	Gründung des Ordens durch Hugue de Payens in Jerusalem.
1128	Bestätigung der von Bernhard von Clairvaux redigierten Ordensregel durch das Konzil von Troyes.
29. März 1139	Bestätigung der Organisation der Templer durch die Bulle »Omne datum optimum« von Papst Innozenz II.
1188	Bestätigung der ersten Zusammenfassung weiterer Satzungen durch Papst Clemens III.
1241	Erfolgreiche Kämpfe des Ordens im Heiligen Land und gegen die Mauren in Spanien.
1291	Fall der Stadt Akkon und Ende der Kreuzzugstätigkeit des Ordens. Rückzug nach Zypern und später nach Frankreich.
1305	Systematische Denunziationen durch Esquiu de Floryan führen in der Folge zur Anklage des Ordens wegen Häresie, Blasphemie und Unzucht.
13. Okt. 1307	In Frankreich Verhaftung sämtlicher Templer durch den französischen Generalinquisitor Wilhelm Imbert und den königlichen Berater Nogaret innerhalb eines Tages.

22. März 1312	Auf dem Konzil von Vienne hebt Papst Clemens V. unter dem Druck König Philipps IV. von Frankreich den Orden auf.
18. März 1314	Der letzte Templergroßmeister, Jacques de Molay, wird nach dem Widerruf seines erpreßten Geständnisses zusammen mit Geoffroy de Charnay in Paris verbrannt.

5. *Chronik des Templerprozesses*

Ende 1306/ Anfang 1307	Jacques de Molay kommt in Frankreich an.
24. Aug. 1307	Beginn der päpstl. Untersuchung auf Bitten Molays.
14. Sept. 1307	Geheime Befehle Philipps IV. an seine Seneschalle, um die Festnahme der Templer zu organisieren.
13. Okt. 1307	Gefangennahme der Templer in Frankreich.
14. Okt. 1307	Nogaret formuliert die Anklagen gegen die Templer. Die Anklagen werden an die Theologische Fakultät an der Sorbonne weitergegeben.
16. Okt. 1307	Philipp IV. schreibt an Jaime II., den König von Aragón, um ihn über die Festnahmen zu unterrichten.
19. Okt. 1307	In Paris beginnen die ersten Verhöre.
24. Okt. 1307	Erstes Verhör von Molay.
25. Okt. 1307	Molay verteidigt sich vor den Mitgliedern der Universität von Paris.
26. Okt. 1307	Philipp schreibt erneut an Jaime, um ihm von den Ergebnissen der Verhöre zu berichten.
27. Okt. 1307	Schreiben Clemens' V. an Philipp, in dem er dem König das päpstliche Mißfallen über die Festsetzung der Templer mitteilt.
9. Nov. 1307	Verhör Hugues de Pairaud.

22. Nov. 1307	Päpstliche Bulle »Pastoralis praeeminentiae«.
24. Dez. 1307	Molay widerruft vor den päpstlichen Legaten sämtliche bei den Verhören gemachten Aussagen.
Febr. 1308	Clemens suspendiert den Großinquisitor Wilhelm Imbert von seinem Amt. Philipp stellt sieben Anfragen an die Mitglieder der Theologischen Fakultät an der Sorbonne.
9.–24. März 1308	Einberufung des Ständerates durch Philipp.
25. März 1308	Antwort der Theologischen Fakultät auf die sieben Anfragen des Königs.
5.–15. Mai 1308	Der Ständerat tagt in Tours.
26. Mai 1308	Philipp trifft sich in Poitiers mit Clemens.
29. Mai 1308	Erste Rede Plaisians' vor dem päpstlichen Konsistorium.
14. Juni 1308	Zweite Rede Plaisians'.
27. Juni 1308	Philipp übergibt dem Papst zweiundsiebzig gefangene Templer.
5. Juli 1308	Päpstliche Bulle »Subit assidue«.
12. Aug. 1308	Päpstliche Bullen »Faciens misericordiam« und »Regnans in coelis«.
13. Aug. 1308	Clemens reist aus Poitiers ab.
17.–20. Aug. 1308	Zwei Kardinäle befragen in Chinon die dort inhaftierten Templer.
März 1309	Clemens schlägt in Avignon seine permanente Residenz auf.
März 1309	Beginn der bischöflichen Untersuchung über Templer als Einzelpersonen.

8. Aug. 1309	Die päpstliche Kommission eröffnet das Verfahren über den Orden.
22. Nov. 1309	Die ersten Untersuchungen der Kommission beginnen.
26. Nov. 1309	Molay tritt zum ersten Mal vor die Kommission.
28. Nov. 1309	Molay tritt zum zweiten Mal vor die Kommission. Die Kommission schließt die erste Sitzung.
3. Febr. 1310	Die Kommission tritt zur zweiten Sitzung zusammen.
2. März 1310	Molay tritt zum dritten Mal vor die Kommission.
14. März 1310	Den Templern werden hundertsiebenundzwanzig Anklagepunkte vorgetragen. Die Ritter wollen sich verteidigen.
28. März 1310	Große Zusammenkunft der Templer im bischöflichen Garten von Paris.
4. April 1310	Päpstliche Bulle »Alma mater«.
7. April 1310	Verteidigung des Ordens durch dessen vier gewählte Prokuratoren.
12. Mai 1310	Vierundfünfzig Templer werden durch die Synode des Erzbischofs von Sens zum Tode verurteilt und in der Nähe von Paris verbrannt.
3. Nov. 1310	Die päpstliche Kommission beginnt ihre dritte Sitzung.
5. Juni 1311	Die Kommission schließt ihre Untersuchungen ab.

16. Okt. 1311	Eröffnung des Konzils von Vienne. Sieben Templer erscheinen in der Absicht, ihren Orden zu verteidigen.
20. März 1312	Philipp IV. trifft als einziger König in Vienne ein.
22. März 1312	Päpstliche Bulle »Vox in excelso«.
2. Mai 1312	Päpstliche Bulle »Ad providam«.
6. Mai 1312	Päpstliche Bulle »Considerantes dudum«.
21. März 1313	Die Johanniter sind bereit, Philipp 200 000 Pfund für die Templergüter zu bezahlen. Der König handelt die Summe auf 1 000 000 Pfund hoch.
18. März 1314	Jacques de Molay und Geoffroy de Charney werden auf der Seineinsel nahe Notre Dame verbrannt.
20. April 1314	Tod Clemens' V.
29. Nov. 1314	Tod Philipps IV.

6. Die Großmeister des Templerordens

Name	Herkunft	Amtszeit
Hugue de Payens	Champagne	1118/19 –1136/37
Robert de Craon	Maine	1136/37–1149
Evrard des Barres	Champagne (Meaux)	1149–1152
Bernard de Trémelay	Franche-Comté	1152–1153
André de Montbard	Bourgogne	1153–1156
Bertrand de Blanquefort	Berry	1156–1169
Philippe de Naplouse	Hl. Land	1169–1171
Eudes de Saint-Amand	Provence	1171–1179
Arnaud de Torroja (Terre Rouge)	Aragón	1180–1184
Gérard de Ridefort	Flandern	1185–1189
Robert de Sablé	Maine	1191–1193
Gilbert Erail	Aragón oder Provence	1194–1200
Philippe de Plessis	Anjou	1201–1209
Guillaume de Chartres	Chartres	1210–1219
Pierre de Montaigu	Aragón	1219–1232
Armand (Hermant) de Périgord	Périgord	1232–1244
Richard de Bures	Normandie	1244/45–1247

Guillaume de Sonnac	Rouergue	1247–1250
Renaud de Vichiers	Champagne?	1250–1256
Thomas Bérard	Italien	1256–1273
Guillaume de Beaujeu	Beaujolais	1273–1291
Thibaud Gaudin	Chartres-Blois?	1291–1293
Jacques de Molay	Elsaß	1294–1314

7. Die Könige von Frankreich (11. – 14. Jahrhundert)

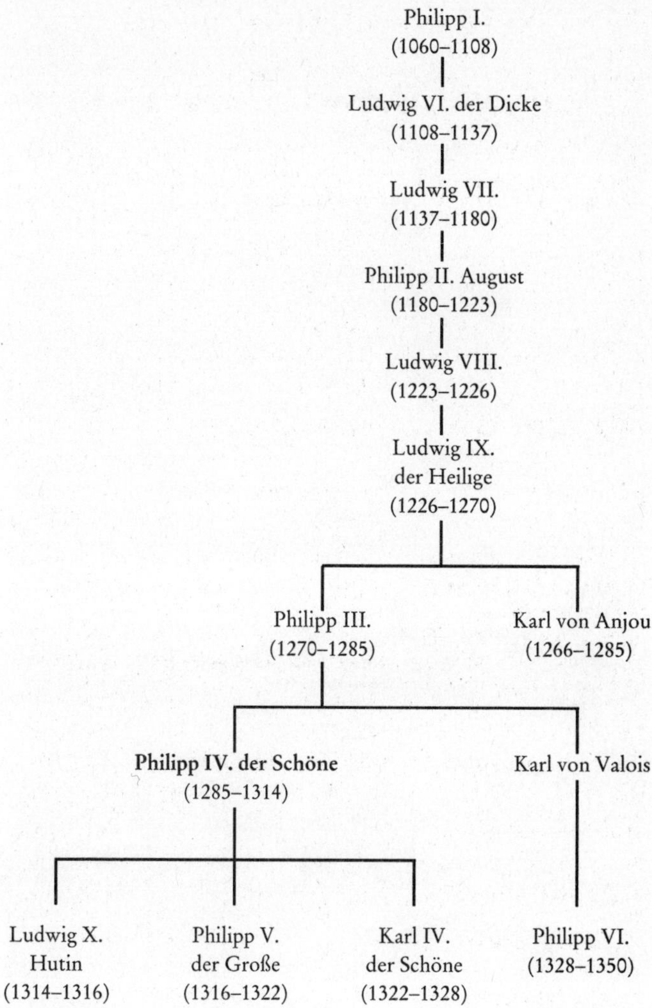

8. *Die Päpste der Kreuzzugszeit*

Papstname	Bürgerlicher Name	Dauer des Pontifikats
Gregor VII.	Hildebrand	1073–1085
Victor III.	Daufari	1086–1087
Urban II.	Odo von Lagery	1088–1099
Paschalis II.	Rainer von Bieda	1099–1118
(...)		
Honorius II.	Lamberto Scannabecchi	1124–1130
Innozenz II.	Gregorio Papareschi	1130–1143
(...)		
Eugen III.	Bernardo Paganelli	1145–1153
Hadrian IV.	Nikolaus Breakspeare	1154–1159
Alexander III.	Roland Bandinelli	1159–1181
(...)		
Innozenz III.	Lotario di Segni	1198–1216
Honorius III.	Cencio Savelli	1216–1227
Gregor IX.	Ugolino	1227–1241
(...)		
Innozenz IV.	Sinibaldo Fieschi	1243–1254
Alexander IV.	Rainald von Segni	1254–1261
Urban IV.	Jacques Pantaléon	1261–1264
Clemens IV.	Guy Foulquois	1265–1268
(...)		
Gregor X.	Tebaldo Visconti	1271–1276
(...)		
Martin IV.	Simon de Brion	1281–1285

(...)		
Nikolaus IV.	Girolamo Masci	1288–1292
(...)		
Coelestin V.	Pietro Morrone	1294
Bonifaz VIII.	Benedetto Gaetani	1294–1303
Benedikt XI.	Niccolò Boccasini	1303–1304
Clemens V.	Bertrand de Got	1305–1314

(...) papstlose Zeit

9. Literaturverzeichnis

Abel, F.M., Lettre d'un Templier trouvée récemment à Jérusalem. In: Revue biblique 35, 1926, S. 288–295. Vgl. Académie des inscriptions et belles lettres, Paris. Compte-rendu des séances 1926, S. 12–18. – Der Brief wurde in der Al-Aksa gefunden. Gérard de Ridefort schreibt an Eudes de Vendôme über Robert de Sourdeval bzw. ein Ordenskapitel in El-fule (Fala) im Jahre 1184.

Addison, Charles G., The Knights Templar history. New York: AMS Press 1912 und 1978.

Ders., The history of the Knights Templars, the temple church, and the temple. London: Longman & Co. 1842, XVIII; zweite Auflage 1842, XV; dritte Auflage 1852, VII. History of the Knights Templars, adapted to the American system by R. Macoy ... 1876. Vgl. *Lynds E. Jones*, The American catalogue author and title entries ... July 1, 1876. New York 1941, S. 7ff. The Knights Templar history. Enlarged from the research of numerous authors ... the whole affording a complete history of masonic knighthood, from the American system by Robert Macoy. New York: Macoy Publishing and Masonic Supply Co. 1912.

Albon, Marquis de, La mort d'Odon de Saint-Amand, grand-maître du Temple (1179). In: Revue de l'Orient latin 12, 1911, S. 279–282. – Saint-Amand starb nach dem Zeugnis von zwei Bullen Papst Alexanders III. nicht am 10. Juni, sondern am 9. Oktober 1179.

Alix, Abbé, Robert de Sourdeval, chevalier du Temple. In: Société des antiquaires de la Normandie, bulletin 37, 1929, S. 427–432. – Kommentar eines in der Revue biblique im April 1926 veröffentlichten Textes.

Amico, Antonius de, Trium orientalium latinorum ordinum post captam a Duce Gothofredo Hierusalem, videlicet Sacrae Domus Hospitalis sive Militum S. Joannis Hierosolymitani, Sacrae Domus Templi et S. Mariae de Valle Josaphat, notitiae ac tabularia. Panormi: Alphonsus de Isola 1636. – Nur der die Templer betreffende Teil ist erschienen. Ergänzung zu *Dessubre* Nr. 17.

Anker, Sybrand A. van den, De opheffing der Tempeliers beoordeld. Studien op godsdienstig, wetenschappelyk en letterkundig gebied I. S'Hertogenbosch: van Galick 1868, Heft 2.

Anton, Karl Gottlob von, Versuch einer Geschichte des Tempelherrenordens. Leipzig: Böhme 1779; zweite, vermehrte und verbesserte Auflage, Leipzig: Böhme 1781. – Ergänzung zu *Dessubre* Nr. 23.

Arnold, U., Ordines Militares. Colloquia Torunensia Historica III. In: Zeitschrift für Ostforschung Vol. 35, 1986, S. 234–241.

Atiya, Aziz S., The crusade historiography and bibliography. Bloomington: Indiana University Press 1962, S. 144f.

Babut, A., Le cachet, le timbre et le coin du jeton des postulances de l'Ordre du Temple. Brüssel 1910.

Backman, Gaston, Receptionen inom Tempelherreorden. In: Kyrkohistorisk Årsskrift. Skrifter utgivna av Kyrkohistoriska Föreningen Jg. 53, 1953, S. 1–26.

Ders., Tempelherreordens paostaodda skuld. In: Kyrkohistorisk Årsskrift. Skrifter utgivna av Kyrkohistoriske Föreningen Jg. 55, 1955, S. 42–88.

Baigent, Michael, Holy blood, holy grail. New York: Delacorte Press 1982.

Baiso, Guido de, Tractatus super heresi et aliis criminibus in causa Templariorum et domini Bonifacii papae VIII. In: *Joannes Dominicus Mansi*, Sacrorum conciliorum nova et amplissima collectio XXV. Venedig 1782, Sp. 417–426. Vgl. *Dessubre* Nr. 1151.

Ballegeer, Johan, De Kerk van Lissewege, de Tempeliers, de Compagnons: 'n alternative hypotese. Brügge: M. van de Wiele 1985.

Barber, Malcolm, The trial of the Templars. Cambridge: Cambridge University Press 1978.

Ders., The trial of the Templars. In: Journal of ecclesiastical history 30, 1979, S. 489–490.

Ders., The Templars and the Turin shroud. In: Church history Vol. 68, April 1982, S. 206–225.

Barrington, Daines, A letter from the Hon. Daines Barrington to the Rev. Dr. Lort, on the origin of the arms belonging to the two honourable societies of the inner and middle temple; the Pegasus and the holy lamb. In: Archaeologia IX, 1789, S. 127ff. – Behandelt Templersiegel.

Bascape, Giacomo, Lineamenti di sigillografia ecclesiastica II: I sigilli degli ordini e delle congregazioni I: I sigilli degli ordini militari ed ospedalieri. In: Studi storici in onore di Francesco Loddo Canepa II. Florenz 1959, S. 75–106.

Becquet, Jean: Les religieux. In: Le Troisième Concile de Lateran (1179), hrsg. v. *J. Longere*. Paris 1982, S. 45–51.

Bellot, H. H. L., The inner and middle temple. London: Bethuen & Co. 1902.

Bercovici, Konrad, The crusades. New York: Cosmopolitan Book Corporation 1929.

Berillon, Le baphomet, l'idole androgyne des Templiers. In: Revue Aesculape, Januar/Februar 1913.

Bertouch, Ernst von, Kurzgefaßte Geschichte der geistlichen Genossenschaften und der daraus hervorgegangenen Ritterorden. Wiesbaden: Bechtold 1888, S. 27–32. – Behandelt auch den Christusorden.

Biedenfeld, Ferdinand Leopold Carl Freiherr von, Geschichte und Verfassung aller geistlichen und weltlichen erloschenen und blühenden Ritterorden. Weimar: Vogt 1841, S. 46.

Bisson, Thomas N.: Credit, prices and agrarian production in Catalonia: a Templar account (1180–1188). In: Order and innovation in the middle ages, hrsg. v. *W. Jordan*. London 1976, S. 87–102.
Blandre, Bernard, L'Ordre des Chevaliers du Temple, du Christ et de Notre Dame: association ou ordre religieux esoterique? Praxis Juridique et Religion. In: Semi-annual review of law and religion Vol. 3 Nr. 2, 1986, S. 158–163.
Bohon, M.-A., Un historien des croisades, Guillaume de Tyr. In: Jérusalem 5, 1912, S. 49–53 und 86–88.
Bonnin, Jean Claude, Les Templiers et leurs commanderies en Aunis, Saintonge, Angoumois, 1139–1312. La Rochelle 1983.
Bordonove, Georges, Les Templiers: histoire et tragédie. Paris: Fayard 1977.
Ders., La vie quotidienne des Templiers au 13e siècle. Genf: Éditions Famot 1978.
Borst, A. (Hrsg.), Das Rittertum im Mittelalter. Darmstadt: Wissenschaftliche Buchgesellschaft 1976.
Brandt, Franz, Staatsprozesse. Leipzig/Wien: Günther-Verlag 1937, S. 240–302: Der Prozeß gegen die Templer oder die Tragödie der Überflüssigen.
Brehier, Louis, L'église et l'Orient au moyen-âge: Les croisades. Paris: Gabalde et fils 1928. Vgl. *Dessubre* Nr. 1162.
Briat, René, Un énigme de l'histoire: les Templiers. In: Plaisir de France Jg. 29 Nr. 301, 1963, S. 2–11.
Bulst-Thiele, Marie-Luise, Templer in königlichen und päpstlichen Diensten. In: Festschrift Percy Ernst Schramm zu seinem siebzigsten Geburtstag von Schülern und Freunden zugeeignet I. Wiesbaden: Steiner 1964, S. 289–308.
Dies.: Der Prozeß gegen den Templerorden. In: Die geistlichen Ritterorden Europas, hrsg. v. *J. Fleckenstein*, Berlin 1980, Bd. 1, S. 375–402.
Bouffet, Hippolyte, Les Templiers et les Hospitaliers de Saint-Jean en Haute-Auvergne. Marseille: Laffitte Reprints 1976.
Burman, Edward: The Templars: knights of God. Rochester: Destiny Books 1986.
Burrows, Toby, The Templar's case for their defence in 1310. In: The journal of religious history (Australia) Vol. 13, Juni 1985, S. 248–259.
Burton in: *Emile Tandel*, Les communes luxembourgoises, Bd. (Publications de l'institut archeologique du Luxembourg, Annales Bd. XXVI). Arlon: Imprimerie Bück 1892, S. 109 f.
Calendrini, P., Bertrand de Blanchefort (Blanquefort), 6me grandmaître des Templiers (1155–1168). In: *Baudrillart:* Dictionnaire d'histoire et de géographie ecclésiastique VIII. Paris 1935, Sp. 1042 f.
Ders., Thomas Berasdi (1256–1273) grand-maître des Templiers. In:

Baudrillart: Dictionnaire d'histoire et de géographie ecclésiastique VIII. Paris 1935, Sp. 330.

Campell, George Archibald, The Knights Templars. New York: AMS Press 1980.

Ders., The Knights Templars. Their rise and fall. London: Duckworth 1937. – Deutsche Übersetzung von *Clemens von Holder,* Die Tempelritter. Aufstieg und Verfall. Stuttgart: Klett 1938. Besprechung in: Times literary supplement Vol. 10 No. 1849, Juni 1937.

Capone, Bianca, I Templari in Italia. Mailand 1977.

Cappelletti, Licurgo, Storia degli ordini cavallereschi. Livorno 1904, S. 358–361.

Cardinale, H. E., Orders of knighthood awards and the holy see. Van Düren: Gerrards Cross 1983, S. 178–181.

Carlson, David, The practical theology of St. Bernard and the date of the De laude novae militiae. In: Erudition at God's service, hrsg. v. *J. Sommerfeldt,* Oxford 1987, S.133–147.

Carmi, Gabrielle, Des Templiers aux Massenies du Saint-Graal. Paris: Nouvelles Éditions Debresse 1977.

Carof, Marguerite-Marie, L'Ordre du Temple en occident d'origines à 1187. In: Thèses soutenues à l'école des chartes en 1944. Nogent-le-Rotrour 1944, S.17–22.

Carrière, Victor, Hypothèses et faits nouveaux en faveur des Templiers. In: Revue d'histoire de l'église de France Bd. 3, 1912, S.55–71.

Carry, L.-A., Le rôle financier des Templiers. In: Atlantis Jg. 36 No. 217, 1963, S.333–336.

Ders., A propos de quelques pélèrinages Templiers. In: Atlantis Jg. 36 No. 217, 1963, S. 337–340.

Change, Arnolde du, Glossarium mediae et infimae latinitatis conditum a Carolo du Fresne domino du Change auctum a monachis ordinis S. Benedicti... Editio nova... a Leopold Favre, Bd. VIII. Niort: Favre 1887, S. 50–52. – Katalog der Großmeister des Templerordens.

Charpentier, John, L'Ordre des Templiers. La Colombe 1944. – Besprechung von *Victor Carrière* in: Revue d'histoire de l'église de France 32, 1946, S. 128f.

Ders., L'Ordre des Templiers. La Colombe 1962. – Deutsche Übersetzung von *Brigitte Weitbrecht,* Die Templer. Stuttgart: Klett 1964.

Ders., L'Ordre des Templiers. Paris 1977.

Chaumeil, Jean, Lue du premier au dernier Templier. Paris 1985.

Chevaliers templiers: a la mysterieuse memoire des pauvres chevaliers du Christ. Valreas: Club UNESCO de Valreas 1984.

Chevaliers templiers. In: Rivista araldica Nr. 5, 1914. Vgl. *Dietrich,* Bibliographie der fremdsprachlichen Zeitschriften-Literatur XII, S. 255.

Choisy, François Timoléon, Histoires de Philippe de Valois et du roi Jean ou histoire de la condamnation des Templiers. Paris: C. Barbin 1688. – Andere Ausgaben: Amsterdam: H. Desbordes 1688; Paris: A. Dezailler 1690.

Cibrario, Luigi, Dei Templari e della loro abolizione; sechste Auflage. Florenz: Botta 1868.

Clairvaux, Bernhard von, De laude novae militiae ad milites Templi. In: *Victor Mortet/Paul Deschamps,* Recueil de textes relatifs à l'histoire de l'architecture et à la condition des architectes en France au moyen-âge, XIIe-XIIIe siècles. Publié avec une introduction, des notes, un glossaire et un répertoire archéologique. Paris 1929, S. 42. – Zur Datierung des Traktats vgl. *Victor Carrière* in: Revue d'histoire de l'église de France 32, 1946, S. 126. Carrière machte den Vorschlag, »De laude« für 1135 anzusetzen, als die Templer auf die Intervention Bernhards hin von dem Konzil in Pisa eine finanzielle Hilfe erhielten. »De laude« wird öfter auch unter dem Titel »Sermo exhortatorius ad milites Templi« überliefert.

Ders., Liber ad milites Templi. De laude novae militiae. In: S. Bernardi Opera Vol. III: Tractatus et Opera ad fidem codicum recensuerunt *J. Leclercq* et *H. M. Rochais.* Rom: Editiones Cistercienses 1963, S. 205–239. – Datiert den Traktat in die Zeit von 1128–1136.

Cleland, John H., Bernardian ideas of Wolfram's Parzival about Christian war and human development. In: The chimaera of his age, hrsg. v. *E. Elder.* Oxford 1980, S. 39–61.

Cocheril, M.-Maur, Essai sur l'origine des ordres militaires dans la péninsule ibérique. In: Collectanea Ordinis Cisterciensium reformatorum 21, 1959, S. 302–304. – Behandelt das Verhältnis des hl. Bernhard zum Templerorden.

Constable, Giles, Monastic tithes from their origins to the twelfth century, Bd. XXI. Cambridge: University Press 1964. Vgl. das Register auf S. 337.

Cousin, Patrice, Les débuts de l'Ordre des Templiers et St-Bernard. In: Mélanges Saint-Bernard. XXIVe congrès de l'association bourguignonne des sociétés savantes (8e centenaire de la mort de St-Bernard) à Dijon, 1953. Dijon: Marilier 1955, S. 41–52.

Craemer, Ulrich, Das Hospital als Bautyp des Mittelalters. Köln: Kohlhammer 1963. S. 36–43: Das Hospital der Ritterorden. Die Johanniter-, Templer- und Deutschordensspitäler.

Currer-Briggs, Noel, The holy grail and the shroud of Christ: the quest renewed. Maulden Beds: ARA Publications 1984.

Dailliez, Laurent, Les Templiers, ces inconnus. Paris: Perrin 1972.

Ders., Les Templiers et les règles de l'Ordre du Temple. Paris: P. Belford 1972.

Ders., La règle des Templiers. Nizza: Alpes-Mediterranées Éditions/ Impres du Sud 1977.

Ders., Histoire de l'Ordre du Temple. Nizza: Alpes-Mediterranées Éditions/Impres du Sud 1980.

Ders., Les Templiers, gouvernement et institutions. Nizza: Alpes-Mediterrannées Éditions/Impres du Sud 1980.

Delaforge, Gaetan, The Templar tradition in the age of Aquarius. Putney: Threshold Books 1987.

Delaruelle, Etienne, L'idée de croisade chez St-Bernard. In: Mélanges Saint-Bernard (siehe oben unter Cousin), S. 53–67.

Delisle, Léopold, Memoire sur les opérations financières des Templiers. Genf: Slatkine-Megariotis Reprints 1975.

Demurger, A., Vie et mort de l'Ordre du Temple 1118–1314. Paris: Édition du Seuil 1985, S. 336.

Deschamps, Paul, Les châteaux des croisés en Terre-Sainte, Bd. I: Le Crac des Chevaliers. Étude historique et archéologique, précédée d'une introduction générale sur la Syrie franque (Bibliothèque archéologique et historique Bd. XIX). Paris: Geuthner 1934. – Text- und Bildband. Vgl. die Einleitung: Les principautés franques de Terre-Sainte et l'organisation défensive du territoire. Sie behandelt die Befestigungsanlagen der Ritterorden, darunter auch die der Templer, die zum Teil in Plänen wiedergegeben werden. Vgl. dazu insbesondere S. 85, im übrigen das Register S. 322.

Ders., Les châteaux des croisés en Terre-Sainte, Bd. II: La défense du royaume de Jérusalem (Bibliothèque archéologique et historique Bd XXXIV). Paris: Geuthner 1939. Vgl. *Marcel Aubert*, Les châteaux des croisés en Terre-Sainte. In: Journal des savants, 1941, S. 49–54; *René Dussaud*, L'histoire du royaume de Jérusalem en fonction de ses forteresses d'après un livre récent. In: Syria XXII, 1941, S. 271–283; *Paul Deschamps*, L'architecture militaire des croisés en Terre-Sainte. Anhang in: *C. Enlart*, Manuel d'archéologie française, 2e partie. Zweite Auflage hrsg. v. *Jean Verrier*. Paris 1932, S. 635–652.

Ders., Terre-Sainte romane. Photographies inédites de Zodiaque (»La nuit des temps« Bd. 21. La Pierre-qui-Vire (Yonne) 1941. – Behandelt Templerburgen in Syrien. Vgl. S. 152f.: Forteresse de Tortose; S. 157f.: Chastel Blanc (Safitha); S. 158: Arima; S. 233: Bauten in Tortosa.

Dessubre, M., Bibliographie de l'Ordre des Templiers – imprimés et manuscrits. Préface par Albert Lantoine, Bd. XIX. Paris: E. Noury 1928. – Besprechungen von *E. A. van Moe* in: Moyen-âge. Revue d'histoire et de philologie 39, 1929, S. 118–120; und *Victor Carrière* in: Revue d'histoire de l'église de France 15, S. 231.

Devillers, Léopold, Inventaire analytique des archives des commanderies belges de l'Ordre de Saint-Jean de Jérusalem ou de Malte, Bd. XXXII. Mons: H. Manceaus 1876.

Diestel, E., Tempelherren. Glück und Ende. In: Geisteskultur und Volksbildung Jg. 32, 1923, S. 54–65.

Duez, Joel, Rituels secrets des Templiers: initiations, écuyer-novice, écuyer du Temple, chevalier-novice, rituels de reception. Villeneuve-sur-Bellot: J. Bersez 1985.

Dugdale, William, Monasticon Anglicanum. A new edition enriched with a large accession of materials now first printed from leiger books ... and other documents preserved in the national archives ... the history of each religious foundation in English being prefixed to its respective series of Latin charteri, hrsg. v. *J. Caley, H. Ellis* und *B. Bandinel*. 6 Bde. in 8 Teilen. London 1817–1830. Vgl. Band VI, S. 813–850: Nachforschungen über Grundbesitz des Ordens im Jahre 1185 sowie Verfahren gegen die Templer.

Duhr, Bernhard, Der letzte Großmeister des Templerordens (Jakob von Molay). In: Stimmen der Zeit 60, 1929, S. 182–192.

Dumontier, Michel, Sur les pas des Templiers à Paris et en Île-de-France. Paris: Copernic 1979.

Dupuy, Pierre, Traités concernant l'histoire de France, à savoir la condamnation des Templiers. Paris 1654. Vgl. *Dessubre* Nr. 321 f. – Deutsche Übersetzung unter dem Titel: Historischer Tractat von dem Prozeß wider den Ritter-Orden der Tempel-Herren; aus dem Französischen des Puteanus verdeutscht. Frankfurt 1665.

Espen, Zegerus Bernardus van, Observationes in negotia Templariorum. In: *Hellwald*, Bibliographie, a.a.O., S. 15.

Essex, Jama, Observations on the origin and antiquity of round churches and of the round church at Cambridge in particular. In: Archaeologia VI, 1782, S. 163 ff. Vgl. insbesondere S. 172 ff.: Abhandlung über die Kirchen der Templer.

F. (anonymus), Le mystère du baphomet révélé ou les Templiers convaincus par leur propres monuments d'apostasie, d'idolatrie et d'impureté. In: Bibliothèque universelle des sciences, belles lettres et arts X. Genf 1819, S. 327–344. Vgl. XI, S. 1–15. – Kritisiert die Thesen Hammer-Purgstalls, der die Templer für schuldig im Sinne der in dem Prozeß erhobenen Anklage hielt.

Falkenstein, Constantin Carl von, Geschichte der drei wichtigsten Ritterorden des Mittelalters, Templer, Johanniter und Marianer ... Erster Theil: Geschichte des Tempelherrenordens (Allgemeine Taschenbibliothek der menschlichen Culturgeschichte Theil 15). Dresden 1830. – Erschien auch als »Geschichte des Tempelherren-Ordens« 1833 in Dresden (vgl. *Dessubre* Nr. 348). Zweite Auflage unter dem Titel: Geschichte des Johanniter-Ordens. Zweite, umgearbeitete und bis auf die neueste Zeit fortgeführte Auflage. Zeitz/Leipzig: J. H. Webel 1867.

Ferris, E., The financial relations of the Knights Templars to the English crown. In: The American historical review 8, 1903, S. 1 ff.

Finas, Micheline, Vive Dieu, Templiers! Paris: Éditions Magnard 1978.

Finke, Heinrich, Papsttum und Untergang des Templerordens. 2 Bde. Münster 1907.

Ders., Hans Prutz und die Templerkatastrophe. In: Beilage zur Allgemeinen Zeitung Nr. 13, 1908, S. 1011–1018.

Ders., Jacques de Molay. In: Lexikon für Theologie und Kirche; zweite, neubearbeitete Auflage. Freiburg i. Br. 1935, BD. VII, Sp. 259–260.

Ders., Papsttum und Untergang des Templerordens. Münster: Aschendorff 1907. Vgl. *Dessubre* Nr. 356. Besprechung von *Gottfried Busch-Bell* in: Historisches Jahrbuch 32, 1911, S. 547–561; und in: Revista de Archivos, Bibliotecas y Museos 18, 1908, S. 495 f.

Fleckenstein, Josef, Die Rechtfertigung der geistlichen Ritterorden nach der Schrift »De laude novae militiae« Bernhards von Clairvaux. In: Die geistlichen Ritterorden Europas, hrsg. v. *J. Fleckenstein.* Berlin 1980, S. 9–22.

Forey Alan John, The Templars in the corona de Aragón. London: Oxford University Press 1973.

Ders., The military orders in the crusading proposals of the late-thirteenth and early-fourteenth centuries. In: Traditio: Studies in ancient and medieval history, thought and religion Vol. 36, 1980, S. 317–345.

Ders., The military orders and the Spanish reconquest in the 12th and 13th centuries. In: Traditio: Studies in ancient and medieval history, thought and religion Vol. 40, 1984, S. 197–234.

Ders., The emergence of the military order in the 12th century. In: The journal of ecclesiastical history Vol. 36, April 1985, S. 175–195.

Ders., Novitiate and instruction in the military orders during the 12th and 13th centuries. In: Speculum: a journal of medieval studies Vol. 61 Nr. 1, 1986, S. 1–17.

Ders., The military orders and holy war against Christians in the thirteenth century. In: The English historical review Vol. 104, Januar 1989, S. 1–24.

Ders., Women and the military orders in the twelfth and thirteenth centuries. In: Studia Monastica Vol. 29, 1987, S. 63–92.

Fougerat, Joseph, Un peu d'histoire. Deux épisodes du procès. Un graffite des Templiers à Chinon. Poitiers: Société franąise d'imprimerie et de librairie 1938.

Fournier, Paul, Clément V et Philippe le Bel. In: Journal des savants nouvelle Série 9e année, 1911, S. 356–370. – Besprechung von *Georges Lizerand,* Clément V et Philippe le Bel. Paris 1910 (vgl. *Dessubre* Nr. 656).

Froude, James Anthony, The Spanish story of the Armada and other essays. London: Longman & Co. 1892, Bd. VII, S. 280–310: The Templars. – Andere Ausgaben: London: Longman & Co. 1892, Bd. VII; New York: C. Scribner's Sons 1892, Bd. VII (Neuausgabe); London/Bombay: Longmans, Gilles and Co. 1896, Bd. VII.

Ders., The Knights Templars. New York: J. B. Alden 1886.
Funk, Franz Xaver von, Templer. In: Wetzer und Welte's Kirchenlexikon oder Encyklopädie der katholischen Theologie und ihrer Hülfswissenschaften; zweite Auflage. Freiburg i. Br. 1899, Bd. XI, Sp. 1312–1345.
Gebhardt, B., Der Untergang des Templerordens. In: Preußische Jahrbücher 62, 1890, S. 537–662.
Ders., Geschichte des Templerordens. In: Preußische Jahrbücher 65, 1891, S. 89–101.
Gilles, René, Les Templiers sont-ils coupables? Leur histoire, leur règle, leur procès. Guichaoua 1957. – Besprechung in: Revue d'histoire ecclésiastique 52, 1957, S. 669.
Gilmour-Bryson, Anne, L'eresia e i Templari. In: »Oportet et haereses esse«. Richerche di storia sociale e religiosa Vol. 12, 1983, S. 101–114.
Dies., The trial of the Templars in the Papal State and the Abruzzi. Città del Vaticano: Biblioteca apostollca vaticana 1982.
Dies., Vox in excelso and Vox clamantis, bulls of suppression of the Templar Order, a correction. In: Studia Monastica Vol. 20, 1978, S. 71–76.
Girard, C., L'affaire du Temple. In: Bulletin de la société des amis de Vienne No. 9, 1913, S. 23–44. – Gibt aufgrund neuerer Literatur ein Resumée über den Templerprozeß.
Gotny, Leon A., Croisés et Templiers. Paris: A. Bonne 1974.
Grange, Amy, The fall of the Knights of the Temple. In: Dublin review CXVII, 1895, S. 329–346.
Gras, P., L'ancienne église du Temple de Châlon. In: Mémoires de la société d'histoire et d'archéologie de Châlon-sur-Saône 32, 1947, S. 32–40.
Greenwood, Thomas, Cathedra Petri. A political history of the great Latin patriarchate. London: Dickinson and Higham 1872, Bd. VI, S. 368–386.
Griffet, Henri, De l'abolition des Templiers. In: *Gabriel Daniel*, Histoire de France depuis l'établissement de la monarchie française dans les Gaules. Paris 1755–1757, Bd. V, S. 179–203.
Grifone, E., La vita dei Templari. In: Osservatore Romano Nr. 93, 1952, S. 3.
Grousset, René, Histoire des croisades et du royaume franc de Jérusalem. Paris: Plon-Nourrit 1932, Bd. II: Monarchie franque et monarchie musulmane, L'équilibre; 1936, Bd. III: La monarchie musulmane et l'anarchie franque. – Für die zahlreichen Stellen, an denen die Templer erwähnt werden, vgl. Register in Bd. III (ab S. 853). Vgl. auch die kritische Stellungnahme von *Paul Deschamps*, Le royaume franc de Jérusalem d'après un ouvrage récent. In: Syria.

Revue d'oriental et d'archéologie XVII, 1936, S. 67ff. und S. 80f.: Les ordres de l'Hôpital et du Temple.
Grouvelle, Philippe Antoine, Mémoires historiques sur les Templiers: ou éclaircissements nouveaux sur leur histoire, leur procès, les accusations intentées contre eux et les causes secrètes de leur ruine. Annales XIII und XVI. Paris 1805. Vgl. *Dessubre* Nr. 415. – Deutsche Übersetzung von *Karl Gottlob Cramer*, Memoiren über die Tempelherren. Leipzig 1806.
Grützmacher, Georg, Tempelherren. In: Realencyklopädie für protestantische Theologie und Kirche, begründet von *J. J. Herzog*; dritte Auflage, hrsg. v. *Albert Hauck*, Bd. XIX. Leipzig 1907, S. 504–510.
Ders., Untergang des Templerordens. In: Nord und Süd, Februar 1911, S. 203–212.
Gryphius, Christian, Kurtzer Entwurff der Geist- und Weltlichen Ritter-Orden, Itzo nach des Hn. Autoris seel. Tode zum andernmahl weit verbesserter und mit Einrückung vieler vorhin mit Stillschweigen übergangener Ritter-Orden und Gesellschafften vermehrter herausgegeben (von C. Stieft). Leipzig/Breslau: Christian Bauch 1709, S. 52–66. – Die erste Auflage erschien 1697.
Guardini, Andrea, Origine e fondatione di tutte le religioni e militie di cavallieri, con le croci e segni usati da quelle, erette da principi diversi in varii tempi ... Ristampati per opera del Sig. Giacomo Cataneo. Venedig: Appresso Valentino Mortali 1666, S. 22f.
Guenon, R., Les gardiens de la Terre-Sainte. Études traditionnelles Paris Vol. 85, 1984, S. 181–195.
Guggenberger, Alfred, Die Templer im Wandel der Zeit. Augsburg: AGU Verlag 1977.
Guggenbühl, Gottfried/Weiss, Otto (Hrsg.), Die Aufhebung des Templerordens, 22. März 1312. In: Quellen zur Allgemeinen Geschichte des Mittelalters. Zürich: Schulthess 1946, S. 200f. – Die Aufhebungsbulle im Auszug in deutscher Übersetzung.
Guilleminault, Gilbert, La tragique histoire des Templiers. In: Gazette des lettres Jg. 7 Nr. 5, 1951, S. 13–18.
Guinguand, Maurice, L'or des Templiers: Gisors ou Tomar? Paris: R. Laffont 1973.
Guiraud, Jean, L'inquisition médiévale (Collection »La vie chrétienne«). Paris: Grasset 1928, S. 227–236.
Hallam, Elizabeth M., Philip the Fair and the cult of Saint Louis. In: Religion and national identity, hrsg. v. *S. Mews*. London 1982, S. 201–214.
Haller, Johannes, Das Papsttum. Idee und Wirklichkeit, Bd. V. Esslingen 1962.
Hammer-Purgstall Joseph von, Gegenrede wider die Einrede der Vertheidiger der Templer (Denkschriften der Philosophisch-Histori-

schen Classe der Kaiserlichen Akademie der Wissenschaft). Wien 1857.

Hausberger, Karl, Die Päpste in Avignon. In: Das Papsttum Bd.I, hrsg. v. *M. Greschat.* Münden 1985, S. 258–274.

Hefele, Carl Joseph von, Conciliengeschichte. Zweite, vermehrte und verbesserte Auflage, besorgt von *Alois Knöpler,* Bde. V und VI. Freiburg i. Br.: Herder 1886 und 1890. Vgl. Bd. V, Register (S. 1203): Betrifft insbesondere die Gründung; Bd. VI, Register (S. 1085 f.): Betrifft insbesondere die Aufhebung. Besprechung von *Otto Pfülf* in: Stimmen aus Maria Laach 40, 1891, S. 108 f.

Ders., Histoire des conciles d'après les documents originaux. Nouvelle traduction ... corrigée et augmentée de notes critiques et bibliographiques par H. Leclercq, Bd. I. Paris 1912. Vgl. S. 669 f.:Gründung; S. 713: Hilfe für die Templer. Vgl. auch Bd. VI, 1, 1914, S. 508–554; Bd. VI, 2, 1915, S. 643 ff., 723 ff.: Aufhebung. – Ergänzung zu *Dessubre* Nr. 471. Besprechung von *G. Mollat* in: Revue d'histoire de l'église de France 6, 1920, S. 19 f.

Ders., Zur Geschichte der Aufhebung des Templerordens (mit Benützung bisher unbeachteter Quellen). In: Theologische Quartalschrift 48, 1866, S. 56–84. – Berichtigung zu *Dessubre* Nr. 470.

Hegemann, O., Untergang des Templerordens. In: Wartburg Nr. 8, 1908.

Heisterbacensis, Caesarius, Monachi Ordinis Cisterciensis Dialogus miraculorum textum recognovit Josephus Strange, Bd. II. Köln/Bonn/Brüssel 1851, S. 119: De militibus Templi quos pagani videre non poterunt dum horas suas dicerent. Vgl. auch S. 369: De Eynolpho Templario – Eynolph war Templer in Niederbreisig.

Hellwald, Ferdinand de, Bibliographie méthodique de l'Ordre souverain de St-Jean de Jérusalem. Rom: Imprimerie Polyglotte de la Propagande 1885, S. 14–26.

Helyot, Pierre (P. Hippolyte), Histoire des ordres monastiques, religieux et militaires et des congrégations séculières de l'un et de l'autre sexe qui ont esté établis jusqu'à présent ... avec des figures qui représentent tous les différens habillemens (par le P. H. Hélyot, continuée par le P. Maximilien Bullot). 8 Bde. Paris: J. B. Coignard 1714–1719. Vgl. *Dessubre* Nr. 473. – Nachdrucke 1721 und 1792 sowie: Histoire complète et costumes des ordres monastiques, religieux et militaires et des congrégations séculières des deux sexes. Avec notice, annotations et complément par V. Philipon de la Madeleine. 8 Bde. Paris/Guingamp 1838. Italienische Übersetzung von *F. Fontana,* Storia degli ordini monastici religiosi e militari. 8 Bde. Lucca 1737–1739. Deutsche Übersetzung: Ausführliche Geschichte aller geistlichen und weltlichen Kloster- und Ritterorden für beyderley Geschlecht. Aus dem Französischen übersetzt. 8 Bde. Leipzig: Arkstee und Merkus 1753–1756.

Hempel, W., Die »Jakobiner des XIII. Jahrhunderts«. Ein Schauprozeß des Mittelalters und seine ideengeschichtlichen und literarischen Folgen in der europäischen Aufklärung und Romantik. In: Arcadia Vol. 11, 1976, S. 1–37.

Herder, Johann Gottfried, Briefe über Tempelherrn, Freimaurer und Rosenkreuzer. Eine Fortsetzung der Historischen Zweifel über des Herrn Nicolai Buch. In: Teutscher Merkur, April 1782, S. 48–83. Vgl. Juni-Heft, S. 232–252; *Ludwig Keller*, Johann Gottfried Herder und die Kultgesellschaften des Humanismus. In: Monatshefte der Comenius-Gesellschaft 12, 1903, S. 316; und *Karl Goedeke*, Grundriß IV, 1, 1916, S. 727.

Ders., Historische Zweifel über das Buch: »Versuch über die Beschuldigungen, welche dem Tempelherrnorden gemacht werden, und über dessen Geheimniss; nebst einem Anhange über das Entstehen der Freimaurergesellschaft, von Frdr. Nicolai«. In: Teutscher Merkur, März 1782, S. 224ff. – Ergänzung zu *Dessubre* Nr. 485.

Hiestand, Rudolf, Kardinalbischof Matthaeus von Albano, das Konzil von Troyes und die Entstehung des Templerordens. In: Zeitschrift für Kirchengeschichte Vol. 99 Nr. 3, 1988, S. 295–325.

Hill, Rosalind, Fourpenny retirement: the Yorkshire Templars in the fourteenth century. In: The church and wealth, hrsg. v. *W. Sheils* und *D. Wood.* Oxford 1987, S. 123–128.

Hofman, K., Templer. In: Lexikon für Theologie und Kirche. Freiburg i. Br. 1964, Bd. 9, Sp. 1361–1363.

Howarth, Stephen, The Knights Templar. Collins 1982.

Hülsen, Hans von, Tragödie der Ritterorden. München: Bruckmann 1948, S. 17–121: Der große Templer-Prozeß.

Jeder, S. C. M., Untergang der Tempelherren. In: *S. C. M. Jeder*, Allotrien zur Unterhaltung in Feierstunden. Berlin: Cawiuel 1824. – Ergänzung zu *Dessubre* Nr. 972, der als Verfasser Karl Christoph Schmeider nennt.

Jegou, François, Les Templiers et le culte de Saint-Nicolas. In: Revue de Bretagne et de Vendée 4me série Bd. VIII, 1875.

Jeune, Claude-Mansuet, Histoire critique et apologétique de l'Ordre des Chevaliers du Temple de Jérusalem, dits Templiers. 2 Bde. Paris: Guillot 1789. – Ergänzung zu *Dessubre* Nr. 541. Deutsche Übersetzung: Die Ritter des Tempels zu Jerusalem, oder pragmatische Geschichte und Vertheidigung des Tempelherren-Ordens ... nach dem französischen Original (des C. M. Jeune), abgekürzt und mit Anmerkungen begleitet. 2 Bde. Leipzig: Weigand 1790.

Jong, Jan de, Handboek der Kerkgeschiedenis, vierde druk herzien en verbeterd door R. P. Post, Tweede deel. Utrecht/Nymegen/Antwerpen/Brüssel/Löwen 1947, S. 350–352.

Jungmann, Bernhard, Clemens V. und die Aufhebung des Tempelor-

dens. In: Zeitschrift für katholische Theologie V, 1881, S. 1–3. – Ergänzung zu *Dessubre* Nr. 552.
Ders., De abolitione ordinis Templariorum. In: *Bernhard Jungmann*, Dissertationes selectae in historiam ecclesiasticam VI. Regensburg: Pustet 1886, S. 79–149. – Besprechung von *Daniel Rattinger* in: Stimmen aus Maria Laach. Katholische Blätter 33, 1887, S. 413ff. Vgl. auch *Daniel Rattinger*, Die Aufhebung des Templer-Ordens. Freiburg 1866.
Jurkowski, A. J., Historya zakonu rycerskiego Templaryuszów od zatorzenia jego do upadku, od. r. 1118–1314, prodtug najlepszych zródet Zebrana i Krytycznic utozóna. Wilna 1845. – Die Geschichte der Templer von 1118–1314, nach Quellen gesammelt und kritisch geordnet.
Kantorowicz, Ernst, Kaiser Friedrich der Zweite. Düsseldorf/München: Bondi 1963, S. 648.
Kekule von Stradonitz, Stefan, Über die frühesten Siegel des Ordens der Tempelherren. In: Der deutsche Herold. Zeitschrift für Heraldik, Sphragistik und Genealogie 59, 1928, S. 108.
Kelber, Wilhelm, Der Untergang der Templer. In: Die Christengemeinschaft. Monatsschrift zur religiösen Erneuerung Jg. 35, 1963, S. 349–350.
Keller, Ludwig, Johann Gottfried Herder und die Kultgesellschaften des Humanismus. In: Monatshefte der Comenius-Gesellschaft 12, 1903, S. 316ff.
Kervyn de Lettenhove, Joseph Bruno Constantin Baron, L'Europe au siècle de Philippe le Bel. Les argentiers florentins, les Templiers. In: Bulletin de l'académie royale de Belgique, classe des sciences 30e année 2e série Bd. XII, 1861, S. 123–140.
Klegge, Mary Dominica, Anglo-norman in the cloisters. The influence of the orders upon Anglo-norman literature. Edinburgh: University Press 1950, S. 52ff.: Cistercians and a Templar. – Behandelt Henri d'Arci, Templer im Haus Bruere in Lincolnshire, der dem Templerorden zwischen 1160 und 1220 angehörte. Er schrieb Übersetzungen in paarweise gereimten Alexandrinern.
Kluncker, Karlhans, Die Templer: Geschichte und Geheimnis. In: Zeitschrift für Religions- und Geistesgeschichte Vol. 41, 1989, S. 215–247.
Kolinovics, Gabor, Gabrielis Kolinovies Chronicon militaris ordinis equitum Templariorum. Edidit *Martin Georg Kovachich*. Pestini: Trattner 1789.
Körner, Karl, Die Varianten der Barcelonaer Handschrift der Templerregel. Aus dem Altfranzösisch-Provenzalischen übersetzt und mit Anmerkungen versehen (Programm des Realgymnasiums Neunkirchen 1904, Bd. IV, 28). Neunkirchen 1904.
Ders., Ist die lateinische oder die altfranzösische Fassung der Templer-

regel als die ursprüngliche anzusehen? (Städtische Realschule Gotha, Oster-Programm 1901). Gotha: Perthes 1901, S. 1–18.
Krück von Poturzyn, M. J., Der Prozeß gegen die Templer. Bericht über die Vernichtung des Ordens. Stuttgart: Verlag Freies Geistesleben 1963.
Laborde, C., L'affaire des Templiers: un grand procès. In: Mémoires de la société de sciences naturelles et archéologiques de la Creuse Bd. 33 fasc. 1, 1957, S. 128–175.
Lacour, José-André, Le secret des Templiers. In: Réalités Nr. 185, 1961, S. 80–83.
Lambert, Elie, L'architecture des Templiers. In: Bulletin monumental 112, 1954, S. 7–60 und 129–166. – Erschien auch als Buch: *Ders.*, L'architecture des Templiers. Paris: Picart 1955.
Ders., L'église des Templiers de Laon et les chapelles de plan octogonal. In: Revue archéologique Serie V Bd. 24, 1926, S. 224–233.
Ders., Templars. A short paper on the order. London 1887. – Illustrierter Privatdruck. Ergänzung zu *Dessubre* Nr. 582.
Lameyre, Alain, Guide de la France templière. Paris: Tchou 1975.
Lamperez, Vicente, Historia de la arquitectura cristiana esparola en la edad media; zweite Auflage, Bd. II. Madrid/Barcelona 1930, S. 238–244. Vgl. Bd. I, S. 12; Bd. II, S. 78–81, Bd. III, S. 417–419: Behandelt die Kirche vom Wahren Kreuz (La vera cruz) in Segovia. Vgl. auch *E. Lambert*, L'architecture des Templiers, a. a. O.
Laurant, J., A propos de l'Ordre des Templiers. In: Mémoires de la commission des antiquités de la Côte d'Or 20, 1938, S. 348–349.
Lascaux, Michel, Les Templiers en Bretagne. Rennes: Ouest-France 1979.
Ders., Les Templiers en Normandie. Rennes: Ouest-France 1983.
Lavocat, Louis-Leon-Lucien, Procès des frères et de l'Ordre du Temple. Marseille: Lafitte 1979.
Ders., Procès de frères et de l'ordre du Temple, d'après des pièces inédites publiées par M. Michelet et des documents imprimés anciens et nouveaux. Paris: Plon-Nourrit 1888. Vgl. *Dessubre* Nr. 604. Besprechung von *A. Knöpfler* in: Historisches Jahrbuch 9, 1888, S. 496–509.
Leclercq, Jean, Un document sur les débuts des Templiers. In: Revue d'histoire ecclésiastique Vol. 52, 1957, S. 81–91. – In der Handschrift Nr. 47 in der Stadtbibliothek in Nîmes steht nach dem »Prologus magistri Hugonis de Sancto Victore« ein »Sermo eiusdem ad milites Templi«. Leclercq zeigt, daß dieser zweite Text in Wirklichkeit ein Brief ist, in dessen Verfasser Hugo er Hugo von Payens sieht. Der hier edierte Brief enthält Ermahnungen an die Templer.
Ders., Saint Bernard's attitude towards war. In: Studies in medieval Cistercian history II, hrsg. v. *J. Sommerfeldt.* Oxford 1976, S. 1–39.
Legman, G. et al., The guilt of the Templars. New York: Basic Books 1966.

Legras, Anne-Marie, Les commanderies des Templiers et des Hospitaliers de Saint-Jean de Jérusalem en Saintonge et en Aunis. Paris: Éditions du centre national de la recherche scientifique 1983.

Lenoir, Albert, Influence de l'architecture byzantine dans toute la chrétienté. In: Annales archéologiques de Didron XII, 1852, S. 177–186 und 209–218.

Leonard, Emile G., Introduction au cartulaire manuscrit du Temple (1150–1317), constitué par le Marquis d'Albon et conservé à la Bibliothèque Nationale, suivie d'un tâbleau des maisons françaises du Temple et de leurs précepteurs. Paris: E. Champion 1930, Bd. XV. – Mit Bibliographie (vgl. *Dessubre* Nr. 637). Trotz eines französischen Titels ist der Text in Latein abgefaßt. Erschien auch als: Gallicarum militiae Templi domorum earumque praeceptorum series secundum apographa in Bibliotheca nationali Parisiensi asservata, Lutetiae Parisiorum. Paris 1930. Das Buch gibt eine Übersicht über die Sammlung von Unterlagen für ein Urkundenbuch des Templerordens, von dem erschien: *Marquis de Albon,* Cartulaire géneral de l'Ordre du Temple (1119?–1150). Recueil des chartes et des bulles relatives à l'Ordre du Temple. Paris: H. Champion 1913, Bd. XXIII (vgl. *Dessubre* Nr. 12). *Ders,* Cartulaire géneral de l'Ordre du Temple (1119?–1150). Fascicule complémentaire contenant la table des sommaires, des actes et l'identification des noms de lieux, hrsg. v. *P. Fournier.* Valence: Imprimerie Valentinoise, und Paris: Champion 1922. Besprechung von *Victor Carrière* in: Revue d'histoire de l'église de France IX, 1923, S. 252 f. De Albon wollte im Hinblick auf die Fülle des Materials die folgenden Bände auf die kommenden in Frankreich beschränken. Die Unterlagen für dieses Werk wurde der Bibliothèque Nationale in Paris übergeben, die sie in ihrem »Département des manuscrits« unter der Signatur »Nouvelles acquisitions latines No. 1–71« aufbewahrt. Das Buch von Leonard bietet im ersten Teil ein Inventar dieser Manuskripte, wobei diese in drei Gruppen geteilt werden: 1–4, Bullen; 5–64, eigentliches Kartular bzw. die übrigen Urkunden, welche die Templer und ihren Besitz in Frankreich betreffen. Sie sind geordnet nach den ehemaligen französischen Provinzen und weiter unter chronologischen Aspekten; 64–71, die »reliqua«, die Templer anderer Länder betreffenden Stücke, die Regel, die Listen der Würdenträger. Der zweite Teil des Buches bringt das Verzeichnis der Templerniederlassungen und der Würdenträger. Vgl. *Victor Carrière* in: Revue d'histoire de l'église de France 18, 1932, S. 201–203. Vgl. auch Besprechung von *L. Auvray* in: Bibliothèque de l'école des chartes 91, 1930, S. 181–183. Vgl. auch das Inventar der von de Albon angelegten Sammlung: Nouvelles acquisitions du Département des manuscrits de la Bibliothèque Nationale pendant les années 1921–1923. In: Bibliothèque de l'école des chartes 85, 1921, S. 11–16.

Leprevot, Marc, »Qu'y a-t-il entre nous? Un secret...« Autour du procès des Templiers. In: Le symbolisme Jg. 43 Nr. 350, 1960, S. 25–45.

Levis-Mirepoix, Antoine Pierre Marie François Duc de, Le procès des Templiers. In: Archeologia Nr. 27, März/April 1969, S. 10–19.

Ders., La tragédie des Templiers. (Collection »Visages de l'eglise« 4). Le Centurion 1955, S. 92 ff. und S. 110 f.

Liermann, Hans, Die Kirche und das Geldwesen. In: Zeitschrift für das gesamte Kreditwesen Heft 7, 1960, S. 14ff. Vgl. auch Heft 8, S. 12ff.: Der Templer-Orden und die Anfänge des bargeldlosen Zahlungsverkehrs. – Behandelt das Thema im Anschluß an das Buch von *Léopold Delisle,* Mémoire sur les operations financières des Templiers. Paris 1889. Vgl. *Dessubre* Nr. 275.

Linden, H. van der, Les Templiers à Louvain. In: Académie royale de Belgique bulletins, classe des lettres Serie 5 Bd.IX, 1923, S. 248–263.

Litterae Heinrico VII. regi directae de causa Templariorum. In: Monumenta Germaniae historica IV, S. 265–267. – Brief Papst Clemens' V.

Lizerand, Georges, Les dépositions du grand-maître Jacques de Molay au procès des Templiers (1307–1314). Paris: Champion 1913. – Auszug aus: Moyen-âge. Revue d'histoire et de philologie, März/April 1913. Vgl. *Dessubre* Nr. 618. Besprechung von *Victor Carrière* in: Revue d'histoire de l'église de France 5, 1914, S. 205–207.

Ders., Le dossier de l'affaire des Templiers (Collection des classiques de l'histoire de France au moyen âge). Paris: Champion 1923, Bd. XXIV. Vgl. *Dessubre* Nr. 657. – Besprechung von *Victor Carrière* in: Revue d'histoire de l'église de France 10, 1924, S. 235.

Lobet, Marcel, Histoire mystérieuse et tragique des Templiers. Lüttich: Soledi 1943. – Besprechung von *Victor Carrière* in: Revue d'histoire de l'église de France 32, 1946, S. 125–128.

Ders., La tragique histoire de l'Ordre du Temple (Collections »Lebèque et nationale«). Brüssel: Office de Publicité 1954. – Besprechung von *C. Lays* in: Moyen-âge. Revue d'histoire et de philologie 61, 1955, S. 483–485.

Loiseleur, Jules, La doctrine secrète des Templiers. Genf: Slatkine-Megariotis Reprints 1975.

Loisne, Comte de, Bulles de papes pour l'Ordre du Temple conservées aux Archives Nationales (1155–1312). In: Bulletin philologique et historique du comité des travaux historiques Jg. 1917, S. 171–236. – Chronologisches Verzeichnis der Bullen in Form von Regesten. Die bisher nicht gedruckten Bullen werden in vollem Wortlaut gebracht. Auch als Sonderdruck: Paris: Imprimerie Nationale 1919.

Lothe, P., Les maisons du Temple au pays de Namur. In: Études d'histoire et d'archéologie namuroises dédiées à F. Courtry, Bd. I. Namur 1952, S. 385–396.

Lundgreen, Friedrich, Wilhelm von Tyrus und der Templerorden. Berlin

1911. Vgl. Historische Studien Heft 97, herausgegeben v. *E. Ebering*; und *Dessubre* Nr. 668. Besprechungen: *W. Cohn* in: Mitteilungen aus der historischen Literatur 40, 1912, S. 281–284; *H. Stumme* in: Zeitschrift des deutschen Palästina-Vereins 35, 1912, S. 218; *H. Hagenmeyer* in: Historische Zeitschrift 111, 1913, S. 146–149; *E. Gerland* in: Byzantinische Zeitschrift 23, 1914, S. 240, sowie in: Mitteilungen des Instituts für österreichische Geschichtsforschung 35, 1914, S. 740.

Ders., Zur Geschichte des Templerordens. In: Mitteilungen des Instituts für österreichische Geschichtsforschung 35, 1914, S. 670–687. – Behandelt 1. die Unterkunft der Templer in Jerusalem; 2. die Templerregel mit a) Entstehung der lateinischen Fassung, b) ursprünglicher Armut der Templer, c) Stellung der Templer zu Exkommunizierten; 3. ein Templerkastell am Jordan und dessen Zerstörung im August 1179; und 4. den Tod des Templermeisters Odo von St-Amand.

Lutz, Karl, St-Bernard dans la cathédrale de Spire. In: Mélanges Saint-Bernard (siehe oben unter Cousin), S. 120–125. – Bernhard von Clairvaux führte in Speyer die Idee der geistigen Einheit und der politischen Union der christlichen Stände zum Triumph.

Lützeler, Felix Franz Egon, Hinter den Einflüssen der Weltgeschichte. Beiträge zur Geschichte der Geheimbünde aller Zeiten und Völker, Bd. 1. Leipzig: Heling'sche Verlagsanstalt 1937.

Lux, Jacques, Le procès des Templiers. In: Revue politique et littéraire. Revue bleue 50e année 2me sémestre, 1912, S. 286–288. – Bericht im Anschluß an *Finke*, Papsttum und Untergang des Templerordens, a.a.O.

Magnou, Elisabeth, Oblature, classe chevaleresque et servage dans les maisons méridionales du Temple au XIIme siècle. In: Annales du Midi Jg. 73 Nr. 56, 1961, S. 377–397.

Mahieu, Jacques de, Les Templiers en Amerique. Paris: R. Laffont 1981.

Maikowski, René, Der Prozeß gegen die Templer. Anmerkungen zu einem Buch von M. J. Krück von Poturzyn. In: Die Kommenden. Unabhängige Zeitschrift für freies Geistesleben Jg. 18 Nr. 5, 1964, S. 29–30.

Ders., Auf der Suche nach dem lebendigen Geist. Persönlichkeiten und Kulturimpulse der abendländischen Geschichte. Freiburg i. Br.: Verlag Die Kommenden 1971.

Mann, Horace K., The lives of the popes in the middle ages. London: Kegan Paul, Trench Trubner & Co. Vgl. Bd. VIII (1099–1130); zweite Auflage. London 1925, S. 297–300.

Mariel, Pierre, Guide pittorésque et occulte des Templiers. Paris: La Table Ronde 1973.

Markale, Jean, Gisors et l'enigme des Templiers. Paris: Pygmalion/G. Watelet 1986.

Martin, Edward James, The trial of the Templars. New York: AMS Press 1978.
Marulli da Barletta, Geronimo, I natali delle religiose milizie dei Cavalieri Spedalieri e Templari e della religione del tempio l'ultima roina. Malta 1643.
Maschke, E., Geistliche Ritterorden. In: Die Religion in Geschichte und Gegenwart V, 1961, Sp. 1121f.
Mayer, Hans E., Henry II of England and the Holy Land. The English historical review Vol. 92, Oktober 1982, S. 721–739.
Ders., Bibliographie zur Geschichte der Kreuzzüge. Hannover: Hahn 1960, S. 167–169, Nr. 3561–3621.
Mcdermoth, G., The suppression of the Templars and expediency. In: The American catholic quarterly review 34, 1909, S. 264–283. – Vertritt die Meinung, die Aufhebung sei erfolgt, um ein Schisma in Frankreich zu vermeiden.
Melville, Maria, La vie des Templiers (Collection »La suite des temps« 24). Paris: Gallimard 1951. – Besprechungen von *C. Dereine* in: Moyen-âge. Revue d'histoire et de philologie 59, 1953, S. 196–198; und *Y. Lanhers* in: Revue d'histoire de l'église de France 38, 1952, S. 136f.
Dies., Les débuts de l'Ordre du Temple. In: Die geistlichen Ritterorden Europas, hrsg. v. *J. Fleckenstein.* Berlin 1980.
Menache, S., Contemporary attitudes concerning the Templar's affair: propaganda's fiasco? In: Journal of medieval history Vol. 8, 1982, S. 135–149.
Mendo, Andrea, De ordinibus militaribus disquisitiones canonicae, theologicae, morales et historicae pro foro interno et externo. Secunda editio. Lyon: Sumptibus Horatii Boissat et Georgii Remeus 1668, S. 7f.
Mennenius, Franciscus, Deliciae equestrium sive militarium ordinum et eorundem origines, statuta, symbola et insignia, iconibus additis genuinis. Köln: Apud Joannem Kinckium 1613, S. 75–78 und S. 216–264: Ausgabe der Regel.
Mexia, Pedro, Dos Templarios. In: *Pedro Mexia,* Silva de varia leccion. Sevilla: Juan Cromberger 1542, Bd. I. Vgl. zu einzelnen weiteren Ausgaben: British Museum general catalogue of printed books Bd. 159, 1962, Sp. 84ff. Französische Übersetzung: Les diverses leçons de P. Messie. Paris: Estienne Groulleau 1552.
Michaud-Frejaville, F., La commanderie de l'Ormeteau en Berry à la fin du moyen-âge. In: Les ordres militaires, la vie rurale et le peuplement en Europe occidentale (XIIe – XVIIIe siècles). Sixièmes journées internationales d'histoire. (o. O.) 1986, S. 215–223.
Michelet, Victor Emile, Templiers et Assacis. In: Voile d'Isis, 1929.
Ders., Procès des Templiers, documents inédits, Bd. 1. Paris 1851.

Migne, Jacques Paul, Patrologiae cursus completus. Patrologia latina (PL). 221 Bde. Paris 1844–1855.
Ders., Patrologia cursus completus. Patrologia graeca (PG). 166 Bde. Paris 1857–1866.
Molay, Santiago de in: Enciclopedia universal ilustrata europeo-americana, Bd. XXXV. Madrid (o. J.), S. 1404–1408. – Mit Bibliographie.
Moll, W., Kerkgeschiedenis van Nederland voor de hervorming, II, Tweede stuk. Utrecht: Kemink en Zoon 1867, S. 130–137.
Mollat, Guillaume, Templari. In: Enciclopedia cattolica. Città del Vaticano 1953, Bd. XI, Sp. 1894–1896.
Ders., Clément V. In: Dictionnaire d'histoire et de géographie ecclésiastique commencé sous la direction de Alfred Baudrillart, continue par A. de Meyer et E. van Cauwenbergh. Paris 1953, Bd. XII, Sp. 1115–1129.
Ders., Dispersion définitive des Templiers après leur suppression. In: Compte-rendus des séances de l'académie des inscriptions et belles lettres. Paris 1952, S. 376–380.
Ders., Les papes d'Avignon (1305–1378); neunte Auflage. Paris: Letouzey et Ané 1949.
Ders., Templiers. In: Dictionnaire apologétique de la foi catholique contenant les preuves de la vérité de la religion et les réponses aux objections tirées des sciences humaines. Quatrième édition entièrement refondue sous la direction de A. d'Alès. Paris: Beauchesne 1928, Bd. IV, Sp. 1583–1604.
Morcourt, R. de, Un graffitte de Jacques de Molay (?). In: Bulletin des amis du vieux Chinon V fasc. 3 und 4, 1948/49, S. 149–150. – Jacques de Molay soll als Gefangener in Chinon im Sommer 1308 außer Unterschriften mehrere Zeichnungen hinterlassen haben, die zum Teil veröffentlicht sind. Die Zeichnung bei Morcourt deutete Henri Ghéon als eine über den »Pendu tépendu«, eine Legende aus dem Zyklus um den hl. Jakob von Compostella.
Moreau, E. de, Histoire de l'église en Belgique. Bd. III: L'église féodale, 1122–1378. Brüssel: Museum Lessianum 1946, S. 472ff.
Morshead, John Yonge Anderson, Conjectures on the Templar process. By J. Shallow (Pseudonym von J. Y. A. Morshead). London 1918. Vgl. British Museum general catalogue of printed books Vol. 165, 1963, Sp. 36. Ergänzung zu *Dessubre* Nr. 99ff.
Ders., The Templars' trials: an attempt to estimate the evidence published by Dupuy, Raynouard, Michelet, von Hammer and Loiseleur, and to arrange the documentation in the chronological order suggested by the latter. By J. Shallow (Pseudonym von J. Y. A. Morshead). London: Stevens and Sons 1888. – Ergänzung bzw. Berichtigung zu *Dessubre* Nr. 994 bzw. 746.
Müller, Ewald, Das Konzil von Vienne 1311–1312, seine Quellen und seine Geschichte (Vorreformationsgeschichtliche Forschungen Bd.

12). Münster: Aschendorff 1934. – Besprechungen von *J. P. Whitney* in: The journal of theological studies 38, 1937, S. 88 f.; und *A. Fliche* in: Moyen-âge. Revue d'histoire et de philologie 47, 1937, S. 84–88.
Münter, Friedrich, Über die Kleriker des Tempelherrn-Ordens. In: *H. P. C. Henke*, Magazin für religionsphilosophische Exegese und Kirchengeschichte I. Helmstedt: Fleckeisen 1793, Lieferung 1.
Nasalli Rocca, Emilio, Templari o Ordine del Tempio. In: Dizionario ecclesiastico sotto la direzione dei Rev. Angelo Mercati e Augusto Pelzer, redactore capo Antonio M. Bozzone III. Turin 1958, S. 1063.
Nicolai, Friedrich, Versuch über die Beschuldigungen, welche dem Tempelherrenorden gemacht werden und über dessen Geheimnis. Nebst einem Anhange über das Entstehen der Freymaurergesellschaft; zweite Auflage. Berlin/Stettin 1782. Vgl. *Dessubre* Nr. 771. – Französische Übersetzung: *Henri Renfner*, Essai sur les accusations intentées aux Templiers et sur le secret de cet ordre, avec une dissertation sur l'origine de la franemaçonnerie, par Frédéric Nicolai, ouvrage traduit de l'allemand. Amsterdam: D. J. Chauguion 1783, Bd. II. Vgl. auch: Catalogue général des livres imprimés de la Bibliothèque Nationale Bd. 124, 1933, Sp. 301.
Ollivier, Albert, Les Templiers (Collection »Le temps qui court« 10). Éditions du Seuil 1958.
Ordre du Temple, anniversaire du martyre, Ier avril. Paris: Ordre du Temple, 1932.
Oursel, Raymond, Les Templiers dans la raison d'état. In: Revue historique des armées Vol. 5, 1978, S. 7–28.
Ders., Le procès des Templiers. Paris 1955
Parker, T. W., The Knights Templars in England. Tucson 1963.
Partner, Peter, The murdered magicians: the Templars and their myth. Oxford: Oxford University Press 1982.
Ders., The Knights Templar and their myth. Rochester: Destiny Books 1990.
Ders., The murdered magicians: the Templars and their myth. In: Archiv of scientific and social religion 29, 1984, S. 265–266.
Peppler, Friedrich Karl, Das Ende der Templer. In: Die Wochenpost. Zeitfragen, Kultur, Kunst, Unterhaltung Jg. 4 Nr. 8, 1949, S. 7.
Pernoud, Regine, Les Templiers. Paris: Presses Universitaires de France 1974.
Petit, Henri, Le procès des Templiers. In: Crapouillot No. 31, 1955, S. 6–13.
Pfeiffer, E., Zwei vermeintliche Templerdenkmale. In: Zeitschrift für Kulturgeschichte 4, 1897, S. 385–419. – Behandelt die Kästen von Essarios und Volterra.
Picar, Michel, Les Templiers. Paris: M.A. Editions 1985.
Piquet, Jules, Des banquiers au moyen âge: les Templiers. Étude de leurs opérations financières. Préface de M. Henri Lévy-Brühl. Paris: Ha-

chette 1939, Bd. III. – Besprechung von *B.-A. Pocquet du Haut-Jusse* in: Revue d'histoire de l'église de France 27, 1941, S. 83–85.
Pocquet du Haut-Jusse, B.-A., Bibliographie de l'abbé Victor Carrière. In: Revue d'histoire de l'église de France 53, 1947, S. 12ff.
Ponsoye, Pierre, Le mystère de Tristan et Yseult: aspects de l'esoterisme de Tristan, étude suivie de »Intelletto d'amore«, et Saint-Bernard et la règle du Temple. Mailand: Arche 1979.
Ders., Saint-Bernard et la règle du Temple. In: Études traditionelles Jg. 62 No. 364, 1961, S. 81–88.
Poorter, Alphonse: Le texte original de la règle des Templiers. In: Annales de la société d'émulation de Bruges 62, 1912, S. 174–198.
Postigo Castellanos E., El consejo de las ordenes militares: fundacion y reformas de Carlos V. In: Hispania Sacra Vol. 39, 1987, S. 537–566.
Prevost, Arthur, Les Champenois aux croisades. In: Memoires de la société académique de l'Aube 85/86, S. 109–185.
Pringle, Denys, A Templar inscription from the Haram al-Sharif in Jerusalem. In: Journal of the British school of archaeology in Jerusalem Vol. 21, 1989, S. 197–201.
Probst-Birabem, Jean-Henri/Maitrot de la Motte-Capron, A., Le roi de France et les Templiers. In: Mercure de France Bd. 296, 1940, S. 101–122. – Beurteilung bzw. psychologische Betrachtung des Handelns der an dem Untergang des Templerordens beteiligten Persönlichkeiten.
Ders., Les Templiers et leur alphabet secrète. In: Mercure de France Bd. 293, 1939, S. 513–532.
Ders., Les idoles des Chevaliers du Temple. In: Mercure de France Bd. 294, 1939, S. 569–590. – Der Beitrag hat folgenden Inhalt: Das Haupt, von dem in den Prozeßakten die Rede ist, war eine Reliquienbüste; muselmanische Idole gab es nicht, das Wort »Baphomet« weist keine Beziehung zu Mohammed auf. Das im Prozeß erwähnte Idol-Haupt ist legendär, wobei die Legende an Köpfe aus der Zauberei des Mittelalters anknüpfte.
Ders., Les mystères des Templiers (Collection »Les maîtres de l'occultisme«). Nizza: Éditions Cahiers Astrologiques 1947. – Enthält eine Bibliographie von Schrifttum über den angeblichen Einfluß des Templerordens auf okkulte Gesellschaften, seine »Geheimnisse« bzw. die sogenannten Nachfolger.
Ders., Les Templiers et les Arabes. In: Voile d'Isis 1929.
Ders., Les coffrets mystérieux des Templiers. In: Mercure de France Bd. 294, 1939, S. 83–104. – Die im Prozeß erwähnten Idole sollen aus einem Behältnis genommen worden sein. Die Studie untersucht zwei Kästen, die mit den Templern in Verbindung gebracht werden. Die Verfasser erkennen sie als Behältnisse für Theriak und deuten die Szenen auf den Kästen, die keine Beziehung zu den Templern haben. Über die Behälter vgl. *Hammer-Purgstall*, Memoires sur deux coffrets

gnostiques du moyen-âge, au cabinet de M. le Duc de Blacas. Paris: Dondrey-Dupré 1832. Vgl. *Dessubre* Nr. 460.

Dies., Les Templiers et les gardiens du temple. In: Mercure de France Bd. 295, 1939, S. 328–350. – Die Templer seien gute Christen gewesen. Sie hätten außerhalb des Dogmas Christen und Muselmanen näherbringen wollen. Der Templerorden sei nach dem Vorbild der Assassinen organisiert gewesen. Ihnen sollen die Templer die tiefe Kenntnis des Symbolismus, des Esoterismus und zum Teil auch des finanziellen Systems verdanken, das im Westen nicht in Gebrauch war.

Prutz, Hans, Christentum und Islam während des Mittelalters und die kulturgeschichtlichen Ergebnisse der Kreuzzüge. Historisches Taschenbuch. München 1878.

Ders., Geheimlehre und Geheimstatuten des Templerordens. Berlin 1879.

Ders., Ein zeitgenössisches Gedicht auf die Belagerung von Akkon. Versus magistri Ricardi. In: Forschung zur deutschen Geschichte 21, 1881.

Ders., Die Besitzungen des Johanniter-Ordens in Palästina und Syrien. In: Zeitschrift des Palästina-Vereins 4, 1881.

Ders., Kulturgeschichte der Kreuzzüge. Berlin 1883.

Ders., Studien über Wilhelm von Tyrus. In: Neues Archiv der Gesellschaft für ältere deutsche Geschichtskunde 8, 1883, S. 91–132.

Ders., Entwicklung und Untergang des Templerherrenordens. Berlin 1888.

Ders., Kritische Bemerkungen zum Prozeß des Templerordens. In: Deutsche Zeitschrift für Geschichtswissenschaft Bd. 11, 1894.

Ders., Die exemte Stellung des Hospitaliterordens. In: Sitzungsberichte der königlich-bayerischen Akademie der Wissenschaften zu München, Philosophisch-philologische und historische Klasse Jg. 1904.

Ders., Die Autonomie des Templerordens. In: Sitzungsberichte der königlich-bayerischen Akademie der Wissenschaften zu München, Philosophisch-philologische und historische Klasse Jg. 1905.

Ders., Zur Genesis des Templerprozesses. In: Sitzungsberichte der königlich-bayerischen Akademie der Wissenschaften zu München, Philosophisch-philologische und historische Klasse Jg. 1907, S. 5–67.

Ders., Die geistlichen Ritterorden. Ihre Stellung zur kirchlichen, politischen, gesellschaftlichen und wirtschaftlichen Entwicklung des Mittelalters. Berlin 1908.

Ders., Die finanziellen Operationen des Hospitaliterordens. In: Sitzungsberichte der königlich-bayerischen Akademie der Wissenschaften zu München, Philosophisch-philologische und historische Klasse Jg. 1906, S. 9–47.

Ders., Ein neuer Versuch zur Lösung des Templer-Problems. In: Beilage zur Allgemeinen Zeitung Nr. 10, 1908, S. 744–759.
Ders., Zur Genesis des Templer-Prozesses. In: Sitzungsberichte der königlich-bayerischen Akademie der Wissenschaften zu München, Philosophisch-philologische und historische Klasse Jg. 1907, S. 5–67.
Pulle, Leopoldo, Dalle crociate ad oggi. Rassegna degli ordini militari ospitalieri religiosi e di cavalleria di tutto il mondo 1048–1904. Mailand: Menotti Bassani & Co. 1905, S. 146–168. Vgl. S. 249 f.: Christusorden.
Rattinger, Daniel, Die Aufhebung des Templer-Ordens und die ältesten geschichtlichen Zeugen. In: Stimmen aus Maria Laach. Katholische Blätter 33, 1887, S. 482–492. – Tritt gegen Jungmann für die Unschuld der Templer ein.
Raynouard, M., Monuments historiques relatives à la condamnation des Chevaliers du Temple. Paris 1813.
Rees, William, A history of the Order of St. John of Jerusalem in Wales and on the Welsh border: including an account of the Templars. New York: AMS Press 1978.
Reicke, Siegfried, Das deutsche Hospital und sein Recht im Mittelalter. Erster Teil: Das deutsche Spital, Geschichte und Gestalt (Kirchenrechtliche Abhandlungen begründet und hrsg. v. *Ulrich Stutz*). Stuttgart: Enke 1932, S. 155.
Reinach, Salomon, Origine de la légende qui attribue aux Templiers une idole en forme de tête humaine. In: Compte-rendus des séances de l'académie des inscriptions et belles lettres. Paris 1910, S. 491.
Reju, Daniel, La quête des Templiers et l'Orient. Monaco: Éditions du Rocher 1979.
Rey, Emmanuel-Guillaume, Étude sur le procès des Templiers. Arcis-sur-Aube: Imprimerie de L. Frémont 1891. – Auszug aus: Revue de Champagne et de Brie 33, S. 125–129.
Reyor, Jean, L'Ordre du Temple et l'ésotérisme chrétien. In: Études traditionnelles Jg. 60 No. 355, 1959, S. 193–211.
Richard, Jean, Les Templiers et les Hospitaliers en Bourgogne et en Champagne méridionale. In: Die geistlichen Ritterorden Europas, hrsg. v. *J. Fleckenstein.* Berlin 1980, S. 231–242.
Riegger, Paulus Josephus a, Dissertatio de ordinibus equestribus Templariorum, Hospitaliorum S. Joannis et Teutonicorum S. Mariae. Oeniponti 1744.
Robinson, John J., Born in blood: the lost secrets of freemasonry. New York: M. Evans 1989.
Roman, Georges, Le procès des Templiers. Essai de critique juridique. Montpellier: Imprimerie Causse, Graille et Castelnau 1943. – Besprechung von *Victor Carrière* in: Revue d'histoire de l'église de France 32, 1946, S. 129–133.

Rossi, Ettore, Aggiunta alla »Bibliographie méthodique de l'Ordre souvérain de St-Jean de Jérusalem« di Ferdinand de Hellwald. Rom: Tipografia Poliglotta Vaticana 1924, S. 17.
Roy, Just-Jean-Etienne, Histoire des Templiers. Tours 1848. Vgl. *Dessubre* Nr. 939. – Zweite Auflage 1851, dritte 1853, vierte 1859, fünfte 1862 und sechste 1866.
Roy, Yvon, Le testament des Templiers à Chinon. Paris: Mame 1974.
Ders., La grande aventure des Templiers. In: Historia Nr. 139, 1958, S. 578–588.
Saez, E., Actas del congreso international hispano-portugués sobre »Las ordenes militares en la peninsula durante la edad media«. In: Anuario de estudios medievales. 1981, S. 896.
Saint-André, Jacques de, Francs-macons et Templiers: la fin d'une malédiction? Paris: De Vecchi 1977.
Salvemini, Gaetano, L'abolizione dell'Ordine dei Templari (a proposito di una recente pubblicazione). In: Archivio storico italiano Quinta Serie Tomo XV anno 1895, 1895, S. 225–264. – Anlaß zum Erscheinen dieser Studie gab das Buch *Julius Gmelin,* Schuld oder Unschuld des Templerordens. Stuttgart 1893, S. XIV. Ergänzung zu *Dessubre* Nr. 958.
Schäfer, Elisabeth, Il »Privilegium commune« dell'Ordine Teutonico con cenni della storia dell'ordine. Instituto universitario parregiato di magisterio »Maria SS. Assunta« 1949/50. Vgl. Anhang S. VIII–XVII: Privilegio per l'Ordine dei Templari. – Dissertation in Schreibmaschinenschrift. Ein Exemplar findet sich in der Bibliothek des Deutschorden-Zentralarchivs in Wien 1, Singerstraße 7.
Scharsch, P., Vom Untergang des Templerordens. In: Pastor bonus. Zeitschrift für kirchliche Wissenschaft und Praxis Jg. 23, 1910/11, S. 143–153. – Gibt eine Darstellung und eine Beurteilung aufgrund der Forschungsergebnisse von Finke.
Schein, Sylvia, Between Mount Moriah and the holy sepulchre: the changing traditions of the Temple Mount in the central middle ages. In: Traditio: Studies in ancient and medieval history, thought and religion Vol. 40, 1984, S. 175–195.
Schelstraete, Jean, La commanderie des Templiers sur Coulommiers. Coulommiers 1968.
Scherr, J., Das Räthsel des Tempels. In: Gartenlaube 14, 1865, S. 216–219 und 230–233.
Schnürer, Gustav, Die ursprüngliche Templerregel, kritisch untersucht und herausgegeben. Freiburg i. Br: Herder 1903, VIII. Vgl. *Dessubre* Nr. 973. – Besprechungen von *Julius Gmelin* in: Deutsche Literaturzeitung, 1903, S. 2698–2701; und *C.-M. Jeune* in: Historisches Jahrbuch 25, S. 275–277.
Ders., Kirche und Kultur im Mittelalter II. Paderborn: Schöningh 1926, S. 294–296 und 331 f.

Ders., Templer. In: Lexikon für Theologie und Kirche; zweite, neubearbeitete Auflage. Freiburg i. Br. 1937, Bd. IX, Sp. 1044–1047.

Ders., Zur ersten Organisation der Templer. In: Historisches Jahrbuch 32, 1911, S. 298–316 und 511–546. – Berichtigung zu *Dessubre* Nr. 975.

Scholz, R., Geistliche Ritterorden und der Untergang der Templer. In: Mittheilungen der deutschen Gesellschaft zur Erforschung vaterländischer Sprache ... zu Leipzig Jg. X Nr. 4, 1911, S. 106.

Schottmüller, Konrad, Der Untergang des Templerordens, Bd. I. Berlin 1887.

Schulte, E., Schottmüllers Forschungen über den Untergang des Tempelherren-Ordens. In: Vossische Zeitung Nr. 44, 1887. Vgl. *Dessubre* Nr. 981.

Schuhmacher, Bruno, Die Idee der geistlichen Ritterorden im Mittelalter. In: Altpreußische Forschungen I Heft 2, 1924, S. 5–24. – Wiederabdruck in: Heidenmission und Kreuzzugsgedanke in der deutschen Ostpolitik des Mittelalters, hrsg. von *H. Beumann* (Wege der Forschung 7). Darmstadt 1963, S. 364–385.

Schuster, Georg, Die geheimen Gesellschafen, Verbindungen und Orden, Bd. I. Leipzig 1904, S. 317–364.

Schwalm, Jakob, Sechs Briefe deutscher Fürsten an Philipp den Schönen. In: Neues Archiv der Gesellschaft für ältere deutsche Geschichtskunde 29, 1904, S. 632 ff.

Ders., Litterae ad regem Franciae de causa Templariorum. In: Monumenta Germaniae historica Constitutiones et acta publica imperatorum et regum IV. Hannover/Leipzig 1906, S. 195 f. – Brief König Albrechts vom 13. Januar 1308.

Schwan, Christian Friedrich, Abbildungen der vorzüglichsten geistlichen Orden in ihren gewöhnlichsten Ordenskleidungen. Nebst einer jedem Orden beigefügten historischen Nachricht von dessen Ursprunge, Verfassung und Absicht. Gesammelt u. hrsg. v. *C. F. Schwan.* Mannheim: In der Hof- und Akademischen Buchhandlung, bei F. C. Schwan und C. G. Götz 1791. – Die Tafeln (987 Kopien) sind von E. Verhelst. Berichtigung und Ergänzung zu *Dessubre* Nr. 988. Vgl. auch ebd. Nr. 987.

Schwarz, W., Die Schuld des Jakob von Molay, des letzten Großmeisters der Templer. In: Welt als Geschichte 17, 1957, S. 258–279.

Sclafert, Clément, Lettre inédite de Hugues de Saint-Victor aux Chevaliers du Temple. In: Revue d'ascétique et de mystique Jg. 43 No. 135, 1958, S. 275–299. – Es handelt sich um den von Leclerq veröffentlichten Brief, den Sclafert nach wie vor Hugo von St-Victor zuschreibt.

Seppelt, Franz Xaver, Das Papsttum im Spätmittelalter und in der Renaissance von Bonifaz VIII. bis zu Klemens VII. Neubearbeitet von *Georg Schwaiger*, zweite Auflage. München: Kösel 1957. Vgl. *ders.*,

Geschichte der Päpste von den Anfängen bis zur Mitte des Zwanzigsten Jahrhunderts IV. München: Kösel 1954, S. 63 ff.
Siegel des 1119 gestifteten Ordens des Tempelherren. In: Zeitschrift für historische Waffen- und Kostümkunde II, 1928, S. 266.
Simon, Edith, The Piebald standard: A biography of the Knights Templars. London: Cassell 1959, XI. – Besprechung von *H. Dauphin* in: Revue d'histoire ecclésiastique 55, 1960, S. 335.
Soci, Carlo, Origine, processo e condanna dei Templari. Florenz: Cellini 1870.
St-Genois, J. de, Templiers en Belgique. In: Messager belge des sciences et des arts de la Belgique ou nouvelles archives historiques, littéraires et scientifique, XX, 1852, S. 376 ff.
Stephanus, Matthias, Hospitales, seu milites S. Johannitae, itemque Templarii et Teutonici sive Mariani. In: *Matthias Stephanus,* Discurs juris publ. Köln 1769, Bd. II, S. 32–37. Vgl. *Hellwald,* Bibliographie, a.a.O., S. 16.
Sterns, I., Care of the sick brothers by the crusader orders in the Holy Land. In: Bulletin of the history of medicine Vol. 57, 1983, S. 43–69
Stolpe, Sven, Das Mädchen von Orléans. Vorwort von Ida Friederike Görres. Frankfurt/Main 1955, S. 7 ff.
Sur les pas des Templiers en Bretagne, Normandie, Pays de Loire. Paris: Copernic 1980.
Templars. In: New catholic encyclopedia. New York: McGraw-Hill 1967, Vol. 13, S. 992–994.
Theodoricus, Theodorici Libellus de locis sanctis editus circa a. D. 1172. Nach Handschriften mit Bemerkungen hrsg. v. *Titus Tobler.* St. Gallen: Huber 1865. – Zur Bedeutung der um 1172 verfaßten Schrift für die Geschichte der Templer vgl. *F. Lundgreen,* Zur Geschichte des Templerordens, a. a. O.
Thermis, Jacobus de (Traktat über die Exemtionen, veröffentlicht bei *Bertrandus Tissier*), Bibliotheca Patrum Cisterciensium. Id est opera abbatum et monachorum ordinis Cisterciensis, qui saeculo S. Bernardi, aut paulo post ejus obitum floruerunt, in unum corpus ... collecta ... labore et studio Bertrandi Tissier cum ejusdem annotationibus. 8 Bde. Bonofonte 1660–1669, Bd. IV, S. 216–315. – In diesem Traktat sind Ausführungen des Erzbischofs Aegidius von Bourges über die Schuld der Templer wiedergegeben, zu denen Thermis Stellung nimmt. Vgl. *Ewald Müller,* Das Konzil von Vienne 1311–1312, a.a.O., S. 688–693. Jacobus de Thermis, Teilnehmer an dem Konzil von Vienne, war Abt der Klöster Chaalis und Pontigny; er starb 1321.
Thibout, Marc, A propos des peintures murales de la chapelle Sainte-Cathérine de Montbellet (Saône-et-Loire). In: Bulletin monumental 108, 1950, S. 85–89. – Buch mit Abbildungen. Sainte-Cathérine ist

eine Templerkapelle vom Ende des 13. Jh. mit Wandgemälden, die in Lebensgröße die Apostel und vier andere Heilige darstellen.
Thiron, Jacques, Album historique des costumes religieux depuis l'établissement du christianisme jusqu'à nos jours. Paris 1869, S. 236–240: Kurze Übersicht der Geschichte der Templer. Vgl. auch S. 213: Abbildung »Templier en habit de maison« (Templer im Habit); sowie S. 215 und 217: Templer als Krieger zu Fuß und zu Pferd.
Thomsen, Peter, Die Palästina-Literatur. Band A: Die Literatur der Jahre 1878–1894. Berlin: Akademie Verlag 1960, S. 417f.
Ders., Systematische Bibliographie der Palästina-Literatur I: 1895 bis 1904. Leipzig/New York 1908, S. 36.
Ders., Die Palästina-Literatur. Eine internationale Bibliographie in systematischer Ordnung ...Leipzig 1911, Bd. II, S.75: Die Literatur der Jahre 1905 bis 1909; 1916, Bd. III, S. 10: Die Literatur der Jahre 1910–1914; 1927, Bd. IV, S. 22: Die Literatur der Jahre 1915–1924; Berlin 1956, Bd. V, S.333f.: Die Literatur der Jahre 1935–1939.
Tolli, Filippo, Sei punti storici controversi. Rom: Cuggiani 1914, Bd. I: Clemente V, Filippo il Bello e i Templari.
Tonnelier, P. M., Les graffitis de Domme ou la foi des Templiers. In: Archeologia Nr. 32, 1923, S. 24–37 und Nr. 33, 1923, S. 23–33.
Trunz, A., Zur Geschichte des letzten Templermeisters. Fribourg 1919.
Tumler, Marian, Der Deutsche Orden im Werden, Wachsen und Wirken bis 1400 mit einem Abriß der Geschichte des Ordens von 1400 bis zur neuesten Zeit. Wien: Panorama 1955, S. 725: Templer.
Ulanowski, Boleslaw, O wspólndziale Templaryuszów w bitwie pod Lignica. In: Rozprawy Akademii Umiej et nosci. Wydziat histor.-filoz. 17, 1884, S. 275–322. – Über die Beteiligung der Templer bei der Schlacht von Liegnitz.
Vaivre, J.-B. de, A propos du sceau de Guillaume de Beaujeu. In: Revue française d héraldique et de sigillographie Jg. 17 No. 30, 1963, S. 6–7.
Valous, Guy de, Quelques observations sur la toute primitive observance des Templiers et la »Regula pauperum commilitonum Christi Templi Salomonici«, rédigée par St-Bernard au Concile de Troyes, 1128. In: Mélanges Saint-Bernard (siehe oben unter Cousin), S. 32–40.
Van der Linden, H., Les Templiers à Louvain. In: Academie royale de Belgique bulletins, classe des lettres Serie 5 Bd. IX, 1923, S. 248–263.
Vazquez, N. A., Dos iglesias de los Templarios: Astureses y Moldes. In: Boletin de la comision provincial de monumentos historicos y artisticos de Orense, Sept.-Okt. 1905. Vgl. auch die bei den verschiedenen Orten unter den die Templer in einzelnen Ländern behandelnden Abschnitten erwähnten Kirchen.
Veldt, J. van der, The ecclesiastical orders of knighthood. In: The Ame-

rican ecclesiastical review 133, 1955, S. 217–229, 309–322 und 388–400. Vgl. auch Nr. 134, 1956, S. 10–23.
Verbiest, F. L., La commanderie de Villers-le-Temple. In: Bulletin de l'institut archéologique liégeois 75, 1962, S. 37–100. – Mit Abbildungen.
Verlaque, V., Jean XXII., sa vie et ses oeuvres (Thèse de la faculté de théologie d'Aix). Paris: Plon 1883, S. 52 ff.
Vermans, André, Le procès des Templiers. In: Aux carrefours de l'histoire Nr. 32, 1960, S. 762–773.
Veyre, Marius, Présence de Saint-Bernard et des Templiers en Alsace. Straßburg: Oberlin 1973.
Victoriensis, Joannes Abbas (Abt Johann von Viktring), Liber Certarum historiarum. Edidit *Fedorus Schneider*. Hannover/Leipzig: Hahn 1910, S. 1–3, Bd. II: De destructione Templariorum. Vgl. auch S. 45 ff.: De coronatione regis in Mediolano, de duce Austrie Lupoldo et destructione Templariorum. Vgl. auch Bd. II, S. 322: Register. – Deutsche Übersetzung von *Walter Friedensburg* als: *Johann von Viktring*, Das Buch gewisser Geschichten. (Die Geschichtsschreiber der deutschen Vorzeit, 14 Jh., Bd. 8). Leipzig 1888 , S. 170–172.
Vilar-Bonet, Maria, Datos sombre los archivos del Temple en la corona de Aragón al extinguirse la orden. In: *Martinez Ferrando*, Archivero, hrsg. v. *A. Altisent* et al. (o. O.) 1968, S. 491–498.
Vogel, Paul Joachim Sigismund, Briefe, die Freimaurerei und Tempelherren betreffend. 3 Bde. Nürnberg 1782–1785. – Bd. 1 behandelt die Templer. Ergänzung zu *Dessubre* Nr. 1109.
W. A. P., Templars. In: Encyclopaedia britannica Bd. 21, 1962, S. 920–924.
Wachter, Ferdinand, Hugo von Payens, Pajens (Hugo de Paganis). In: Allgemeine Encyklopädie der Wissenschaften und Künste ... hrsg. v. *J. S. Ersch* und *J. G. Gruber*. Zweite Section hrsg. v. *A. G. Hoffmann*. Leipzig 1834, Bd. XI, S. 450–452.
Walker, Alexander, The Knights Templar. Aberdeen 1887.
Weber, Karl Julius, Das Ritter-Wesen und die Templer, Johanniter und Marianer oder Deutsch-Ordens-Ritter insbesondere. 1.–3. Teil. Stuttgart 1822–1824; zweite, vermehrte und verbesserte Auflage, Stuttgart: Metzler 1835 –1836. – Ergänzung zu *Dessubre* Nr. 250. Erschien auch als: *Karl Julius Weber*, Sämmtliche Werke. Stuttgart: Hallberger 1834–1844, Bd. 12–14.
Weiss, Johann Baptist von, Lehrbuch der Weltgeschichte, 1859 bis 1898. (o. O., o. J.), Bd. VII, S. 86–100.
Wenck, Carl, Clemens V. und Heinrich VII. Die Anfänge des französischen Papstthums. Ein Beitrag zur Geschichte des XIV. Jahrhunderts. Halle: Niemeyer 1882, Bd. X, S. 66–81: Der Templerprozeß.
Werblowsky, R. J., Bernard of Clairvaux, the Templars and the signifi-

cance of the Holy Land. In: Zalman Shazar, hrsg. v. *J. Aviram* et al. Jerusalem: Israel Exploration Society 1971, S. 143–145.
Werner, Karl Ferdinand in: Historia mundi. Ein Handbuch der Weltgeschichte in zehn Bänden, begründet von Fritz Kern VI. Bern 1958, S. 186f.
Wilkins, David, Concilia Magnae Britanniae et Hiberniae II. Londini 1737, S. 329–401.
Williamson, John Bruce, The history of the temple, London, from the institution of the order of the Knights of the Temple to the close of the Stuart period ... London: T. Murray 1934.
Wind, Samuel de, Verhandeling over te vernietiging van de orde der tempelieren, bijzonder met betrekking tot ons vaderland. In: Mnemosyne, Mengelingen voor Wetenschappen en fraaije Letteren XVI (VI), S. 313ff.
Winkelmann, Eduard, Kaiser Friedrich II., Bd. I und II (Jahrbücher der deutschen Geschichte). Leipzig: Duncker und Hümblot 1889–1897. Vgl. Register, S. 526.
Willinger, Johann Joseph Ignaz von, The Order of Knights Templars. In: Addresses on historical and literary subjects, in continuation of »Studies in European history« translated by *Margaret Warre.* London: Murray 1894, Bd. 10. – Vgl. *Dessubre* Nr. 295.
Ziegler, Gilette, Les Templiers. Paris: Culture, art, loisirs 1973.

Sonstige Schriften

Abschriften von Handschriften der Regel in dem »Cartulaire de l'Ordre du Temple, matériaux recueillis par le Marquis de Albon« in der Bibliothèque Nationale in Paris, »Manuscrits latins, nouvelles acquisitions« Nr. 64–68. – Nr. 64: Französische Regel, Ausgabe von Curzon, kollationiert mit der Handschrift in den »Archives départementales de la Côte d'Or« in Dijon H 111. – Nr. 65: Dieselbe, 2. Teil: Lateinische Regel, Handschrift der Stadtbibliothek Brügge Nr. 131. – Nr. 66: Lateinische Regel aus Mines, Handschrift Nr. 37 und Französische Regel aus Dijon. – Nr. 67: Französische Regel (Handschrift 44 A 14 der Bibliothek der Academia dei Lincei) und Lateinische Regel (Handschrift Cotton, Cleopatra B. III im British Museum). – Nr. 68: Lateinische Regel (Handschrift der Bibliothèque Nationale in Paris, ms. lat. 15 045, kollationiert mit der Handschrift Nîmes Nr. 37), Fragment einer romanischen Fassung der Regel. Vgl. Nouvelles acquisitions du Département des manuscrits de la Bibliothèque Nationale pendant les années 1921–1923. In: Bibliothèque de l'école des chartes 85, 1924, S. 16.
»Acta imperii inedita seculi XIII«. Urkunden und Briefe zur Geschichte des Kaiserreichs und des Königreichs Sicilien in den Jahren 1198 bis

1273, hrsg. v. *Eduard Winkelmann*. Innsbruck: Wagner 1880. Vgl. S. 860, Register. Schenkung der Mühlen von La Rochelle an die Templer; Privilegien Kaiser Friedrichs II. für die Templer; Urkunden bzw. Briefe, die Auseinandersetzung dieses Kaisers mit den Templern betreffen. Zu den Urkunden, die Templer in einzelnen Ländern betreffen, vgl. die Abschnitte, in denen die Literatur über die Länder zusammengestellt ist.

»Annales qui incipiunt ab an. 1195 ... ad an. vero 1311 inseruntur processus sive attestationes de flagitiis Templariorum, et inquisitiones in concilio provinciali tractandae«. Vgl. *Thomas Duffus Hardy*, Descrip-tive catalogue of materials relating to the history of Great Britain to the end of the reign of Henry VII (Chronicles and memorials of Great Britain and Ireland during the middle ages, 1871) Bd. III, S. 364.

»Annales R. Edwardi Primi, ut videtur«. Vgl. *Thomas Duffus Hardy*, Descriptive catalogue Bd. III, S. 275. – Die »Annales R. Edwardi« enthalten »some extracts relative to the proceedings of Philip the Fourth, King of France, against the Knights Templars in 1307«, einige Beispiele zum Vorgehen Philipps IV. gegen die Templer.

Cantuariense Concilium in causa Templariorum anno 1311 habitum. In: *Mansi*, Conciliorum amplissima collectio XXV. Venedig 1782, Sp. 435–436. – Ergänzung zu *Dessubre* Nr. 688.

Concilium Viennense generale a Clemente papa V. celebratum. In: *Mansi*, Conciliorum amplissima collectio XXV. Venedig 1782, Sp. 367ff.-Sp. 389ff.: Sententia de extinctione Templariorum a Clemente papa quinto lata in concilio oecumenico. – Ergänzung zu *Dessubre* Nr. 688.

Darstellung des Processes der Tempelherren nach neuen Quellen, oder neue Apologie des Tempelordens, nach Raynouard frei bearbeitet von Ludwig Pirchner. Nürnberg: Riegel u. Wiessner 1813.

Das »Itinerarium peregrinorum«. Eine zeitgenössische englische Chronik zum dritten Kreuzzug in ursprünglicher Gestalt. Hrsg. und kritisch untersucht von *Hans Eberhard Mayer* (Schriften der Monumenta Germaniae historica 18). Stuttgart: Hiersemann 1962, XXXIV. – Mayer weist nach, daß der anonyme Verfasser ein englischer Templerkaplan war, der 1192 im Heiligen Land das eigentliche »Itinerarium peregrinorum« verfaßte, das Richard von Holy mit der von ihm übersetzten »Estoire de la guerre sainte des Normannen Ambroise« vereinte. Besprechung von *Herwig Wolfram* in: Mitteilungen des Instituts für österreichische Geschichtsforschung 72, 1964, S. 181f.

Das Siegel eines Meisters und eines Komturs der Tempelherren. In: *C. Schmidt* gen. *Philsedek*, Der Schwertorden. Hermäa 1786, S. 1–3. – Mit Abbildungen.

Der Templer-Orden im Mittelalter. In: Sonnenstrahlen, Bundes-Organ des Freimaurerbundes zur aufgehenden Sonne 3, 1909/10, S. 162–167.

Die Sonne von Osten, oder die tiefen Geheimnisse der Kette des Goldenen Vließes, des Kreuzes der Ritterorden der Tempelherren, Johanniter und Deütschherren, mit den dazu gehörigen kabbalistischen Figuren. Sammt einem Spiegel der hermet. Wissenschaft für die Söhne verborgener Weisheit und Freunde der egyptischen Mysterien. Getreu nach der Ausgabe von 1783 erneuert. Stuttgart: Scheible 1865.

Eboracense Concilium II in causa Templariorum anno 1311 habitum. In: *Mansi*, Conciliorum amplissima collectio XXV. Venedig 1782, Sp. 437–450. – Ergänzung zu *Dessubre* Nr. 688.

Eboracense Concilium in causa Templariorum a Wilhelmo Eboracensi archiepiscopo anno 1310 habitum. In: *Mansi*, Conciliorum amplissima collectio XXV. Venedig 1782, Sp. 354–355. – Ergänzung zu *Dessubre* Nr. 688.

Histoire de l'abolition de l'Ordre des Templiers. Paris: Belin 1779. – Deutsche Übersetzung als: Geschichte der Abschaffung des Tempelherrenordens. Altona 1790, und Hamburg: Bachmann 1792. Das Buch stützt sich weitgehend auf *Dupuy.* Vgl. *Hellwald*, Bibliographie méthodique, S. 21.

Historia del origen ... y destruccion de los Templarios. Valladolid 1853. Vgl. British Museum general catalogue of printed books Vol. 236, 1964, Sp. 41.

»Inquisitio de Terrarum Donationibus, etc. Militibus Templi spectanticum an. 1185«. Vgl. *Thomas Duffus Hardy*, Descriptive catalogue Bd. III, S. 344. Vgl. *Beatrice A. Lees* (Hrsg.), Records of the Templars in England in twelfth century. The inquest of 1185 with illustrative charters and documents. Oxford/London: Oxford University Press 1935, CCXVIII. Vgl. auch *Dessubre* Nr. 373.

Le procès des Templiers. Trad. présentation et annotations de *Raymond Oursel (Collection »L'histoire en appel«).* Denoël 1959. – Der größte Teil der Quellen stammt aus *Jules Michelet*, Le procès des Templiers. Paris 1841 und 1851 (vgl. *Dessubre* Nr. 717). Das Buch ist nach Vorlagen aus der Handschrift des Villard de Honnecourt illustriert, wobei André Chastd eine Notiz über das bekannte Album Villards beisteuerte.

Le procès des Templiers. Traduit, présenté et annoté par *Raymond Oursel.* In: Le Club du meilleur livre XVI, 1955. – Mit Karten und Abbildungen (Collection »Dossiers de l'histoire«).

Le Temple et les Templiers. In: Atlantis Jg. 36 Nr. 216, 1963, S. 251–293. – Sondernummer mit Beiträgen von *Lucien-A. Carry, Marcel Moureau* und *Jacques Duchaussoy.*

Londinense Concilium, in quo Templarii quidam judicialiter audiuntur, anno 1311 habitum. In: *Mansi*, Conciliorum amplissima collectio

XXV. Venedig 1782, Sp. 425–435. – Ergänzung zu *Dessubre* Nr. 688.
Mort des Templiers. In: Intermédiaires des chercheurs et curieux Nr. 10, April 1914.
Ordens militares ou de Cavalaria. In: Grande enciclopedia portuguesa e brasileira. Lissabon/Rio de Janeiro, Bd. XIX, S. 567–571.
Ordre du Temple. Rituel conventuel à l'usage du chaplain. 19. Jh. 133 Bll. Handschrift in der Bibliothèque Nationale in Paris, ms. français 10 962–10 963. Vgl. *H. Omont*, Nouvelles acquisitions du Département des manuscrits de la Bibliothèque Nationale pendant les années 1911–1912. In: Bibliothèque de l'école des chartes LXXIV, 1913, S. 32; und in: Revue d'histoire de l'église de France 5, 1914, S. 298.
Ottokars österreichische Reimchronik. Hannover 1890 und 1893. Vgl. Monumenta Germaniae historica 5, S. 1305: Register.
Sammlung *Ch. Duvivier* in den Archives générales du royaume in Brüssel. – Es handelt sich um die Vorarbeiten Duviviers für ein Urkundenbuch zur Geschichte des Templerordens, die sein Sohn, Maurice Duvivier, dem belgischen Hauptstaatsarchiv übergab. Vgl. *H. van der Linden* in: Académie royale de Belgique, Bulletins de la classe des lettres Serie 5 Bd. 9, 1923, S. 249.
Sogenannte Continuatio Florianensis, hrsg. v. *L. Wattenbach* in: Monumenta Germanicae historia Bd. II, S. 9 und 747 ff. – Die jetzt als »Kodex des Pfarrers Albert von Waldkirchen« bezeichnete Quelle (Handschrift des 14. Jh. in der Hofbibliothek in Wien, cop. n. 608) wurde mißverständlich als »Chronik von St. Florian« aufgefaßt. Sie bringt eine lange Geschichte des Untergangs des Templerordens (in der obengenannten Ausgabe, S. 752 f), die »wohl die ausführlichste ist, die darüber in Österrreich verfaßt bzw. weitergegeben wurde«. Vgl. *Alphons Lhotsky*, Quellenkunde zur mittelalterlichen Geschichte Österreichs. Graz-Köln 1963, S. 191 (Mitteilungen des Instituts für Österreich. Geschichtsforschung, Ergänzungsband XIX).
Templario. In: Enciclopedia universal ilustrada europeo-americana LX. Bilbao/Madrid/Barcelona: España-Calpe 1928, S. 727–741. Vgl Bd. I: Origen, regla y breve historia de la Orden de los Templarios, S. 730 f.: Los Templarios en España; Bd. II: Proceso y fin de la Orden de los Templarios; Bd. III: Fuentes y bibliografia.
Templerorden. In: Auswahl der Aufsätze aus Zeitungen des In- und Auslandes Jg. 3, 1941. S. 169–174.
Über den Hochmeister Graf Walther von Spelten. Vgl.: Die Kreuzfahrt des Landgrafen Ludwig des Frommen von Thüringen (in einer Handschrift vom Anfang des 14. Jh. überliefertes Gedicht). Berlin: Weidmann 1923. Vgl. Monumenta Germaniae historica IV 2, S. 313: Register unter »Spelten«. Vgl. auch S. 199 f. und 250, Anmerkungen 5.
Ueber das Geheimniß der Templer. In: Magazin der Kunst und Litera-

tur Jg. 2 Bd. 3, 1794, S. 163–185 und 214–234. – Deutet das Idol als Zauberkopf und Baphomet als Mahomet.
Untergang des Templerordens. In: Deutsches Adelsblatt II, 1884, S. 115–118.
Versuch einer Geschichte des Tempelherrenordens. Leipzig: Böhme 1779. – Französische Übersetzung von *Edouard Frais-Sinet*, Essai sur l'histoire des Templiers. Brüssel: Demortier 1940. Vgl. *Dessubre* Nr. 368.

10. Abbildungen

Bild 1: Ein Kreuzritter, möglicherweise ein Tempelritter oder ein Deutschordensritter. Die Divergenz seiner Herkunftsinsignien, Helm und Schild, in den beiden oberen Bildecken mit dem Templer-/Deutschordensherren-Kreuz auf der rechten Schulter seines Mantels verweist auf die Wichtigkeit des Emblems, für das er sich in christlicher Begeisterung entschieden hat: das Kreuzfahrerzeichen. – Manessische Liederhandschrift, 13. Jh., Heidelberg.

Bild 2: Kniender Tempelritter. Der Überwurf, den er über seinem Kettenhemd trägt, ist mit vielen Templerkreuzen geschmückt. Ganz im Stil der ritterlichen Tradition wird ihm der Helm von seinem Knappen gereicht. – Miniatur aus dem 13. Jh., Paris, Chronicles.

Bild 3: Münze aus Palästina, 13. Jh. Auf der Vorderseite ist ein Templer in Kettenhemd und mit Helm, auf der Rückseite sind Petrus und Paulus dargestellt.

Bild 4: Das Siegel des Templerordens aus dem 13. Jh. Adeo pauperes erant ut unum tantum equum haberent communem; die Ritter waren so arm, daß sie gemeinsam nur ein Pferd besaßen.

Bild 5: Templersiegel aus Jerusalem, 13. Jh. Sie zeigen den Tempel in Jerusalem mit seiner Kuppel und einem sie bekrönenden Templerkreuz. Auch in ihren Wappen führten die Soldaten des Tempels das gleiche Motiv.

Bild 6: Kreuzfahrerschiff. Auf den Schildern der Kreuzritter ist das Templerkreuz zu sehen. – Miniatur aus dem 13. Jh., Paris, Chronicles.

Bild 7: Zwei Templerritter in voller Rüstung. – Illustration einer anonymen französischen Dichtung, Paris 1307.

8

9

Bild 8: Ein Tempelritter in voller Rüstung mit eingelegter Lanze. Er symbolisiert Kampfbereitschaft und Begeisterung der abendländischen Ritter. – La Chapelle de Cressac, Templerkirche aus dem 12. Jh. bei Angoulême. Sie diente nach Aufhebung des Ordens als Stall. Die Nordwand berichtet von der Schlacht von Bocque, als die Muslime unter Nur al-Din besiegt wurden.

Bild 9: Templer verlassen eine befestigte Stadt. Die ängstlich besorgten Gesichter der Bewohner, die jetzt ohne den nötigen Schutz zurückbleiben, sind auf dieser Miniatur eindrucksvoll dargestellt. – La Chapelle de Cressac, Angoulême.

Bild 10: Dieses detailreiche Gemälde aus dem beginnenden 14. Jh. zeigt den Buhurt, ein ritterliches Kampfturnier. Die Ritter tummeln sich unter den bewundernden Blicken der Damen. Auffallend ist ein Templer in voller Rüstung, der sich unter den Rittern aufhält. Anscheinend waren die Templer also in die ritterlichen Fürstenhöfe integriert. – Bibliothèque Nationale, Paris.

Bild 11: Gottfried von Bouillon, erster König des christlichen Königreichs Jerusalem, im Kreis der europäischen Kreuzfahrerkönige. Rechts im Bild steht ein Templer in vollem Waffenrock gleichwertig in der Phalanx der großen abendländischen Fürsten. Die Tempelritter galten zur Zeit des 1. und 2. Kreuzzuges als der Prototyp des Kreuzfahrers und idealisierten Glaubensritters schlechthin. – Sherman Loomis, 13. Jh.

Bild 12: Kaiser Friedrich I. Barbarossa auf Kreuzfahrt. Der 3. Kreuzzug gehörte zu den großen abendländischen Unternehmungen: Neben dem englischen König Richard Löwenherz, dem französischen König Philipp II. zog auch der deutsche Kaiser mit einem umfangreichen Heer in den Orient. In der ersten Phalanx nach dem Kaiser zeigt diese Miniatur aus dem 13. Jh. eine Templergruppe mit den typischen Templerkreuzen an den Helmen. – Bürger-Bibliothek, Bern.

accelerat

Bild 13: Melchisedek und Abraham. Der Priesterkönig reicht Abraham, der mit einer Templerrüstung des 13. Jh. bekleidet ist, die Hostie. Ein Sinnbild für die Unterordnung des Ordens unter die geistliche Führung der Kirche: Der demütige Templer, der sich völlig der priesterlichen Autorität unterwirft, empfängt die geistige Nahrung. – Kathedrale von Reims, um 1210.

Bild 14: Auf dem Glasfenster der Kathedrale von Chartres aus dem 13. Jahrhundert ist ein junger Tempelritter/Kreuzfahrer abgebildet, der aus der Hand des Bischofs das Banner des Königs, die Oriflamme, entgegennimmt. Nach J. Villette könnte es sich um den Ritter Jean Clément du Mez handeln. Das übergebene Banner war das Zeichen der französischen Könige während der Kreuzzüge. Über die Kirche wurden die Templer mit weltlicher Macht ausgestattet; dieselbe Kirche würde die Templer später verbrennen lassen.

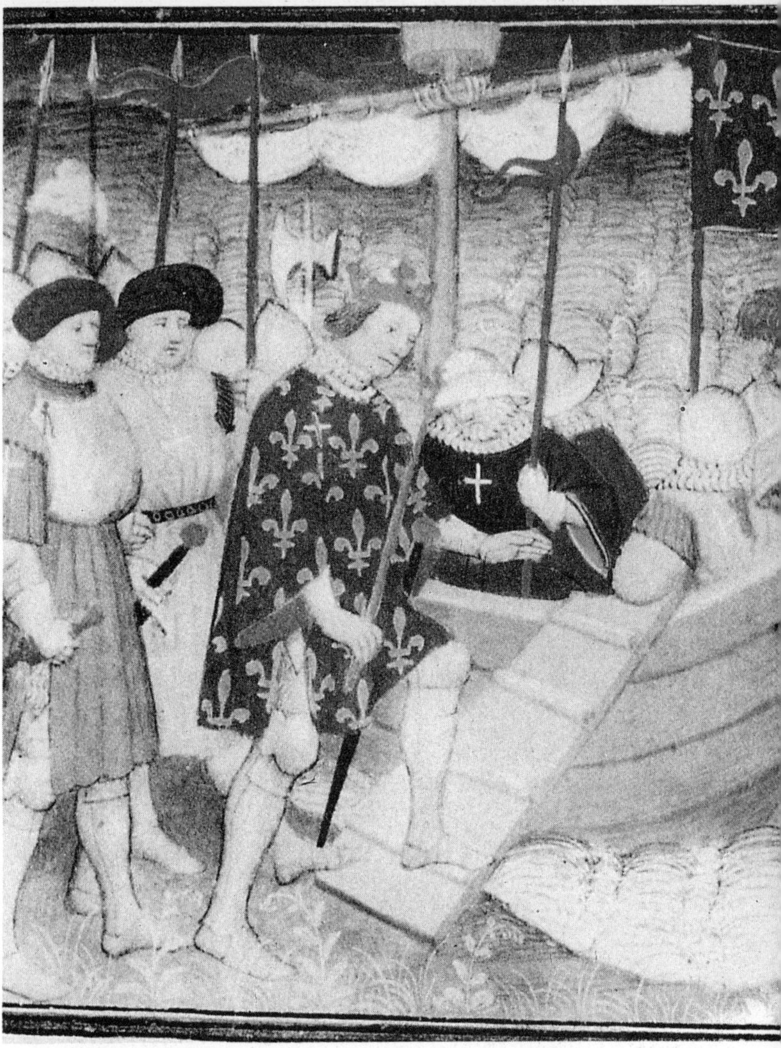

Bild 15: Der Beginn des 6. Kreuzzugs, der von König Ludwig IX. von Frankreich (1215–1270) initiiert wurde. Die Miniatur aus dem 13. Jh. zeigt die Einschiffung des Königs und einen Templerritter, der dem Herrscher ins Schiff hilft. Die demütige Haltung des Templers versinnbildlicht die Unterwerfung des Ordens unter die staatliche Autorität. – Bibliothèque Nationale, Paris.

Bild 17: Ein Tempelritter reitet mit dem Kreuzesbanner einer von einem König geführten Schlachtreihe von Kreuzfahrern voran. Die Miniatur verdeutlicht die ideologische und politische Bedeutung des Templerordens für die Kreuzzugsbewegung, dem sogar die Könige folgten. – zit. nach Kriegsheraldik, Paris, 12./13. Jh.

Bild 16: Ludwig IX. der Heilige als Kreuzfahrer mit seiner Frau Margarete von der Provence. Der König hält ein Modell des Heiligen Grabes als Zeichen der Kreuzesnahme in der Hand. Auf seinem Schild findet sich das königliche Lilienwappen, auf seinem Gewand das Templerkreuz.

ld 18: Auf dieser englischen Miniatur aus dem 13. Jh. ist Christus als nführer der Kreuzfahrer dargestellt. Die Ritter waren beseelt vom eist christlicher Frömmigkeit und Opferbereitschaft. Die Templer lgen dem Erlöser in vorderster Linie und demonstrieren somit, daß e die führenden Vertreter der Kreuzzugsidee sind. – British Museum, ondon.

Bild 19: Die Schlacht von Dorylaeum. Der Sieg der Kreuzfahrer über die Sarazenen in der Schlacht von Dorylaeum. Nach den Emblemen waren die Templer einmal mehr in vorderster Schlachtreihe. Die zu einem späteren Zeitpunkt angefertigte Miniatur verlegte die Templer idealisiert in diese Entscheidungsschlacht im Jahre 1097 hinein, obwohl sie erst 1118 gegründet wurden.

Bild 20: Diese Miniatur aus dem 13. Jh. charakterisiert die Kreuzzugsidee auf bildliche Art und Weise: Ein christlicher Ritter durchbohrt einen Sarazenen, der als Teufel mit verzerrter Fratze dargestellt ist. Die Kreuzzugsidee forderte nicht nur die Eroberung des Heiligen Landes, sondern auch die Bekämpfung des Satans in Gestalt der Muslime. – British Museum, London.

Bild 21: Ein Kreuzfahrer kämpft gegen den Teufel in Gestalt eines Mohren. Die Miniatur aus dem Spanien des 14. Jh. trägt die (hier nicht sichtbare) Unterschrift des Rey Ferdinando »Matamoros«, König Ferdinands des Mohrentöters. – Biblioteca del Escorial, Madrid.

Bild 22: Die Verluste der Kreuzfahrer waren im 2. und 3. Kreuzzug immens groß. Es kam vor, daß junge Kämpfer noch auf dem Schlachtfeld neben gefallenen Rittern ihren Ritterschlag erhielten. Die französische Miniatur aus dem 13. Jh. ist insofern ungewöhnlich, als hier ein gewöhnlicher Templer den Ritterschlag erteilt, obwohl beim Eintritt in den Templerorden bestimmte Riten beachtet werden mußten, die nur der Großmeister oder seine Vertreter durchführen durften. Die Situation der Kämpfe scheint jedoch Ausnahmen zugelassen zu haben. – Bibliothèque Nationale, Paris.

Bild 23: Die Kampf Mann gegen Mann war grausam und forderte eine große Zahl an Menschenleben. Die Gefechte wurden außergewöhnlich verbissen und hart geführt, da beide Seiten von der Idee beseelt waren, einen Heiligen Krieg zu führen. Die Abbildung aus dem 13. Jh. zeigt die Schlacht von Damiette aus dem Jahr 1218, an der auch Tempelritter (erkennbar an ihren Schilden) beteiligt waren. – Corpus Christi College, Cambridge.

Bild 24: Unterricht an einer islamischen Universität. An den vornehmen Höfen und Schulen der morgenländischen Potentaten wurde Wissen und Bildung ein viel höherer Stellenwert eingeräumt als in Europa. – Miniatur aus dem 13. Jh., Bibliothèque Nationale, Paris.

Bild 25: Zwischen den Schlachten der Kreuzzüge gab es sogar schöpferische Friedenszeiten: Ein Tempelritter spielt mit einem Muslim eine Partie Schach. – Miniatur aus dem 13. Jh., Biblioteca del Escorial, Madrid.

cordiam suam: ⁊ nocte canticū eius.
Apud me oracio deo vite mee: di
cam deo susceptor meus es.

23

24

25

Bild 26: Das ideologische und reale Ende der Kreuzzugsbewegung ist in diesem Grabstein treffend versinnbildlicht: Nicht nur körperlich geschlagen, sondern auch seelisch ausgebrannt kehren die Kreuzfahrer nach Europa zurück. Nach der großen Euphorie der Anfangszeit herrschen nun tiefe Depression und innere Leere. Neben den immensen Verlusten an Menschen und Material haben die Kreuzritter das Wesentliche ihrer Idee verloren: einen Großteil ihres Glaubensverständnisses. Der Grabstein ist der Gerards de Vaudémont; seine Frau erkennt in jenem gebrochenen Ritter ihren totgeglaubten Mann wieder. – Kreuzgang des Klosters Belval, Lothringen.

Bild 27: Das Templerkreuz auf weißem Grund (oben). Eine mehrfach abgewandelte Form findet sich bei den Rittern von St-Lazare (Mitte). Auch die Farbgebung wurde in früherer Zeit nicht selten variiert. Das Kreuz der Nachfolgeorganisationen der Templer in Spanien und Portugal, der Christusritter und des Ordens von Montesa. Es findet sich noch heute in zahlreichen intakt gebliebenen Kirchen der Iberischen Halbinsel (unten).

Bild 28: Die Grundform des ursprünglichen Templerkreuzes wurde immer wieder erheblich modifiziert. So entstand das Kreuz von Santiago, dessen unterer Balken zu einem Schwert stilisiert ist (oben). Auch das Kreuz der Ritter von Montesa präsentierte sich in einer Spätform mit kunstvoll filigranen Veränderungen (unten).

Bild 29: Das Kreuz der Ritter des Heiligen Grabes, les Chevaliers de Saint Sepulcre (oben). Das teutonische Kreuz (unten) diente zunächst dem Deutschherrenorden, wurde dann später in einer variierten Form mit vier gleichlangen Kreuzbalken, dem sogenannten Eisernen Kreuz, als Orden verliehen und als Emblem der deutschen Armeen geführt. Es hat sich bis in die heutige Zeit im Hoheitszeichen der Bundeswehr erhalten.

Bild 30: Filigrane Steinmetzarbeiten aus dem Kloster von Batalha. Das Templerkreuz bzw. das der Ritter von Montesa ist im Tympanon deutlich zu erkennen.

Bild 31: Die Befestigungsanlagen der Templerburg von Tomar, eine der größten Portugals.

Bild 32: Der Eingang zur Templeranlage von Tomar. Der typische manuelinische Baustil, der auf die nüchterne Templerarchitektur später folgte, erscheint im Vergleich geradezu aufgesetzt. Die Bausubstanz aus Templerzeit ist jedoch noch vollständig erhalten.

Bild 33: Die große gotische Kirchenanlage von Batalha aus dem 13. und 14. Jh. In den kleinen Fensternischen aller Bauabschnitte sind Templerkreuze erkennbar. Diese großartige architektonische Leistung ist den Templern und ihren Nachfolgeorganisationen auf der Iberischen Halbinsel zu verdanken.

Bild 34: Der Caveroturm, Salamanca, 14. Jh. Die Burganlage des Château du Maître des Clefs gehörte einer weiteren Nachfolgeorganisation der Templer, dem Orden von Alcantara. Sie ist in ihrer Architektur der Templerburg in Paris nicht unähnlich.

Bild 35: Der Tempel in Paris im 12.Jh. Die Rundkirche wurde ursprünglich im 12. Jh. erbaut und nach dem 13. Jh. durch einen großen Chor erweitert, die Befestigungen stammen aus dem späten 13. Jh. Nach der Aufhebung des Ordens wurden die Gebäude den Johannitern zugeschlagen. Nachdem die Befestigung zu Beginn der Französischen Revolution als Gefängnis für die königliche Familie genutzt worden war, riß man die Kirche 1796 und die Burg 1806 ab. Heute erinnert lediglich noch eine Métrostation an das einstige Machtsymbol der französischen Templer. – Anonymes Gemälde aus dem 19. Jh., Musée Carnavaled, Paris.

d 36: Templerkirche und -wehrturm von Saint-Martin de Bromès in
ı französischen Hochalpen. Typisch ist die außerordentlich einfache
:m der kleinen Kirche, die häufig von einer Commanderie der Tem-
r umgeben wurde. Zentrale Idee des Ordens war der Dienst für
tt, in dem der Glaube durch Wehrhaftigkeit geschützt wurde.

38

Bild 39: Goldmünze mit dem Bild Philipps des Schönen. Ein Großteil des französischen Goldes der damaligen Zeit stammte aus dem Raub des Templerschatzes. Einer der wesentlichen Gründe für den Untergang des Ordens präsentiert sich hier unter dem Deckmantel numismatischer Schönheit.

Bild 37: Philipp IV. der Schöne und seine Kinder. Links von ihm sein Sohn Philipp, ab 1316 als Philipp V. der Lange König von Frankreich. – Französische Miniatur aus dem 14. Jh., Bibliothèque Nationale, Paris.

Bild 38: Salbung Philipps des Schönen in der Kathedrale von Reims. – Französische Miniatur aus dem 14. Jh., Bibliothèque Nationale, Paris.

ASIA

Bild 41: Spottkarikatur aus dem Sachsenspiegel, 14. Jh. Meistens waren Papst und weltliche Hoheit nicht so herzlich vereint. Im Falle der Templer zogen sie jedoch am selben Strang.

Bild 40: Innozenz IV., in dessen Abbildung viele die Gesichtszüge Clemens V. wiedergegeben sehen. – Andrea Buonaiuti: Triumph des hl. Thomas von Aquin, um 1365 (Ausschnitt). Florenz, Santa Maria Novella, Cappellone degli Spagnuoli.

Bild 42: Die Ritter des Tempels auf dem Scheiterhaufen. Der niederschmetternde Eindruck, den das Ende des einst so mächtigen Ordens auf die Mitwelt machte, schlug sich auch in der Kunst nieder. – Miniatur aus der Chronik Giovanni Villani, um 1340, Biblioteca Vaticana cod. chig. LVIII, 296, fol. 191 v.

Hugo Rahner
Griechische Mythen in christlicher Deutung
Band 4152

Aufregend neue Entdeckungen mit uralten, geheimnisvollen Mythen. Ein Schlüssel zum Verständnis unserer Kultur.

Hans Maier
Die christliche Zeitrechnung
Band 4018

„Eine kompakte Darstellung, die eine Wissenslücke füllt" (Wiener Zeitung).

Hans Maier
Politische Religionen
Die totalitären Regime und das Christentum
Band 4414

Die Geschichte des 20. Jahrhunderts zeigt: Politik und Religion gingen eine gefährliche Verbindung ein. Welche Konsequenzen ergeben sich daraus?

Mircea Eliade
Geschichte der religiösen Ideen
5 Bände in Kassette
Band 4200

„Eine gewaltige geistige Unternehmung, fesselnd und allgemeinverständlich aufbereitet" (Süddeutsche Zeitung).

Erika Uitz
Die Frau in der mittelalterlichen Stadt
Band 4081

Stadtluft macht frei – Frauen als die treibenden Kräfte bei der Emanzipation des Bürgertums von der feudalen Herrschaft.

Hildegard von Bingen
Heilwissen
Von den Ursachen und der Behandlung von Krankheiten
Übersetzt und herausgegeben von Manfred Pawlik
Band 4050
Ein Klassiker der sanften Medizin, heute aktueller denn je.

Bruno Borchert
Mystik
Das Phänomen – Die Geschichte – Neue Wege
Mit zahlreichen Abbildungen
Band 4530
Das Standardwerk: solide und kenntnisreiche Einführung, faszinierender Überblick und spannende, anschauliche Darstellung.

Leben ist mehr
Das Lebenswissen der Religionen und die Frage nach dem Sinn des Lebens
Hrsg. von Rudolf Walter. Mit einem Vorwort von Carl Friedrich von Weizsäcker
Band 4470
Voll im Leben und doch fehlt etwas. Die großen Religionen bieten überraschende Alternativen.

Matthew Fox
Der Weg der Verwandlung – Geist und Kosmos
Vorwort von Rupert Sheldrake. Nachwort von Bede Griffiths
Band 4361
Ein moderner Theologe des 20. Jahrhunderts im – fiktiven – Gespräch mit dem universalen Genie des Mittelalters: Thomas von Aquin.

Hans-Peter Hasenfratz
Der indische Weg
Die Spiritualität eines Kontinents entdecken
Band 4309
Die leicht verständliche und fesselnd geschriebene Einführung in den indischen Kosmos. Themen wie Sprache, Philosophie, Religiosität und spirituelle Praxis werden eingehend erläutert.